16	3	2	13
5	10	11	8
9	6	7	12
4	15	14	1

José Ramos Tinhorão

HISTÓRIA SOCIAL DA MÚSICA POPULAR BRASILEIRA

editora■34

EDITORA 34

Editora 34 Ltda.
Rua Hungria, 592 Jardim Europa CEP 01455-000
São Paulo - SP Brasil Tel/Fax (11) 3811-6777 www.editora34.com.br

Copyright © Editora 34 Ltda. (edição brasileira), 1998
História social da música popular brasileira © José Ramos Tinhorão, 1998

A FOTOCÓPIA DE QUALQUER FOLHA DESTE LIVRO É ILEGAL E CONFIGURA UMA
APROPRIAÇÃO INDEVIDA DOS DIREITOS INTELECTUAIS E PATRIMONIAIS DO AUTOR.

Edição conforme o Acordo Ortográfico da Língua Portuguesa.

Capa, projeto gráfico e editoração eletrônica:
Bracher & Malta Produção Gráfica
Revisão:
Alexandre Barbosa de Souza

1ª Edição em Portugal - 1990 (Editorial Caminho, Lisboa)
1ª Edição no Brasil - 1998 (4 Reimpressões),
2ª Edição - 2010 (2ª Reimpressão - 2021)

Catalogação na Fonte do Departamento Nacional do Livro
(Fundação Biblioteca Nacional, RJ, Brasil)

       Tinhorão, José Ramos, 1928-
T588h   História social da música popular brasileira/
    José Ramos Tinhorão. — São Paulo: Editora 34, 2010
    (2ª Edição).
    384 p.

    ISBN 978-85-7326-094-6

       1. Música popular - Brasil - História e crítica.
I. Título.

CDD - 784.50981

HISTÓRIA SOCIAL DA MÚSICA POPULAR BRASILEIRA

Introdução 7

(Século XVI)
PARTE I: A CIDADE EM PORTUGAL
1. Individualismo, viola e canção 15

PARTE II: BRASIL COLÔNIA
1. Cantigas da vila, folgares do campo 33
(Século XVII)
2. Gregório de Matos:
glosa em cantigas no Recôncavo baiano 55
(Século XVIII)
Os cantos e as danças
3. As chulas e fofas da Bahia 81
4. O lundu e os fados: do terreiro aos salões 103
5. Domingos Caldas Barbosa:
a modinha e o "pecado das orelhas" 121

(Século XIX)
PARTE III: BRASIL IMPÉRIO
1. Os poetas românticos e a canção seresteira 135
Música instrumental
2. O som da cidade na música de barbeiros 163
3. Bandas nos coretos, marchas e frevos nas ruas 187
4. A nacionalização sonora pelo choro 203

(Séculos XIX e XX)
PARTE IV: BRASIL REPÚBLICA
Classe média: da moda francesa à música americana
1. Vida noturna, tangos e cançonetas 217
2. Lundus, maxixes e sambas em revista 249

3. A música "produto":
   o advento da música americana 259
Classes baixas: som do campo na música da cidade
4. As criações do povo:
   marchas de ranchos baianos,
   sambas baiano-cariocas 275

(Século XX)

PARTE V: O ESTADO NOVO
A era da música popular nacional
1. Getúlio Vargas:
   música popular, produto e propaganda 303

PARTE VI: O PÓS-GUERRA
A atração do "internacional"
1. A montagem brasileira da bossa nova
   e o protesto musical universitário 323

PARTE VII: O REGIME MILITAR DE 1964
A era do colonialismo musical
1. O movimento tropicalista e o "rock brasileiro" 339

Fontes e bibliografia 369

INTRODUÇÃO

Em exemplo de absoluta excepcionalidade — mas por isso mesmo carregado de muita significação — o presente livro, escrito por brasileiro para explicar o fenômeno da criação e evolução da música popular no Brasil, apareceu pela primeira vez em Portugal em maio de 1990, lançado pela Editorial Caminho, de Lisboa.

Praticamente esgotada essa edição "estrangeira" responsável pela expansão do conhecimento do livro não apenas nos países de expressão portuguesa na África, mas aos grandes centros interessados na produção cultural da Europa, a *História social da música popular brasileira* aparece agora em sua primeira edição destinada ao mercado nacional. Nesta oportunidade, o autor espera que seu trabalho continue a cumprir, no Brasil, os mesmos objetivos propostos na apresentação originalmente escrita no exterior, que aqui se reproduz.

Destinado basicamente a procurar o nexo entre a existência de uma música do homem das cidades e a realidade social que desde o século XVI a explica, este livro acaba por oferecer uma série de indicações não apenas sobre esse problema de cultura popular — objeto da pesquisa — mas sobre características da própria cultura.

A primeira dessas indicações oferecidas pela história da evolução da música popular urbana no Brasil é a de que, numa sociedade diversificada, o que se chama de cultura é a reunião de várias culturas correspondentes à realidade e ao grau de informação de cada camada em que a mesma sociedade se divide.

Assim como nos países capitalistas, entre os quais o Brasil se enquadra, o modo de produção determina a hierarquização da sociedade em diferentes classes, a cultura constitui, em última análise, uma cultura de classes.

Como os fatos historiados no livro demonstram, essa diversidade cultural é normalmente simplificada através da divisão da cultura em apenas dois planos: o da cultura das elites detentoras do poder político-econômico e das diretrizes para os meios de comunicação — que é a cultura do dominador — e a cultura das camadas mais baixas do povo urbano e das áreas rurais, sem poder de decisão política — que é a cultura do dominado.

Acontece que nas nações em que a capacidade de decisão econômica não pertence inteiramente aos detentores políticos do Poder, como é o caso de países de economia capitalista dependente — e entre eles o Brasil em estudo —, a própria cultura dominante revela-se uma cultura dominada.

Em resultado, a cultura das camadas pobres acaba sendo submetida a uma dupla dominação: em primeiro lugar, porque se situa em posição de desvantagem em relação à cultura das elites dirigentes do país; e, em segundo lugar, porque esta cultura dominante não é sequer nacional, mas importada e, por isso mesmo, dominada.

Assim, como os fatos alinhados no livro demonstram, quando se assume o ponto de vista da cultura que traduz a realidade da maioria do povo — que é inegavelmente a regional ou urbana mais ligada ao gosto e às expectativas das camadas pobres —, essa dupla dominação revela o impacto de uma agressão insuportável. É que a cultura realmente representativa da realidade do país como um todo — que são as culturas da gente pobre, sem oportunidade de escola e sem recursos — tem de enfrentar não apenas a concorrência da cultura da elite (que, por ser oficial, dispõe de escolas, teatros, conservatórios, orquestras, programas e verbas), mas ainda a da classe média que, enquanto consumidora de produtos da indústria cultural (e, assim, também ligada a modelos estéticos importados), se identifica mais com as elites do que com o povo, o que lhe garante maior espaço nos meios de divulgação.

Admitido que os fatos expostos no livro demonstram a realidade de tal observação, não se pode deixar de concluir que o problema da cultura é um problema político. No caso do Brasil, em especial, quando se considera o grau de dominação a que atualmente se submetem as maiorias com a imposição de modelos — e não apenas musicais — de cima para baixo, e de fora para dentro, a conclusão que parece impor-se é a de que, do ponto de vista da cultura dominada, a única forma de escapar à agressão seria a mobilização dos prejudicados no sentido de uma luta de libertação. Como, porém, conforme o livro demonstra, as elites e grande parte da classe média urbana se identificam mais com os interesses internacionais — por sua maior participação nos resultados do capitalismo — do que com os interesses das camadas menos favorecidas, tal luta só poderá vir a ser ao mesmo tempo insurrecional (pela necessidade de derrubar no campo interno os grupos interessados na continuação do modelo dependente) e de libertação nacional (pela necessidade de enfrentar a reação estrangeira que tal mudança das estruturas certamente acarretaria).

O que os fatos historiados no presente livro parecem demonstrar, pois, tomando o problema da música popular urbana como tema, é que as possibilidades de representatividade da cultura brasileira, dentro do próprio país, se ligam diretamente à realidade de um estado de dominação que resulta — até por herança colonial — do atrelamento do Brasil a um tipo de proposta de desenvolvimento que o torna necessariamente caudatário de decisões que escapam aos seus dirigentes. Tal fato é claramente comprovado no presente livro quando se demonstra que o colonialismo cultural, no campo das várias músicas brasileiras, se revela sob a forma da dominação econômica nos meios de comunicação e da indústria do lazer, com o objetivo capitalista estrito de obtenção de lucro.

Esse colonialismo cultural estrangeiro, na área da música popular, é imposto ao povo do país economicamente dominado — e o livro mostra-o com fatos — sob a forma de duas realidades: a de caráter econômico, propriamente dito, representada pela circunstância de a música popular destinada ao lazer urbano se prender a um complexo industrial eletroeletrônico de grande peso na economia mundial; e a de caráter ideológico, representada pelo fato de a música popular, graças às novas modas fabricadas por tais grupos industriais, projetar para os consumidores subdesenvolvidos uma ideia de modernidade, de conquista de *status* e de integração no que "de mais novo se produz no mundo".

Ora, como a divulgação das produções musicais, para além das salas ou comunidades regionais em que são ouvidas, depende da divulgação pelos meios de comunicação, principalmente o rádio e a televisão, é a ocupação desses espaços que permite a universalização de sons musicais por todo o território do país e, em certa medida, também por todas as classes sociais. Acontece que, como tais canais de divulgação pertencem a empresários que dividem os espaços em tempo, que é vendido conforme determinados preços o segundo ou o minuto, será esse custo econômico das horas de veiculação das músicas que irá determinar quais, entre todos os gêneros ou estilos produzidos — no país ou no estrangeiro —, os que vão ser ouvidos.

É assim, pois — como no livro se demonstra —, que se fecha o círculo que, evidenciando a relação direta entre produção cultural e produção econômica no mundo capitalista, permite a projeção das leis de mercado para o campo da produção e divulgação das músicas populares. E isso porque, como dentre os muitos tipos de música existentes apenas os produzidos pelos grupos econômicos capazes de pagar sua divulgação pelo rádio e pela televisão serão dados a conhecer ao público e, por nenhuma coincidência, tais grupos econômicos são sempre as grandes fábricas de disco multinacionais, resulta daí que os únicos tipos de música passíveis de chegar aos ouvidos das maiorias serão os de escolha dessas mesmas empresas internacionais. E, por consequência, como uma das leis do capitalismo industrial, em termos de obtenção de lucro máximo, é a da busca de mercado mais amplo possível ao preço de custo de produção mais baixo capaz de ser obtido, a escolha desses tipos de música — que logo serão vendidos com a chancela de *atual*, de *nova onda* e de universal — serão aqueles que, já tendo sua produção paga no país de origem, terão a sua mensagem promovida nos países colonizados sem riscos de capital.

Assim — e esta *História social da música popular brasileira* deixa claro —, do ponto de vista cultural e ideológico tal realidade de dominação econômica traz para o povo dependente uma consequência cruel: é que, ao envolver a ideia de modernidade e de universalidade (quando se sabe que o que se chama de universal é o regional de alguém imposto para todo mundo), o som importado leva os consumidores nacionais ao desprezo pela música do seu próprio país, que passa então a ser julgada ultrapassada e pobre, por refletir naturalmente a realidade do seu subdesenvolvimento.

Essa espécie de vergonha da própria realidade, desenvolvendo-se principalmente entre as camadas de classe média com caráter de autêntico complexo de subdesenvolvimento, conduz, assim, a uma progressiva perda ou desestruturação da identidade cultural, o que desemboca no ridículo de, ao procurarem tais consumidores colonizados apresentar-se como modernos, só conseguirem aparecer como estrangeiros dentro do seu próprio país.

Essa é a realidade que esta *História social da música popular brasileira* conta: quem achar que não, que conte outra.

José Ramos Tinhorão

Século XVI

Parte I

A CIDADE EM PORTUGAL

1.
INDIVIDUALISMO, VIOLA E CANÇÃO

Quando o Brasil foi descoberto, em 1500, as manifestações culturais que se tornariam típicas das cidades — entre elas a música dirigida às distrações urbanas, mais tarde chamada genericamente de música popular — estavam apenas despontando como algo novo nos principais centros do próprio país descobridor.

Na verdade, saída da era medieval, onde a economia baseada na exploração da terra privilegiava o mundo rural e seu estável sistema de relações pessoais regulado pelo costume, a Europa mal começava a estruturar as formas de vida urbana surgidas com a realidade do predomínio do capital sobre o trabalho, que agora procurava disciplinar os novos tipos de relações com a impessoalidade da lei. E como a aceleração da divisão do trabalho, provocada pelo novo modo de produção para o comércio, com base na apropriação de matéria-prima e pagamento de serviços em dinheiro, gerava uma infinidade de problemas até então desconhecidos, o Poder foi levado a resolvê-los não mais segundo princípios consagrados, como antes, mas através de uma profusão de resoluções que os tipificava. Tais resoluções reais, ou alvarás, disciplinadores das novas questões urbanas, acabavam assim por reduzir o direito coletivo forjado pela antiga economia rural a uma lista de deveres e obrigações individuais, decorrentes dos princípios do direito romano, revivificado pela oportunidade de seus conceitos de respeito absoluto à propriedade.

O resultado desse novo quadro de vida urbana sob o moderno regime de relações de produção pré-capitalista — que assim tendia a abolir o interesse coletivo em favor da particularidade expressa, caso a caso, na letra da lei — iria fazer-se sentir também no campo cultural. É que, enquanto os cantos e danças do mundo rural continuavam a constituir manifestações coletivas, onde todos se reconheciam, a música da cidade — exemplificada no aparecimento da canção a solo, com acompanhamento pelo próprio intérprete — passou a expressar apenas o individual, dentro do melhor espírito burguês.[1]

Essa tendência à individuação do homem urbano começava, pois, a produzir seus efeitos no plano da cultura, em Portugal, quando se iniciou a experiência pioneira da transplantação de uma parte de sua população para o Brasil. E, assim, como do ponto de vista da história sociocultural os duzentos primeiros anos da colonização brasileira nada mais representaram do que uma reprodução (com pequenas variantes locais) da realidade da vida na metrópole, não seria hoje possível compreender o quotidiano das cidades no Brasil até ao século XVIII, sem conhecer como se desenvolveu, a partir do século XV, o próprio processo de urbanização em Portugal.

O caráter tradicional da ocupação do solo em Portugal fora sempre, como em livro clássico apontaria Costa Lobo, o da concentração das populações "em cidades, vilas e aldeias, sendo raríssimas as habitações ou casais distantes destes centros". Ao que ajuntava: "Um âmbito cultivado circundava as povoações e fornecia a subsistência de seus moradores: toda a demais região intermédia era um deserto".[2]

---

[1] Essa consequência do advento do individualismo burguês-comercial do século XVI foi bem captada em 1940 em Portugal por Fernando Lopes-Graça, que abria o capítulo "A melodia vocal, a ópera e a oratória" de seu livro *Breve ensaio sobre a evolução das formas musicais* escrevendo: "A forma musical, porém, que mais cabalmente satisfaz as aspirações individualistas do Renascimento é a melodia vocal, para uma voz a solo com acompanhamento instrumental" (*op. cit.*, Lisboa, Editorial "Inquérito" Lda., Cadernos Inquérito, Série I, Arte III, 1940, p. 42).

[2] Antônio de Sousa Silva Costa Lobo, *História da sociedade em Portugal no século XV e outros estudos históricos*, Lisboa, Cooperativa Editora História Crítica, 1979, p. 96.

Assim, excetuadas segundo o mesmo autor Lisboa e o Porto, ainda no século XV, "as demais cidades e vilas, se bem que naturalmente fossem centros onde artífices e mercadores abasteciam o povo das aldeias adjacentes, eram, contudo, principalmente habitadas por lavradores que cultivavam as suas herdades nas cercanias".[3]

A tradição da sociedade portuguesa implicava, portanto, até ao advento da era das conquistas e comércio atlântico iniciada na primeira metade do século XV, um quadro de dispersas populações rurais reunidas à volta de pequenos centros autossuficientes, a que a falta de um comércio interno ativo no País, reduzindo a capacidade de expansão, conduzia necessariamente ao aprofundamento das características locais.

A marca cultural de tais comunidades, isoladas nesse panorama de "aldeias e desertos" — como definia na virada do século XV para o século XVI o cronista Rui de Pina, lembrando o reinado recente de D. Duarte (1433-1437) —, só podia ser, pois, a da valorização da identidade regional, através do reconhecimento geral de uma série de traços comuns, que dissolviam o indivíduo nas manifestações da coletividade. E isso queria dizer que, quando tal gente rural se divertia em suas pequenas vilas e povoados, suas danças e cantos constituíam sempre reuniões da comunidade ao ar livre, com rodas e pares evoluindo nos terreiros — vozes em coro — ao som de instrumentos feitos para animar o ritmo e dominar o alarido: gaitas, flautas, pandeiros, adufes, atabaques, bombos e tamboris.

Quando, porém, a crescente monetarização da economia a partir do século XIV estimula a agricultura de exportação em detrimento da produção para a subsistência, assim transferindo de vez o centro dos interesses do campo para as cidades, os pequenos lavradores entram em crise, e os trabalhadores da terra — jornaleiros transformados em proletários rurais — iniciam o êxo-

[3] *Ibidem*, p. 108.

do para os grandes centros do litoral, onde vão aderir à aventura das navegações ou constituir a arraia-miúda urbana, em que cada um vive por si.

A característica cultural desses elementos postos à margem da estrutura econômico-social como ganha-dinheiros, ou eventuais vadios, será o individualismo, a zombaria, a pretensa esperteza e a hipocrisia. Ou seja, tudo o que favorecesse a sobrevivência pessoal em meio aos demais, o que os levava inclusive à busca isolada do próprio entretenimento na singularidade do canto a solo, com acompanhamento individual, ao som de sua viola.[4]

---

[4] É nesse sentido de indivíduos desprovidos de identidade comum, por se confundirem numa massa heterogênea — fenômeno de fato contemporâneo do adensamento descontrolado dos grandes centros urbanos do mundo moderno — que se deve entender a alegoria contida na lenda histórica veiculada por um monge francês do século XVI sobre as dez mil guitarras portuguesas encontradas em 1578 no campo de luta, na África, após a perdida batalha de Alcácer Quibir. Segundo frei Filipe de Caverel, secretário do abade Dom Jean Sarrazim, enviado em 1582 a Lisboa como embaixador dos antigos Estados de Artois, contava-se ao tempo, para mostrar a paixão dos portugueses pelas guitarras (que eram, na verdade, violas simplificadas, geralmente com quatro ordens de cordas metálicas, que se tocava "rasgado", ou sem dedilhação), "qu'il a esté trouvé ès depouilles du camp du Roy Sebastien, de Portugal, après la route, en laquelle il fut deffait par le roy de Fez et de Maroc, environ dix mille guiteres, chose incroiable, mais à laquelle aucuns donnent couleur, parce que les Portugais s'embarquans jouoient ordinairement ce refrain: "LOS CASTELLANOS MACTAN LOS TOROS, LOS PORTUGAIOS MACTAN LOS MOROS". O número dos instrumentos achados entre os despojos das tropas portuguesas é certamente exagerado (dos dezessete mil combatentes pelo menos cinco mil eram mercenários estrangeiros, o que faria supor a existência de praticamente uma viola para cada soldado português), mas como metáfora a informação é perfeitamente compreensível: posto que a base das tropas era formada pela massa dos pobres e mais gente situada à margem da vida econômica organizada das cidades (incluindo-se alguns tipos de condenados), o episódio vem comprovar apenas a extrema popularidade desse primeiro instrumento de cordas realmente posto ao alcance das maiorias urbanas de tipo moderno.

Um testemunho contemporâneo dessa mudança cultural paralela às transformações econômicas de Portugal do século XVI aparece com muita clareza — quando bem-interpretado o sentido dos versos — na "tragicomédia" de Gil Vicente *Triunfo do Inverno*, de 1529, em que o autor saudoso da velha estrutura agrária começava por lembrar:

Autor

Em Portugal vi eu ja
em cada casa pandeyro
e gayta em cada palheyro
e de vinte anos aca
nam ha hi gayta nem gayteyro.

A cada porta hum terreyro
cada aldeia dez folias
cada casa atabaqueyro
e agora Geremias
he nosso tamburileyro.[5]

Tal como o próprio Gil Vicente indica ao escrever "e de vinte anos aca", teria sido com o advento do século XVI que as mudanças socioculturais resultantes do modelo de economia urbana voltado para o exterior passaram a tornar-se mais evidentes. Em Portugal (e não apenas no interior, mas nas cercanias da própria capital, Lisboa, como mostram os versos "Soo em Barquerena avia/ tambor em cada moinho"), as manifestações de alegria contavam sempre com tal profusão de gaitas e pandeiros, que dava para formar dez grupos de foliões em uma mesma aldeia. E sem problema de espaço para o exercício de tais folgares visto como, no quadro rural ainda não superado pelo modelo urbano

---

[5] Gil Vicente, *Triunfo do Inverno*, editado por Marques Braga, Lisboa, Imprensa Nacional, 1934, pp. 1-2.

moderno, era comum haver "a cada porta hum terreyro". Com a decadência da pequena agricultura naquelas manchas de terra cultivadas que garantiam o viver tranquilo das povoações tradicionais (e onde o mais "triste ratinho", ou seja, o mais humilde trabalhador jornaleiro do campo, podia ao menos participar dos folguedos locais com uma alegria agora impossível — "agora nem tem caminho"), o clima de festa mudava-se numa tristeza que parecia ter ao tambor o lamuriento profeta Jeremias.

O autor do *Triunfo do Inverno*, aliás, que pouco antes reagira contra o processo de urbanização esvaziador dos campos na farsa do *Clérigo da Beira*, de 1526 ou 1528, aprofunda sua visão do contraste da vida popular do campo e da cidade, passando a demonstrar — com impressionante modernidade — o reflexo das mudanças na esfera cultural:

> Se olhardes as cantigas
> do prazer acostumado
> todas tem som lamentado
> carregado de fadigas
> longe do tempo passado.
> O dentam era cantar
> é baylar comaa de ser
> o cantar pera folgar
> o baylar pera prazer
> que agora he mao de achar.[6]

O advento do novo projeto econômico das navegações, ao substituir a rotineira paz dos campos pelo clima competitivo e angustiante das cidades, provocara pois seus reflexos no próprio texto das cantigas: ao contrário do tom alegre do tempo passado, os versos das cantigas revelavam agora as durezas da vida presente. Fora-se o bom tempo ("que agora he mao de achar")

---

[6] *Ibidem*, p. 2.

em que o canto significava apenas demonstração da alegria comum ("o cantar pera folgar") e a dança um exercício de puro gozo ("o baylar pera prazer").

E como para não deixar sem exemplo esse contraste entre o alegre canto coletivo da gente dos campos e o lamento individual transformado em cantiga pelo angustiado homem das novas cidades — sujeito a dúvidas metafísicas —, acrescentaria Gil Vicente:

> Nam cātavam de terreyro
> terra frida deismelo
> no me negueis mi consuelo
> que fez hum judeu daveyro
> pola muerte de su avuelo.[7]

Isto valia por dizer — entendidos os versos "terra frida deismelo/ no me negueis mi consuelo" como citação de uma cantiga popular da época — que jamais se conceberia naqueles alegres tempos de saudável folgar coletivo ao ar livre, nos terreiros, ouvir alguém a cantar versos tão fúnebres e pessoais quanto estes do "ó terra fria dizei-me,/ não me negueis o consolo", como fazia o judeu morador em Aveiro, transformando em canção popular a tristeza pela perda do avô.

---

[7] *Ibidem*. Em sua nota de esclarecimento dos versos da cantiga do judeu de Aveiro, o Prof. Marques Braga, responsável pela edição do *Triunfo do Inverno* para a coleção Textos de Literatura Portuguesa, do Centro de Estudos Filosóficos, da Junta de Educação Nacional, cit., comete o equívoco de apontar a Cantiga como de terreiro, quando Gil Vicente diz o contrário. Ao escrever "He de feyra em concrusam", o autor do *Triunfo do Inverno* opunha exatamente a feira (espaço urbano) ao terreiro (espaço rural). A falta das aspas na citação dos 2º e 3º versos da cantiga do judeu de Aveiro ("terra frida deismelo/ no me negueis mi consuelo") traiu também o alemão Albin Eduard Beau, que em seu trabalho *A música na obra de Gil Vicente* (Coimbra, Edições "Biblos", 1939) perdeu a oportunidade de juntar mais este exemplo de canção a seu minucioso levantamento.

Gil Vicente, aliás, reforçava essa preciosa revelação da existência de uma cantiga de caráter popular urbano, já como autor conhecido, na segunda década do século XVI, ao acrescentar outra informação importante: apesar de triste, tal cantiga tornara-se popular e ao som dela se cantava e dançava na cidade porque, ao contrário dos tempos do folgar despreocupado nos terreiros, era esse tom lamentoso que correspondia, agora, à dura realidade da vida das pessoas na cidade:

> He de feyra em concrusam
> e baylam na cada dia
> porque sae aa melodia
> tal qualfica o coraçam
> ao reves do que soia.[8]

Através da obra de Gil Vicente, por sinal, pode concluir-se também que um dos primeiros tipos de canção urbana — quer dizer, cantada e acompanhada a solo, como as trovas e romances dos antigos trovadores e jograis, e envolvendo a intenção amorosa do intérprete — seriam as cantigas de serenata. O mais recuado exemplo desse cantar (que dois séculos depois se transformaria em gênero, no Brasil, sob o nome de canção de seresta) apareceria no auto chamado *Quem Tem Farelos?* com data de 1505, mas certamente encenado apenas em 1509 (há referência no texto à perda de Arzila pelos portugueses em 1508). Nessa peça ambientada na Lisboa manuelina, que então rapidamente se expandia (o próprio rei D. Manuel acabara de mudar-se da velha alcáçova do Castelo de São Jorge para a beira do Tejo, trocando a segurança da fortaleza pelas riquezas do porto), um escudeiro pobre, mas presumido de trovador e galante, Aires Rosado, pede a viola a seu moço, Apariço ("Dá-me cá esse estromento"), decidido a cantar à porta da amada certamente já recolhida:

---

[8] *Ibidem*, pp. 2-3.

Aires. Agora que estou disposto,
irei tanger a minha dama.
Apariço. Ja ela estará na cama...
Aires. Pois entonces é o gosto![9]

Segundo a rubrica indicativa da cena, o escudeiro "Tange e canta na rua à porta, de sua dama Isabel e, em começando a cantar 'Si dormís, donzella' ladram os cães". A intenção do autor é, evidentemente, estabelecer o clima de comicidade às custas do escudeiro (o latido dos cães contraponteia o canto, o que obriga Aires a pedir ao moço que mate os animais, ou os distraia, dando-lhes pão), mas o realismo vicentino acaba conferindo à cena o valor de um documento. Em primeiro lugar, o título da música, "Se Dormís, Donzela" (tirado do primeiro verso, como de costume), começava por indicar o objetivo específico da canção de serenata: o da transmissão de um recado amoroso para a recepção do qual seria preciso que a amada — conservada distante da vida social pela severa moral patriarcal — não apenas estivesse desperta, mas aparecesse à janela para demonstrar seu interesse: "Si dormís, donzella/ despertad y abrid". Quanto ao sentido geral da letra da canção escolhida para a serenata (cuja referência em um dos versos ao rio Guadalquivir indica a voga, em Portugal de inícios do século XVI, do repertório espanhol da Andaluzia), indicava desde logo uma antecipação, em mais de trezentos anos, do que as modinhas românticas brasileiras do século XIX transformariam em lugar-comum: o apelo à amada para a aventura do amor, por ser chegada a hora:

Si dormís, donzella,
despertad y abrid.

---

[9] Gil Vicente, Auto de "Quem tem farelos?", in *Antologia do teatro de Gil Vicente*, introdução e estudo crítico pela professora Cleonice Berardinelli, Rio de Janeiro, Grifo Edições/INL, 1971, p. 298.

>Que venida es la hora,
>si queréis partir.[10]

No caso do escudeiro Aires Rosado dessa farsa de início de Quinhentos, o requerimento dos versos não chega a ser atendido porque a velha mãe de Isabel intervém, e despede o pobre amante com a injúria — "Vai comer, homem coitado,/ e dá ò demo o tanger" — mas, quinze anos depois, no *Auto de Inês Pereira*, outro escudeiro do mesmo tope consegue melhor sorte ao cantar ante a pretendida, igualmente à viola, não na rua, em serenata, mas dentro da própria casa. A diferença da sorte entre os dois enamorados, conforme as situações postas por Gil Vicente em cada peça, revela-se também rica em informações. A mãe de Isabel decidira em *Quem Tem Farelos?* expulsar de sua porta o pretensioso Aires Rosado porque, àquela altura, a proliferação dos cavaleiros "de novas linhas e apelidos" (como um século antes definira o cronista Fernão Lopes) enchia Lisboa daqueles pretensos escudeiros de casas nobres ("e de parte meu avô/ sou fidalgo afidalgado"), mas o mesmo não acontecia nas províncias. E, assim, quando no *Auto de Inês Pereira* a moça da cidade da área rural recusa o filho de um lavrador rico e contrata dois judeus casamenteiros para que lhe consigam um homem "discreto" (com alguma cultura) e que "saiba tanger viola", a perspectiva de achar tal candidato em seu meio é tão remota

>O marido que quereis,
>de viola e dessa sorte,

---

[10] *Ibidem*, p. 300. Com a exclusão das falas do moço Apariço e do próprio Escudeiro, a sucessão dos versos cantados por Aires Rosado em sua serenata compõe a seguinte letra em castelhano: "Si dormís, donzella/ despertad y abrid./ Que venida es la hora,/ si queréis partir./ Si estais descalza// No cureis de vos calzar,/ que muchas agoas/ tenéis de pasar.../ Agoas d'Alquivir;/que venida es la hora,/ si quereis partir".

> não nos há senão na corte
> que cá não no achareis

que a própria mãe se dispõe a ajudá-la com conselhos: "Se este escudeiro há de vir/ e é homem de discrição/ hás-te de pôr em feição,/ e falar pouco, e não rir".

Nos dois casos, porém, o que tanto a moça da capital quanto a da cidade menor da província demonstravam era, afinal — mau grado as diferenças de circunstância —, a sua comum incompatibilidade com os costumes ligados à predominância da velha estrutura agrária. E era isso que explicava a atração de ambas pelo personagem simbólico da sociedade em mudança: o jovem individualista capaz de suprir, com a sua prosápia, a equivocada posição de valido de uma nobreza falida, e isso usando apenas as novas qualidades urbanas da desenvoltura pessoal e domínio dos modernos símbolos da sociedade representados pela arte de cantar e tocar viola.

As cenas em que Gil Vicente movimenta esses seus personagens escudeiros, aliás, permitem inclusive — embora nada se saiba dos textos musicais que originalmente acompanhavam os versos — imaginar o estilo de interpretação dessas primeiras canções destinadas a formar o repertório da futura música popular urbana.

Para começar, havia por certo já por aqueles inícios de Quinhentos diferentes formas de interpretar as cantigas, conforme o gênero ou a destinação da música. O escudeiro Aires Rosado de *Quem Tem Farelos?*, moço da cidade grande, certamente mais despachado, escolhia para a sua serenata músicas de sabor popular, e que lhe permitiam cantar à viola com voz "requebrada", como definia seu moço, Apariço, dando a entender a ênfase sobre o ritmo. O escudeiro do *Auto de Inês Pereira*, mais provinciano, parecia ainda preso ao velho repertório herdeiro do estilo dos antigos trovadores palacianos, e por isso preferia usar a viola para acompanhamento não de uma cantiga do momento, mas de um romance — "Mal me quieren en Castilla" — que entoaria em tom lamuriento e cheio de ais. E isso como parece indicar a fala do judeu casamenteiro Vidal, ao referir-se ante o companheiro Latão à monotonia da longa história cantada pelo moço:

> Latão, já é o sono comigo
> como oivo cantar guaiado
> que não vai esfandegado.

O curioso é que o cantar guaiado — expressão segundo Gil Vicente introduzida pelos judeus em Portugal: "E por má hora dizer ai/ dezia-lhe *guai*" — estava destinado a sobreviver no Brasil, chegando com esse mesmo nome até fins do século XX entre os vaqueiros e trabalhadores rurais do estado de Goiás dançadores de catiras ao som de violas enfeitadas de fitas: "Ai goianinha,/ você machucou meu coração,/ Ai la-ri-la, la-ri-l'ai-ai...".[11]

Esse tom de lamento certamente cheio de ais ou guais já devia, por sinal, estar tão vulgarizado como estilo de interpretação ao tempo da peça, em Portugal, que Gil Vicente nem se preocupou em registrar os versos da composição por ele escolhida, limitando-se a citar-lhe o título na rubrica "Canta o Escudeiro o romance 'Mal me quieren en Castilla', e diz Vidal". O comentário do judeu Vidal, porém, indicava que se o estilo era comum, o agrado não era geral, pois ele particularmente preferia o tipo mais "esfandegado", ou seja, o que pela maior vivacidade rítmica ensejava o cantar "requebrado",[12] como fazia em Lisboa

---

[11] *Apud* Gontran da Veiga Jardim na comunicação "O cantar guaiado dos sertões goianos", in *Boletim da Comissão Fluminense de Folclore*, ano 1, nº 11, abr. 1970, p. 21. Teófilo Braga pretende encontrar a origem do cantar guaiado nos cantos celtas, mas tanto em sua *História da poesia popular portugueza* quanto em seu *Parnaso português moderno* o faz sem maiores provas de convicção.

[12] A ideia de quebra da inteireza ou da unidade de um todo implícita no sentido da palavra "esfandegado" em inícios do século XVI é claramente expressa na fala do personagem judeu do *Auto dos Dois Ladrões*, de An-

o escudeiro Aires Rosado, especialista nessa moderna forma de "musiquiar".[13]

O que todos os exemplos de cantigas urbanas entoadas a solo por aqueles inícios do século XVI revelam em comum (pedissem elas interpretações guaiadas ou requebradas) era o acompanhamento ao som de viola. É bem verdade que tais indicações, tiradas principalmente de textos do teatro vicentino e pós-vicentino, não chegam a fornecer pormenores sobre o instrumento, mas, por certas particularidades das situações descritas, pode supor-se — com boa probabilidade de acerto — que aqueles primeiros cultores da canção produzida para o individualismo burguês das cidades não usariam todos o mesmo tipo de viola. Segundo revelam os modernos estudos na área da musicologia, principalmente quando examinam características de construção dos instrumentos cordofones e suas afinações, a velha guitarra latina dos antigos trovadores do século XIII ter-se-ia transformado pela virada dos séculos XIV-XV na *vihuela* espanhola, que era afinal a mesma viola usada em Portugal por tocadores palacianos ilustres como Garcia de Resende, com sua seis ordens de cordas próprias para execução ponteada, ou dedilhada, que fazia supor para seu uso um estudo de música mais aprimorado. Pois, ao lado desta — e já como a anunciar uma extensão, ao campo da música instrumental, da diversificação promovida na sociedade urbana pela divisão do trabalho —, apareceriam então as violas mais simples, chamadas às vezes de guitarras, menores no tamanho e com nú-

---

tônio Lisboa, representado ao tempo do conde de Vimioso (1515-1549). Ao dizer de seu horror pelas pelejas e matanças, o personagem judeu afirma que o bom é estar longe da cidade, e não ver "nem arruídos/ nem homens mortos feridos/ nem oitros esfandegados/ que já nem tenho sentidos/ em ver tantos maus recados".

[13] O "neologismo" é do próprio Gil Vicente, que no auto do *Quem Tem Farelos?* faz dizer a Velha, ao recusar a entrega da filha Isabel ao escudeiro pretendente: "Nunca a tu hás de levar./ Para bargante rascão,/ que não te fartas de pão/ e queres musiquiar".

mero de cordas reduzido geralmente a quatro ordens, e que qualquer curioso possuidor de bom ouvido podia tocar *de golpe* ou *de rasgado*, suprindo a falta de recursos técnicos com o ritmo da mão direita.[14]

Inicialmente, como se observa nas cenas descritas por Gil Vicente, a distância social entre os tocadores de um e outro tipo de viola ainda não era grande, pois os escudeiros tinham pretensões à nobreza e, bem ou mal, procuravam reproduzir o estilo trovadoresco palaciano em sua escolha de repertório e interpretação. Ao cabo de pouco mais de um século, porém, a variante simplificada da viola estava destinada a ganhar tal difusão entre as camadas mais populares que, em 1650, D. Francisco Manuel de Melo já podia acusar a perda de prestígio do instrumento junto às pessoas de melhor qualificação da cidade, tão baixo descera seu uso na escala social. Em seu tratado de moral doméstica intitulado *Carta de Guia de Casados*, ao criticar a novidade do uso, pelas mulheres, de certas capinhas que não julgava decentes, escrevia o moralista: "e já é tão vulgar o uso das capinhas, que isso mesmo pudera ser o meu desprezo; podendo-se com mais razão dizer pelas tais capinhas, o que dizia um pechoso pelas violas, que sendo excelente instrumento, bastava saberem-no tanger negros e patifes, para que nenhum homem honrado a puzesse nos peitos".[15]

---

[14] A diferença entre a *vihuela* palaciana hispano-portuguesa e a guitarra popular das cidades (surgida provavelmente em Lisboa) é bem estabelecida por Ernesto Veiga de Oliveira no capítulo sobre a viola, de seu livro *Instrumentos populares portugueses* (Lisboa, Fundação Calouste Gulbenkian, 1982), em que escreve, à p. 183: "A 'guitarra', embora na mesma linha musical da 'vihuela', tinha sem dúvida caráter mais popular do que esta e, pelo seu tamanho inferior, menor sonoridade, número de cordas e extensão, não se prestava para a música complexa escrita para aquele erudito instrumento, que desenhou aqui o papel que na Europa em geral coube ao alaúde (com o qual, de resto, como dissemos, ela se pode por vários aspectos comparar, e da qual podia utilizar a tablatura)".

[15] D. Francisco Manuel de Melo, *Carta de Guia de Casados*, Lisboa, Nova Edição de Álvaro Pinto —"Ocidente", s/d (1954), p. 83.

A observação de D. Francisco Manuel de Melo (o pechoso, ou caturro, afinal, devia ser ele próprio) não deixaria de corresponder à realidade pois, contemporaneamente a estatísticas de Cristóvão de Oliveira, de 1551, e de João Brandão, de 1552, já existiam em Lisboa quinze ou dezesseis fabricantes de violas, fora outros dez com "tendas de fazer cordas de violas".[16] E era por certo essa democratização no uso do instrumento que ia permitir entre 1545-1557 o aparecimento, no *Auto da Natural Invenção*, de Antônio Ribeiro Chiado, de um ator-personagem negro cantor e tocador de guitarra que era a mesma viola popular.

A própria existência de um ator negro entre os artistas de um grupo especializado em encenar espetáculos em casas de particulares — moda da época que Chiado com muita oportunidade tomava para tema de seu auto — não apenas demonstrava a forte presença dos escravos africanos e seus descendentes crioulos entre as baixas camadas de Lisboa (10% de negros numa população local de cem mil moradores urbanos em 1551), mas a vulgarização do emprego da viola como instrumento de diversão pessoal até ao nível social mais ínfimo dos "negros e patifes".

Logo ao início do auto, ao ordenar a um negro que cedesse a cadeira a que se assentara enquanto todos os demais trabalhavam na preparação do cenário, o dono da casa descobre não ser ele um qualquer, mas o ator e músico a quem cabia o papel de cantar e tocar guitarra na peça a ser encenada. A primeira reação do burguês contratador da trupe é de incredulidade ("Nam creo que sois cantor,/ há-mo de jurar o autor./ Isto agora quero ver/ e hei-vos d'ouvir tanger/ e mais cantar, meu senhor"), mas ante a confirmação das habilidades do artista preto decide-se a ouvi-lo, quando então lhe está reservada outra surpresa: o negro não aceita o discante (como era então chamado o machete ou ca-

---

[16] João Brandão, *Tratado da Magestade, Grandeza e Abastança da Cidade de Lisboa na Segunda Metade do Século XVI* (Estatística de Lisboa de 1552), publicado em separata do Arquivo Histórico Português, tomo 11º, Lisboa, 1923, p. 211.

Individualismo, viola e canção   29

vaquinho) que o dono da casa lhe oferece, mas responde orgulhosamente que possui sua própria guitarra.

> Dono: Mandai-lhe vir um discante,
> que isto hei d'exprimentar.
> Negro: Nam, que eu trago aqui guitarra.
> Dono: Isto é lançar a barra
> mais longe do que eu cuidava.[17]

Ao passar da surpresa à admiração, é como se o burguês dono da casa já pudesse concluir, àquela altura dos meados do século XVI, que alguma coisa de novo e insuspeitado estava acontecendo em meio às mudanças sociais provocadas nas grandes cidades pelo recente modelo econômico baseado no comércio internacional:

> Perdoe vossa mercê,
> vá-se lá pera as figuras...
> Autor, comece a vir
> bem se pode o negro ouvir,
> inda que cante às escuras.[18]

A novidade de uma música produzida pela gente do povo das cidades, para atender às expectativas do lazer urbano, estava nascendo em Portugal de Quinhentos. E, tal como mais tarde viria a confirmar-se no Brasil, essa música popular surgia como criação das camadas mais humildes dos negros e brancos pobres das cidades, talvez por isso mesmo chamados de patifes.

---

[17] "Auto da Natural Invenção", in *Autos de António Ribeiro Chiado*, edição preparada por Cleonice Berardinelli e Ronald Nenegaz, Rio de Janeiro, INL/MEC, 1964, p. 37.

[18] *Ibidem.*

Parte II

BRASIL COLÔNIA

1.
CANTIGAS DA VILA, FOLGARES DO CAMPO

Ao estenderem ao Brasil os dispositivos da súmula legislativa que haviam adaptado internamente a seus interesses sob a forma de Ordenações, os reis de Portugal iam promover na nova terra não apenas a reedição de sua estrutura político-administrativa, mas das próprias consequências decorrentes da aplicação do modelo: o estreito intercâmbio entre o rural e o urbano.

Passado o período inicial das feitorias montadas na costa para garantia da exploração de produtos naturais, e junto às quais surgiram eventualmente, já no período das capitanias, as primeiras vilas, como a erigida em São Vicente por Martim Afonso de Sousa em 1532, a coroa portuguesa resolve finalmente em 1549 instalar em Salvador um Governo Geral para "[...] conservar e nobrecer as capitanias e povoações do Brasil [...]". Com tal decisão, transferia-se para a colônia a organização municipal baseada no tradicional sistema dos Conselhos, consagrado nas Ordenações Afonsinas e Manuelinas do século XVI (e no século XVII reiterado nas Filipinas, a partir de 1603), e o que acontecia em Portugal com suas "aldeias e desertos" passou a repetir-se também no Brasil: como a economia agrícola era a predominante, o núcleo urbano dos municípios funcionava, na verdade, apenas como centro administrativo da área rural.[1] E, assim, com as ci-

---

[1] Essa realidade é resumida por Nestor Goulart Reis Filho em seu livro *Contribuição ao estudo da evolução urbana do Brasil (1500-1720)*, ao escrever: "A economia colonial esteve, até meados do segundo século, baseada quase que exclusivamente na agricultura de exportação. Foi essa a ativi-

dades voltando-se necessariamente para o campo, seria a cultura do campo que iria projetar-se sobre o espaço das cidades.

A posição de mero complemento do mundo rural de que se revestiram as cidades brasileiras até a elevação da colônia à posição de vice-reinado em 1763 — quando o ouro e os diamantes de Minas e Bahia, e a própria ativação do tráfico de escravos, incentivando a produção de artigos de escambo, conduzem à diversificação dos serviços nos polos exportadores de Salvador e Rio de Janeiro — constituiu, na verdade, uma consequência necessária do sistema de produção agrícola para o mercado externo. Iniciado o plantio de cana em alguns pontos do litoral, o sucesso obtido com as facilidades de escoamento do açúcar produzido em pelo menos dois pontos, Recife e Salvador, ensejou o aparecimento de núcleos agroindustriais que, à volta de seus engenhos ou máquinas, passaram a formar unidades econômico-administrativas praticamente independentes. Assim, como os engenhos se bastavam (funcionavam praticamente em regime de autossuficiência, envolvendo o trabalho de centenas de escravos e dezenas de trabalhadores especializados e funcionários), as vilas e cidades incrustadas nas áreas dos latifúndios canavieiros, ou em portos fluviais e marítimos, não surgiam para atender a possíveis exigências de abastecimento ou de trocas de bens regionais, mas constituíam criações do poder real, destinadas a servir-lhe de postos de representação administrativos e fazendários. Fisicamente essa representação aparecia sob a forma de construções que, dividindo o espaço público da praça com o poder espiritual configurado na Igreja, incluíam invariavelmente a Casa da Câmara e Cadeia (conjunto arquitetônico que ainda abrigava, às vezes, o açou-

---

dade econômica que deu melhores resultados sob a forma de agroindústria do açúcar e em função dela organizaram-se as demais. A ela ficaria subordinada a economia urbana, cujas condições iniciais seriam extremamente modestas" (São Paulo, Livraria Pioneira Editora/Editora da Universidade de São Paulo, s/d [1968], p. 38).

gue de privilégio real e mercadinhos para vendas a retalho) e o pelourinho símbolo da autoridade e da justiça.[2]

Ante tais condições, as vilas e cidades dos dois primeiros séculos da colonização, não tendo como beneficiar-se da riqueza produzida à sua volta pela falta de um mercado interno — os lucros da exportação ficavam com os produtores, os impostos eram recolhidos pela coroa —, abrigavam uma população permanente reduzida e pobre, cuja sobrevivência dependia de pequenas lavouras de subsistência, o que constituía mais uma forma de subordinar o meio urbano ao modo de vida rural.

As cidades brasileiras, aliás, estavam destinadas por força de tais condições a chegar ao século XX convivendo, muitas vezes dentro do próprio perímetro urbano, com características rurais. Tal como oportunamente observou em sua *Contribuição ao Estudo da Evolução Urbana do Brasil (1500-1720)* o arquiteto e sociólogo Goulart Reis Filho, o fato de os núcleos dedicados à agroindústria destinada à exportação não garantirem de forma permanente o abastecimento urbano (quando os preços no mercado internacional se tornavam atraentes toda a mão de obra era mobilizada para o aumento da produção, com prejuízo da agricultura de subsistência), "os habitantes das povoações procuravam fugir a esses condicionamentos, por meio de recursos próprios de subsistência".[3]

Entre esses recursos estava o do cultivo de hortas e da criação (principalmente de aves) nos quintais das casas na própria cidade e, no caso dos moradores mais abastados, a construção de ca-

---

[2] Sobre a presença tradicional do conjunto das Casas de Câmara e Cadeia na paisagem urbana brasileira, ver a tese de Paulo Thedim Barreto para concurso de provimento da cadeira de Arquitetura da Universidade do Brasil, publicada sob o título "Casas de Câmara e Cadeia", in *Revista do Patrimônio Histórico e Artístico Nacional*, nº 11, Rio de Janeiro, Ministério da Educação e Saúde, 1947, pp. 9-195.

[3] Nestor Goulart Reis Filho, *Contribuição ao estudo da evolução urbana do Brasil (1500-1720)*, cit., p. 95.

sas em chácaras na periferia, que funcionavam "como prolongamento das habitações urbanas propriamente ditas, para as quais enviavam os produtos de subsistência quando necessário".[4]

Essa característica das cidades dos dois primeiros séculos de vida colonial iria determinar, no plano cultural, o estabelecimento de uma particularidade destinada a tornar-se uma marca da evolução das atividades e criações destinadas ao lazer urbano no Brasil: a coexistência de manifestações típicas das cidades sempre ligadas às elites, e de formas populares de diversão invariavelmente derivadas da tradição rural.

A comprovação histórica dessa afirmação pode ser feita com o simples levantamento de informações sobre a vida urbana no Brasil, encontradas em documentos da época ou dispersas nas crônicas ou memórias deixadas por contemporâneos.

Uma informação documental sobre os primeiros sons produzidos pelos descobridores portugueses já na terra do Brasil consta da própria carta escrita do porto seguro de Vera Cruz pelo escrivão Pero Vaz de Caminha em 1º de maio de 1500, dando conta do achamento ao rei D. Manuel. Segundo Caminha, no quinto dia após a chegada, ou seja, no domingo, 25 de abril, o capitão foi com uma equipe até perto da praia de onde os índios

---

[4] *Ibidem*, p. 95. A existência de chácaras urbanas produtoras de vegetais e legumes para os moradores da vizinhança chegou em centros importantes como a própria capital brasileira do Rio de Janeiro até a década de 1940. O autor do presente livro, menino criado no bairro carioca de Botafogo, na zona sul carioca, é testemunha da existência, ainda em inícios da década de 1950, de uma área cultivada por família de imigrantes portugueses, e que se estendia desde os fundos do Colégio Ottati, da Rua Marquês de Olinda, até a altura dos fundos das casas voltadas para a Rua Bambina. O local era conhecido nas proximidades como "a chácara", e o acesso ao terreno oculto aos trauseuntes pela linha de prédios era feito por uma passagem de serviço com entrada pela Rua Bambina. Além dessas chácaras urbanas chegaram também ao século XX os estábulos para a venda de leite de vaca diretamente aos consumidores dos bairros, e que no Rio de Janeiro só desapareceram após a proibição oficial em 1932.

lhe acenavam e, satisfeita a curiosidade — conforme escrevia —, "viemo-nos às naus, a comer, tangendo trombetas e gaitas, sem mais os constranger".[5] Mais tarde, ainda nesse domingo, resolveram descer em terra para tomar conhecimento de um rio que ali desaguava, "mas também para folgarmos" e, então, um antigo almoxarife de Santarém chamado Diogo Dias, por "ser homem gracioso e de prazer", resolveu atravessar o rio para o lado em que se encontravam os índios: "E levou consigo um gaiteiro nosso com sua gaita. E meteu-se a dançar com eles, tomando-os pelas mãos; e eles folgavam e riam, e andavam com ele muito bem ao som da gaita".[6]

Ora, como desde logo se observa, excetuado o uso eventual das trombetas — o tubo longo de metal afunilado, e próprio para toques solenes ou marciais, o que restringe seu uso —, o instrumento usado pelos marujos portugueses em seu divertimento com os naturais da terra foi a gaita, que era então o mais popular instrumento da gente do campo em Portugal. E como a indicar que a maioria dos tripulantes das naus e dos que saíam para a aventura do mar era gente das regiões rurais então em decadência, o outro instrumento musical citado logo adiante na carta de Caminha seria exatamente o segundo mais encontrado, ao lado da gaita de foles, entre o povo português: o tamboril. "Nesse dia enquanto ali andavam [os índios], dançaram e bailaram sempre com os nossos, ao som de um tamboril nosso, como se fossem mais amigos nossos do que nós seus."[7]

Assim, posto que, além desses sons particulares do mundo rural, o único tipo de música citada na carta de Pero Vaz de Cami-

---

[5] "Carta de Pero Vaz de Caminha a El-Rei D. Manuel", conforme transcrição em apêndice sob a indicação "Documentos" no vol. I da *História Administrativa do Brasil*, Rio de Janeiro, Departamento Administrativo do Serviço Público/Serviço de Documentação, 1956, p. 250.

[6] *Ibidem*, p. 252.

[7] *Ibidem*, p. 256.

nha foi a dos cantos religiosos com que todos os presentes acompanharam a cruz a ser erguida no local da primeira missa rezada na terra descoberta ("E com os religiosos e sacerdotes que cantavam, à frente, fomos trazendo-a dali, a modo de procissão"), pode dizer-se que aí estariam indicados os dois gêneros musicais que, de fato, iriam prevalecer no primeiro século da descoberta: o rural português na área dos sons profano-populares, e o erudito da Igreja na das minorias responsáveis pelo poder civil e religioso.

Realmente, segundo revela a correspondência dos padres jesuítas desde a sua chegada à Bahia em 1549, até praticamente ao fim do século — quando os documentos inquisitoriais da "Primeira visitação do Santo Ofício às partes do Brasil" entremostram um pouco da vida social de 1591 a 1593 — toda a atividade musical ligada à catequese dos índios oscila entre esses dois polos das danças e cantos coletivos populares para o folgar, e dos hinos e cantos eruditos da Igreja Católica (à base de cantochão e órgão) para os atos solenes rituais ou de estímulo à devoção religiosa.

Embora certos cantos devotos pudessem às vezes soar quase como cantigas das cidades, como a cantada por um Francisco Carneiro no batel que conduzia em janeiro de 1550 os sete órfãos de Lisboa e os mais padres da Companhia de Jesus à nau de partida para o Brasil,

> Os mandamentos de Deus
> que avemos de guardar
> dados pelo Rey dos ceos
> pera todos nos salvar.[8]

e eventualmente alguns outros se prendessem às comemorações do ciclo natalino, onde havia um quê de festividade profana, tal

---

[8] "Carta de P. Pero Domenechi aos Padres e Irmãos de Coimbra-Lisboa 27 de janeiro de 1550", in *Cartas dos Primeiros Jesuítas do Brasil*, traduzidas por Serafim Leite S. J., São Paulo, Comissão do IV Centenário da Cidade de São Paulo, 1954, vol. I, p. 173.

como nos versos de reis cantados pelos mesmos órfãos na antevéspera da partida de Lisboa,

> Gran Senhor nos há nacido
> humano e mais divino.[9]

a verdade é que a semelhança entre a tradição de canto e dança tribal dos naturais da terra e a dos campos portugueses, caracterizadas ambas pela participação coletiva, iria determinar a opção dos padres por esta forma, inclusive porque efetivamente era a que melhor se enquadrava aos propósitos da catequese e evangelização em massa.

Em carta escrita da Bahia em 5 de agosto de 1552 pelo padre Francisco Pires em nome dos meninos órfãos enviados ao Brasil para atrair à Igreja os meninos índios,[10] pediam os missivistas ao padre reitor em Lisboa lhes mandasse "algunos instrumentos para que acá tañamos (imbiando algunos niños que sepan tañer), como son flautas, y gaitas, y nésperas ['son instrumentos', como está anotado à margem da carta], y unas vergas de yerro con unas argollitas dentro, las quales tañen da[n]do con un yer-

---

[9] *Ibidem*, p. 172. Segundo descrição do padre Domenechi, os meninos cantavam esses versos ao saírem do Colégio dos Órfãos de Lisboa em procissão pelas ruas, a caminho do porto de Belém.

[10] Uma prova de que o envio do grupo de meninos alunos do Colégio dos Órfãos de Lisboa, inaugurado em agosto de 1549, obedecia a uma estratégia de ação ideológica, com fins práticos, estava na elaboração pelo padre reitor Pero Domenechi, em 1550, de um folheto sob o título "Avisos de como os proues órfãos de Iesu se hão de auer nas peregrinações & romarias que fizerem. E outras doctrinas & considerações mui proueitosas & necessarias. Feitos pelo reuerendo padre Pero domeneco Reytor delles". 8º 50 ff. In f. 1v grav.: Jesus Crucificado. cc. 1550. Talvez impresso em Lisboa por João Barreira e João Álvares. A indicação é do padre Serafim Leite em nota ao pé das pp. 378-9 do vol. I de *Cartas dos Primeiros Jesuítas do Brasil*, cit.

ro en la verga; y un par de panderos y sonajas". Ao que acrescentava o padre Pires, sempre escrevendo em nome dos órfãos: "Si viniesse algún tamborilero y gaitero acá, parézeme que no haveria Principal [chefe indígena] no diese sus hijos para que los enseñassen".[11]

A excelência dos efeitos da música europeia na atração dos indígenas normalmente arredios era conhecida dos padres jesuítas desde a sua chegada, e já em longa carta datada de 9 de agosto de 1549 da Bahia o próprio provincial da Companhia de Jesus no Brasil, padre Manoel da Nóbrega, ao descrever para o provincial de Lisboa a Festa do Anjo Custódio, realizada em Salvador a 21 de julho daquele ano, podia registrar: "Fizemos precissão com grande música, a que respondiam as trombetas. Ficaram os índios espantados de tal maneira, que depois pediam ao Pe. Navarro que lhes cantasse assi como na precissão fazia".[12]

O espanto dos índios não terá sido menor do que haviam experimentado um mês antes quando, segundo ainda o mesmo padre Nóbrega, se realizou a procissão de Corpus Christi pelas ruas enfeitadas com ramos de árvores, incluindo todas as suas "danças e invenções alegorias à maneira de Portugal".[13] É que, tal como faz observar o tradutor e anotador das cartas, padre Serafim Leite, em pé de página esclarecedor, essa procissão de Corpus Christi — certamente a mais popular e mais espetacular de Portugal — incluía verdadeiras alas (no estilo das modernas escolas de samba), pois entre as tais "danças e invenções" havia

---

[11] "Carta dos Meninos Órfãos [Escrita pelo padre Francisco Pires]. Ao P. Pero Domenechi, Lisboa. Bahia 5 de agosto de 1552", in *Cartas dos Primeiros Jesuítas do Brasil*, vol. I, cit., pp. 383-4.

[12] "Do P. Manuel da Nobrega ao P. Simão Rodrigues, Lisboa. Bahia 9 de agosto de 1549", in *Cartas dos Primeiros Jesuítas do Brasil*, vol. I, cit., p. 129.

[13] "Do P. Manuel da Nóbrega ao P. Simão Rodrigues, Lisboa. Bahia 9 de agosto de 1549", in obra e volume citados, p. 129.

"mouriscas, danças, coros, músicas, bandeiras, representações figuradas, folias etc.".[14]

Essas folias a que se refere o tradutor das cartas dos jesuítas, aliás, eram desfiles dançantes típicos da área rural, onde o grupo de folgazões precisa percorrer grandes distâncias para chegar ao local da festa (tal como acontece até hoje em muitos pontos do interior do Brasil com folias de Reis que se deslocam numa área de vários quilômetros, cumprindo jornadas), e constituíram a primeira concessão dos jesuítas ao natural desejo de diversão mais livre dos devotos. Segundo observaria ainda Serafim Leite, os primeiros contatos com os índios foram propiciados exatamente pela "música de caráter exclusivamente popular no gênero de folia", ao que acrescentava, para não deixar dúvida quanto à origem profana da criação: "Folia a que se não deve atribuir nenhum caráter religioso, mas de simples e honesta diversão popular".[15]

E, assim, graças a essa intromissão do popular dentro das manifestações religiosas (já tradicional em Portugal tanto nas procissões teatralizadas das cidades quanto nas festas religiosas do campo), quando em 1583 se realizou na aldeia do Espírito Santo, em Abrantes, a festa de recepção ao padre Cristóvão de Gouveia, o espetáculo oferecido ao viajante foi a encenação de um auto pastoril, ao ar livre, que permitia aos actores apresentar "uma dança de escudos à portuguesa, fazendo muitos trocados [figurações coreográficas] e dançando ao som da viola, pandeiro e tamboril e frauta, e juntamente representavam um breve diálogo, cantando algumas cantigas pastoris".[16]

---

[14] Nota nº 26 de Serafim Leite ao pé da p. 129 do vol. I das *Cartas dos Primeiros Jesuítas*, cit.

[15] Serafim Leite, "A música nas primeiras escolas do Brasil", in revista *Brotéria*, vol. XLIV, Fasc. 4, Lisboa, 1947, p. 382.

[16] Fernão Cardim, *Tratados da Terra e Gente do Brasil*, 2ª ed., São Paulo, Ed. Nacional, 1939 (Série Brasiliana, 168), p. 258.

Segundo o mesmo responsável por essa informação, o padre Fernão Cardim, que escrevia na qualidade de cronista encarregado da "narrativa epistolar" da viagem liderada pelo padre visitador Cristóvão de Gouveia, o Natal já era comemorado naquele primeiro século da descoberta à maneira das províncias portuguesas, ou seja, com armação de presépios nas povoações, a que a gente de toda a redondeza acorria para louvar o Deus Menino com cantos e danças. E isso se comprova quando Fernão Cardim, ao descrever a comemoração do Natal de 1583 na Bahia (onde o navio da missão ficara retido por falta de ventos, vindo do Espírito Santo com destino a Pernambuco), anota em seu registro: "Tivemos pelo natal um devoto presépio na povoação, onde algumas vezes nos ajuntávamos com boa e devota música, e o irmão Barnabé nos alegrava com o seu berimbau".[17]

O padre Barnabé Telo, espanhol da zona serrana da Andaluzia (era de Jaem, à margem esquerda do rio Guadalquivir, onde os costumes religiosos se pareciam muito com os do mundo rural português), devia ser pessoalmente grande folião pois, em dezembro do ano seguinte, 1584, ainda integrando a comitiva do provincial em sua visita ao Rio de Janeiro, promoveu a adoração do presépio alegremente, no melhor estilo popular. E o registro de Fernão Cardim não deixa dúvida:

> "Neste colégio tivemos o Natal com um presépio muito devoto, que fazia esquecer os de Portugal [ou seja, que se mostrava superior aos da Metrópole]: e também cá N. Senhor dá as mesmas consolações e avantajadas. O irmão Barnabé Telo fez a lapa, e à noite nos alegrava com o seu berimbau."[18]

---

[17] *Ibidem*, p. 267. O instrumento tocado pelo padre Barnabé Telo era o berimbau de boca, muito difundido em toda a Europa.

[18] *Ibidem*, p. 305.

Era o início, no Brasil, das tradições herdeiras dos antigos autos hieráticos da Igreja medieval que, transformados depois nos vilancicos natalinos tão cultivados com seus cantos e danças durante o século XVII, acabariam reaparecendo no Nordeste, já no século XIX, sob os nomes de presépios e pastoris, e com seu caráter dramático transformado no esquema mais simples da divisão das pastoras em cordões (um azul e outro encarnado), para o duelo de danças ao som de loas. A mesma herança popular das dramatizações festivas, do nascimento de Cristo [iniciadas talvez por S. Francisco de Assis no início do século XIII, como concluem alguns autores[19]], e que da Bahia para o Sul estavam destinadas a originar os ternos e ranchos de Reis, até sua paganização definitiva no Rio de Janeiro de fins do século XIX, onde se transformariam nos ranchos de Carnaval, cuja estrutura passaria, afinal, com suas alegorias e enredos, às escolas de samba.[20]

Se, porém, em seu relacionamento secular ou leigo com os indígenas e a própria sociedade colonial, os jesuítas se mostraram tão inteligentemente abertos [a ponto de o padre José de Anchieta criar novas letras de assunto pio para "cantigas profanas que

---

[19] Em sua notícia sobre essa "primeira expressão de teatro popular no nordeste brasileiro, notadamente em Pernambuco", publicada sob o título "Presépios e pastoris", in revista *Arquivos* nos 1-2, da Prefeitura Municipal do Recife, 1943, o poeta Ascenso Ferreira lembrava: "O atual pastoril, como se observa em todos os comentadores do assunto, desde Frei Luís de Souza até Pereira da Costa, com escala por Jaboatão, Antônio Joaquim de Melo, Lopes Gama, Melo Moraes Filho e Teófilo Braga, começou com uma representação ao vivo do nascimento do Divino Redentor, sendo atribuída a primeira iniciativa nesse sentido a São Francisco de Assis, em Greciaom, no ano de 1223" (*op. cit*, pp. 137-48).

[20] Sobre a origem das escolas de samba e sua dívida para com a estrutura pré-existente dos ranchos herdeiros dos autos do ciclo natalino, ver os livros do autor *Música popular: um tema em debate* e *Pequena história da música popular: da modinha ao tropicalismo*.

andavam em uso"[21]], essas concessões à cultura dos naturais da terra ou ao gosto popular dos europeus colonizadores estavam absolutamente fora de caso quando se tratava do ritual religioso nas igrejas. Mesmo a intromissão costumeira de alguns velhos costumes medievais, que permitia a participação do povo em certas partes da liturgia, foi combatida pelo próprio Anchieta (seu biógrafo Simão de Vasconcelos chegando a salientar o "zelo com que procurava evitar na Igreja actos profanos"), e a regra foi sempre a da formação própria de músicos. Músicos, aliás, que deveriam demonstrar-se capazes de executar o erudito repertório universal aprovado pela Igreja romana, mesmo quando os recrutados para esse mister fossem índios convertidos, ainda não bem desligados de sua cultura primitiva. E sobre isso revelava o biógrafo de Anchieta, padre Simão de Vasconcelos:

> "É muito para louvar a Deus, ver nesta gente o cuidado com que já cristãos acodem a celebrar as festas e os ofícios divinos. São afeiçoadíssimos à música e, os que são escolhidos dos padres para cantores da

---

[21] A informação é do padre Simão de Vasconcelos, que em sua *Vida do Venerável Padre José de Anchieta* (Rio de Janeiro, Imprensa Nacional/ INL, 2 vols., 1943) escreve, referindo-se às habilidades do catequista: "Em quatro línguas era destro: na portuguesa, castelhana, latina e brasílica, em todas elas traduziu em romances pios ou seja, em letras de teor religioso, com muita graça e delicadeza, as cantigas profanas que andavam em uso, com fruto das almas; porque deixadas as lascivas, não se ouvia pelos caminhos outra cousa senão cantigas ao divino, convidados a isso os entendimentos do doce metro de José" (*op. cit.*, vol. I, p. 34). Em comentário sobre a música dos jesuítas no Brasil o padre Serafim Leite, ao lamentar a falta de documentos musicais escrevia, à p. 63 de seu livro *Artes e Ofícios dos Jesuítas no Brasil (1549-1760)*, Lisboa/Rio de Janeiro, 1953: "Vimos que antes da chegada do P. Pires da Grã em 1553 já estavam generalizadas orações e cantigas musicadas em língua portuguesa e tupi. Que é feito dessas cantigas que andavam nos cadernos pessoais dos Padres e Irmãos do Brasil, como instrumento necessário de atração e catequese?".

Igreja, prezam-se muito do ofício e gastam os dias e as noites em aprender. Saem dextros em instrumentos músicos, charamelas, flautas, trombetas, baixões, cornetas e fagotes; com eles beneficiam, em canto de órgão, vésperas, completas, missas, procissões tão solenes como entre os portugueses."[22]

O resultado dessa orientação universalista, em meio à pobre realidade da sociedade colonial, foi, inevitavelmente, o isolamento cultural-musical da Igreja que, assim, para manter a pureza do seu ritual, renunciou à perspectiva de enriquecimento pela troca de signos sonoros com os indígenas (cuja paixão pela música eles próprios, padres, comprovavam e enalteciam), ou de maior aproximação com o repertório dos colonizadores brancos. A estes, por isso — embora presos também aos modelos da música europeia adotados pelo Estado nas ocasiões oficiais —, ia caber afinal o papel de aproveitar a oportunidade a que a Igreja renunciava, através da incorporação da rítmica africana na progressiva criação de formas de canto e dança de caráter ao mesmo tempo original, local e nacional.[23]

De fato, apesar de o padre Serafim Leite afirmar em sua notícia sobre "A música nas primeiras escolas do Brasil" que os

---

[22] Simão de Vasconcelos, *Vida do Venerável Padre José de Anchieta*, cit., vol. I, p. 172.

[23] Este isolamento da música da Igreja Católica no Brasil é virtualmente confessado pelo próprio historiador da ação dos jesuítas no período colonial, padre Serafim Leite, quando em seu resumo "A música nas primeiras escolas do Brasil" conclui: "Guardadas as proporções, os Jesuítas do Brasil acompanharam o movimento de seus irmãos da Europa. A música não constava diretamente de seu programa de ensino, nem a Companhia se formou no grande movimento contemplativo medieval em que o esplendor do culto era, como o coro, o centro da vida religiosa [...] A música e os cantos entraram na sua vida como subsídio ativo, útil no ensino das Letras e das Ciências e na pregação da Fé" (revista *Brotéria*, cit., p. 389).

padres toleravam nos teatros e nos bailados cantigas profanas, desde que não "ofendesse a religião ou os bons costumes", acrescentando que "muitas seriam de letras líricas, de ritmo espontâneo e puro, à maneira das que um Padre pôs na boca do principal da Aldeia do Espírito Santo em 1560",[24] tais cantigas não seriam certamente próprias para a interpretação profana (como mais tarde viria a acontecer com as modernas canções urbanas) por estarem sempre ligadas aos enredos e circunstâncias dos espetáculos para as quais eram compostas.

É de se supor, pois — admitindo como lógico que os portugueses integrados na vida colonial não deixariam de aproveitar o repertório musical trazido de suas regiões de origem —, ter havido ainda no século XVI paralelamente a esses cantos coletivos profanos rurais tolerados pelos jesuítas, e aos cantos religioso-eruditos das igrejas, um tipo de cantiga urbana semelhante àquela cultivada em Portugal pelos escudeiros retratados nos autos vicentinos.

Algumas informações sobre a existência dessas cantigas a solo, favorecidas pela proliferação das guitarras ou violas como instrumento acompanhante, são de fato encontradas no que viria a constituir o melhor (e quase único) repositório de informações sobre o quotidiano da vida nas cidades coloniais de fins do século XVI: os papéis resultantes das visitações do Santo Ofício da Inquisição "às partes do Brasil".

A mais antiga referência expressa a versos cantados pelo personagem de uma comédia encenada em 1580 ou 1581 na matriz de Olinda, por ocasião da festa do Santíssimo Sacramento, aparece nas *Denunciações de Pernambuco*, de 1593, confirmando desde logo a ligação da viola com a canção citadina. Em denúncia apresentada perante o visitador do Santo Ofício, Heitor Furtado de Mendonça, em 5 de novembro de 1593, o tabelião

---

[24] Serafim Leite, "A música nas primeiras escolas do Brasil", revista *Brotéria*, cit., p. 385.

olindense João da Rosa declarou saber pelo irmão, Antônio da Rosa, que "cantando-se hum dia perante Bento Teixeira cristão novo mestre de moços de leer e screver nesta villa a cantiga seguinte, trino sollo, e uno, uno solo e trino, no es otro alguno, sino Dios devino, ho ditto Bento Teixeira dixera que esta proposição era falsa".[25]

Pois, ao averiguar-se esta denúncia seis meses depois, o próprio cantor da música, Antônio da Rosa, não apenas confirmou o episódio, mas esclareceu ter acontecido o fato quando ele ensaiava a composição acompanhando-se à viola:

"[...] perguntado que cantiga he huã que falla em — trino solo e uno Dios Devino —, e perante quem a cantou ella que lha reprovasse ou o que he que disto sabe, disse elle que avera treze ou quatorze annos [1580 ou 1581, considerada a data do depoimento, 14 de junho de 1594] que avendo elle de entrar por figura [quer dizer, como ator] em huã comédia que se fazia na igreja matris do Santíssimo Sacramento tinha elle huã trova pera cantar na violla da maneira seguinte: — trino solo y uno, uno solo y trino, no es otro alguno, sino Dios Devino, — e que estãodo elle então hum dia pella menhaã nesta villa em casa do mestre da capella Manoel Chaveiro que então morava no fundo da rua da Ladeira da matris ensayandosse e pondo na violla a ditta cantiga cantando a pera se adestrar nella se achou presente alli com elle Paulo Abreu que tambem aprendia que ora dizem ser defuncto morador em

---

[25] *Primeira Visitação do Santo Ofício às Partes do Brasil — Denunciações e Confissões de Pernambuco 1593-1595*, 1ª ed. conjunta, fac-símile das edições de 1929 "Denunciações de Pernambuco 1593-1595", e de 1970 "Confissões de Pernambuco 1594-1595", editadas por José Antônio Gonsalves de Mello, Recife, Universidade Federal de Pernambuco/Fundação do Patrimônio Histórico e Artístico de Pernambuco, 1984, pp. 42-3.

> Igarassu, e assim mais se achou presente Bento Teixeira cristão novo, mestre de insignar moços a ler e escreveer, morador nesta Capitania e estando assim todos tres soos cantando elle testemunha a ditta cantiga na viola lhe disse o ditto Bento Texeira as palavras seguintes, Não está boa, e que não lhe lembra que mais falassem, nem repetissem, nem altercassem sobre isto palavra outra nenhua [...]"[26]

Como o comentário "Não está boa" soasse ambíguo para o inquisidor, por não indicar se se referia à qualidade da música ou ao mérito da letra, que reafirmava o dogma da Santíssima Trindade (a união de três pessoas distintas — Pai, Filho, Espírito Santo — num só Deus), Antônio da Rosa saiu-se com elegância e inteligência dizendo, sem acusar o investigado, que aquela reprovação não poderia ser a interpretação nem a música, porque ele se julgava pessoalmente bom músico e bom cantor:

> "[...] e por não dizer mais foi perguntado se entende elle que o ditto Bento Teixeira diria as dittas palavras, dizendo que não estava boa a letra nem o sentido della, respondeo que quanto he acerca da solfa nem da toada não podia o ditto Bento Teixeira dizer que não estava boa porque allem do ditto Bento Teixeira não saber solfa, elle testemunha era bom músico e cantava bem, mas que se o ditto Bento Teixeira dixe a ditta palavra que não estava boa entendendo pella letra ou pela verdade della elle testemunha o não sabe porque não o declarou como já tem ditto."[27]

---

[26] *Primeira Visitação do Santo Ofício às Partes do Brasil — Denunciações e Confissões de Pernambuco 1593-1595*, cit., p. 292.

[27] *Ibidem.*

O segundo exemplo mais antigo da existência de cantiga não apenas profana, mas até mesmo de irreverência julgada herética pela Inquisição, é fornecido ainda pelos papéis da primeira visitação "às partes do Brasil" realizada na Bahia de 1591 a 1593. Convidado a denunciar tudo o que soubesse ser praticado contra a Fé e a Igreja, o vigário português da Igreja de São Lourenço, no limite do Camaragibe (então Pernambuco, depois Alagoas), contava a 8 de outubro de 1591 em Salvador que, "avera três annos" [ou seja, por volta de 1588], estando ele em Olinda, ouviu um cristão-novo de nome João Dias "cantando esta cantiga":

> Corramos um touro
> ai ta valga Dio
> contando que não toque
> en mi fijo Jacob.[28]

Segundo esclarecia o vigário denunciante, constava que esse João Dias, então lavrador na região de Camaragibe, já viera de Lisboa degredado pela Inquisição como judeu praticante, e em Pernambuco se revelara tão descuidado com o segredo em torno dos rituais proibidos praticados na época ("descobria as cousas dos cristãos novos e lhes chamava judeus"), que a única forma de contê-lo era dá-lo como doido e prendê-lo em casa, com correntes nos pés, como se fazia com os loucos de verdade. E fora exatamente numa dessas ocasiões que o padre Francisco Pinto, de visita à casa do comerciante de trigo Jorge Fernandes da Pederneira — que também era cristão-novo, vira "ao dito Joam Diaz estar com huns grilhois nos peis" cantando a tal cantiga, aliás registrada com imperfeição pelo escrivão inquisidor, pois ao que tudo indica constituiria a quadrinha:

---

[28] *Primeira Visitação do Santo Ofício às Partes do Brasil — Denunciações e Confissões da Bahia 1591-1593*, São Paulo, Editor Paulo Prado, 1925, tiragem 500 exemplares, p. 522.

Cantigas da vila, folgares do campo   49

Corramos hum touro
asi te valga Dio
contando que não toque
em mi fijo Jacob.

Embora os dois exemplos de cantigas quinhentistas registradas nos livros da *Primeira Visitação do Santo Ofício às Partes do Brasil* se refiram a Pernambuco, a existência do mesmo tipo de canções típicas da gente citadina deveria ser frequente também no segundo maior centro do Brasil colonial daquele final do século XVI, que era a capital da Bahia e seu Recôncavo. E, apesar da falta de documentos expressos, uma indicação segura disso estaria na crítica à sociedade baiana branca de 1585 — cujos dez mil componentes, dentro da relatividade do conceito de cidade do tempo, deviam compor afinal os grupos mais próximos do que se poderia chamar de gente urbana — feita pelo jesuíta padre Anchieta, ao escrever sua *Informação da Bahia* com visível irritação:

> "Os estudantes desta terra, além de serem poucos [as aulas de ler, escrever e contar, segundo o próprio Anchieta, tinham "até setenta rapazes filhos dos Portugueses"], também sabem pouco, por falta dos engenhos e não estudarem com cuidado, nem a terra dá de si [quer dizer, nem o ambiente local convida a isso] por ser relaxada, remissa e melancolica, e tudo se leva em festas, cantar e folgar."[29]

A observação de Anchieta sobre o tipo de elite colonial que começava a surgir na Bahia com a proliferação dos engenhos por toda a região de massapé que bordava o Recôncavo (apenas um, de 1557 a 1558; vários em 1560, segundo carta do jesuíta Rui

---

[29] *Informações e Fragmentos Históricos do Padre Joseph de Anchieta, S. J. (1584-1586)*, Rio de Janeiro, Imprensa Nacional, 1896, p. 37.

Pereira; dezesseis em 1572, conforme Pêro de Magalhães de Gândavo; trinta e seis contados por Fernão Cardim e Gabriel Soares em 1584, e cinquenta já entre 1612 e 1626, quando se escreveu o *Livro Que Dá Razão ao Estado do Brasil*) ia ser confirmada na segunda metade do século XVII na poesia satírica atribuída à mais curiosa e rica figura de homem de letras, músico popular e tocador de viola boêmio do seiscentismo colonial, o baiano formado em Leis por Coimbra Gregório de Matos Guerra.

Século XVII

2.
GREGÓRIO DE MATOS:
GLOSA EM CANTIGAS NO RECÔNCAVO BAIANO

Na vasta coleção de versos apógrafos a esse crítico de costumes e desabrido forjador de ironias e sarcasmos Gregório de Matos Guerra, a quem chamariam *Boca do Inferno*, projetam-se de forma viva, como imagens em movimento numa tela, centenas de situações e episódios engraçados ou escatológicos da vida da cidade de Salvador e de outros centros urbano-rurais do Recôncavo. Embora, é bem verdade, tudo mostrado segundo o ponto de vista contraditório do filho da elite branca local, levado por imperativo do temperamento a viver os últimos dez anos da sua fase madura envolvido em pagodeiras e aventuras sexuais com a gente negra e mestiça (principalmente prostitutas) que preconceituosamente desprezava.

De volta à Bahia em 1682 ou 1683[1] (saíra em 1650 pelos seus quinze anos, para estudar em Coimbra) para desempenhar inicialmente a função de tesoureiro do arcebispado, Gregório de Matos casa-se com uma viúva, perde o cargo, tenta a advocacia e, já em 1684, inicia andanças boêmias pelos engenhos do Recôncavo baiano, cujos proprietários o abrigavam naturalmente atraídos por suas qualidades de compositor de coplas e romances — que acompanhava na viola "que por suas curiosas mãos

---

[1] Seguimos na cronologia do poeta as datas fixadas por Fernando da Rocha Peres em seu trabalho *Gregório de Matos Guerra: uma re-visão biográfica*, Salvador, Edições Macunaíma, 1983, por ter-se este autor baseado apenas em documentos de época, alguns dos quais pela primeira vez revelados após pesquisas realizadas em arquivos da Bahia e de Portugal.

fizera de cabaço"[2] — e ainda de cantor, pois chegaria a merecer do contemporâneo Gonçalo Soares da Fonseca a décima:

> Com tanto primor cantais,
> com tanta graca tangeis,
> que as potências suspendeis
> e os sentidos elevais:
> de ambas sortes admirais,
> suspendido o brabo Eolo;
> mas eu vos digo sem dolo,
> que de mui pouco se admira
> pois tocais de Orfeu a lira
> e a pluma tendes de Apolo.[3]

A leitura das mais de seiscentas composições em versos que compõem o *Códice Manuel Pereira Rabelo* permite, de fato, depreender que Gregório de Matos, com suas coplas e romances compostos a propósito de fatos do dia a dia da sua vida, se incluía na mesma categoria dos filhos das camadas da elite branco-mestiça destinadas a inaugurar novas formas de viver urbano (e que paradoxalmente criticava), como ele próprio percebia e registrava ao referir-se à forma pela qual as famílias baianas educavam seus "morgadinhos":

---

[2] Informação do recompilador da obra do poeta, licenciado Manuel Pereira Rabelo, na notícia sobre o autor intitulada "Vida do excelente poeta lírico, o doutor Gregório de Matos Guerra" com que abre o códice que leva seu nome (desde 1962 em poder do Prof. Celso Cunha), e o qual serviu de base à edição das *Obras completas de Gregório de Matos*, em sete volumes, promovida por James Amado (Salvador, Editora Janaína Limitada, 1969). O texto de Manuel Pereira Rabelo aparece reproduzido no volume VII desta edição, das pp. 1.689-1.721.

[3] *Apud* Manuel Pereira Rabelo, "Vida do excelente poeta lírico, o doutor Gregório de Matos Guerra", in *Obras completas de Gregório de Matos*, cit., vol. VII, p. 1.710.

Criam-nos com liberdade
nos jogos como nos vícios,
permitindo-lhes que saibam
tanger guitarra, e machinho.[4]

Em seu caso pessoal Gregório de Matos não apenas continuava a tradição daqueles desocupados escudeiros "trovadores" quinhentistas, cultivadores de romances acompanhados à viola, mas entregava-se já à glosa de quadras e estribilhos de cantigas populares do tempo sob a forma de décimas (tão comuns duzentos anos depois em Portugal, com o advento da moda dos "fados" na segunda metade do século XIX), ao desenvolvimento de motes visivelmente fornecidos por frases populares (como o "Ó meu pai, tu qués, que eu morra?"), e a composição de coplas para canto de despedidas ("Despedida em cantigas amorosas que fez a huma dama que se ausentava"), estilo que viria a ganhar no século XVIII a forma de gênero de canto sob o nome de "cantigas em despedidas".[5]

---

[4] *Obras completas de Gregório de Matos*, cit., vol. I, p. 20.

[5] O autor possui em sua coleção de folhetos de cordel oitocentistas uma *Relaçam Curiosa de Várias Cantiguas em Despedidas, Da Corte para o Dezerto* (sem indicação de editor e sem data, mas graficamente identificável como da segunda metade do século XVIII), que comprova a existência do gênero. Bastaria comparar-se a quadra de Gregório de Matos na sua "Despedida em Cantigas Amorosas" — "Adeus de mim muito amada/ Prenda, que me dais mil dores,/ como mais não hei de ver-vos,/ adeus, adeus, meus amores," — com a quadra também final da "Cantiga em Despedidas da Corte Para o Dezerto": "Adeus Corte já me vou/ Para o Dezerto viver,/ Por amor de huma tirana/ Tanto me faz padecer". Ao deixar a Bahia em 1694 deportado para Angola, aliás, o próprio Gregório de Matos voltaria ao gênero pois, segundo a didascália esclarecedora do licenciado Rabelo, "Embarca já o poeta para o seu degredo, e postos os olhos na sua ingrata pátria lhe canta desde o mar as despedidas", a forma que encontrou para isso foi um romance que terminava com a quadra: "Adeus praia, adeus Cidade,/ e agora me deverás,/ Velhaca dar adeus,/ a quem devo ao demo dar".

De entre as modalidades de versos cantados, o poeta-músico Gregório de Matos cultivava predominantemente, ao lado das glosas e cantigas, coplas e chansonetas, os romances que lhe permitiam contar, no estilo popular-tradicional das redondilhas maiores, ora fatos engraçados ora acontecimentos variados, sempre com fundo de acompanhamento à viola. E nessa sua preferência por esta forma de canto falado — acompanhado por certo no melhor estilo monódico vindo do século anterior — o poeta chegaria inclusive ao inconveniente de pretender cantar em versos a tristeza de uma "dama, que estava no interior [de sua casa] enojada pela morte de sua mãe", o que provocou a indignação desta:

> Agastaste-vos deveras,
> vendo que ali se tangia
> em uma casa enojada
> tão enlutada, e sentida.

A essa reação mais do que natural o poeta reagiria acusando a ofendida de exagerada, para concluir com uma meia desculpa que não escondia uma censura:

> Já não hei de cantar mais,
> nem que o mande a minha amiga,
> chorarei vossa dureza,
> chorarei minha mofina.[6]

A variedade e quantidade dos romances (alguns com estribilho, versos sobre motes e décimas cantadas, somadas às glosas, cantigas e chulas, bem como as liras e chansonetas declaradamente compostas para serem cantadas com acompanhamento da viola), indica, afinal — a exemplo do que viria a acontecer depois com os versos de Domingos Caldas Barbosa enfeixados nos dois

---

[6] *Obras completas de Gregório de Matos*, cit., vol. III, p. 750.

volumes da *Viola de Lereno* nos séculos XVIII e XIX —, que também a obra de Gregório de Matos Guerra deveria ser estudada quase toda não como obra poética mas como versos de música popular urbana. A prova disso estaria no fato de, de entre as mais de seiscentas composições em versos recolhidas como do poeta em Portugal, na Bahia, em Angola e, finalmente, em Pernambuco (onde morreu em 1695), apenas duzentas e sete constituem sonetos, que era o gênero poético dominante na época, e cuja forma não convidava à música.

Apreciado sob este ângulo de poeta-compositor urbano pioneiro, em pleno século XVII — mas não certamente o único, uma vez que a documentação histórica salvaria o nome de pelo menos outro autor-cantor-tocador de viola contemporâneo, o padre mulato baiano Lourenço Ribeiro, embora mais ligado este aos salões da elite[7] —, Gregório de Matos oferece em seus versos (sem importar o que lhe possa ser indevidamente atribuído) as mais claras indicações de que o processo de urbanização da capital da colônia já começava a gerar condições para o aparecimento de tais tipos de artistas criadores.

Pelo que se depreende de muitas das situações e episódios descritos em versos pelo poeta, a popularidade da canção a solo começava a revelar talentos citadinos como o cantor Silva Arião ("Pois o Silva Arião da nossa foz/ Dessas sereias músicas no mar/

---

[7] A informação sobre o padre Lourenço Ribeiro (a que, por sinal, Gregório de Matos satirizava preconceituosamente por ser mulato) é encontrada no "Resumo cronológico e noticioso da Bahia, desde o seu descobrimento em 1500", de José Álvares do Amaral (in *Revista do Instituto Geográfico e Histórico*, Bahia, vol. 28, 1921-1922), em que o autor registra: "O padre Lourenço Ribeiro, além de aplaudido orador sacro era excelente cantor de modinhas [impropriedade de José Álvares do Amaral, uma vez que a modinha ainda não existia no século XVII], que improvisava ao som da viola, a lira daqueles tempos. Por isso era muito festejado quando se fazia ouvir nos salões da melhor sociedade da época. Das suas composições poéticas a tradição não guardou uma só estrofe" (*op. cit.*, p. 232).

suspende os cantos e emudece a voz"), o também cantor e tocador de viola Chico Ferreira (parceiro de farras de Gregório de Matos, a quem, segundo o licenciado Rabelo, chamava "seu mestre de solfa, porque com ele cantava às vezes") e ainda um certo Gil, assim referido por Gregório ao descrever uma "jornada que fez ao Rio Vermelho":

> Assim fomos caminhando
> sobre os dous cavalos áscuas
> alegres como nas páscoas,
> ora rindo, ora zombando:
> eu que estava perguntando
> pela viola, ou rabil,
> quando ouvimos bradar Gil,
> que recostado à guitarra
> garganteava a bandarra
> letrilhas de mil em mil.[8]

No caso do próprio Gregório de Matos, a variedade mesma dos gêneros de canto acompanhado, por ele cultivados, faz supor que tocasse sua viola com certa desenvoltura, o que parece ficar comprovado pelo conteúdo de algumas imagens, expressas sob a forma de trocadilhos, nos versos em que recusa a uma amante o presente de uns sapatos no valor de um cruzado:

> Um cruzado pede o homem,
> Anica, pelos sapatos,
> mas eu ponho isso à viola
> na postura do cruzado:
> Diz, que são de sete pontos,
> mas como eu tanjo rasgado,

---

[8] *Obras completas de Gregório de Matos*, cit., vol. II, p. 585. "Letrilha" é espanholismo com significado de copla, cantiga.

> nem nesses pontos me meto,
> nem me tiro desses tratos.
> Inda assim se eu não soubera
> o como tens trastejado
> na banza dos meus sentidos
> pondo-me a viola em cacos:
> O cruzado pagaria,
> já que foi tão desgraçado,
> que buli com a escaravelha,
> e toquei sobre o buraco.
> Porém como já conheço,
> que o teu instrumento é baixo,
> e são tão falsas as cordas,
> que quebram a cada passo,
> Não te rasgo, nem ponteio
> nem te ato, nem desato,
> que pelo tom que me tanges,
> pelo mesmo tom te danço.
> Busca a outro temperilhos,
> que eu já estou destemperado [...][9]

De saída Gregório de Matos informa sua disposição de responder ao pedido à viola, cantando "na postura do cruzado", ou seja, na forma de versos em que o significado resultaria do cruzamento do duplo sentido das palavras. E é o que realmente faz, através de uma engenhosa manipulação da significação das palavras pois, ao afirmar desde logo que nada tem a ver o tamanho dos sapatos (que eram medidos por pontos), alega não tocar a viola por pontos, ou de forma dedilhada, mas pelo processo popular de ferir as cordas todas de uma vez, que era o chamado toque rasgado. Por essa razão, além de não se meter com pontos, dizia não se importar com pormenores — "nem me tiro desses

---

[9] *Obras completas de Gregório de Matos*, cit., vol. VI, pp. 1.452-3.

trastos" —, o que era referência às marcações no braço do instrumento, sobre as quais se aperta a corda para variar os tons. Isso permitia-lhe continuar a cruzar o sentido das palavras informando a amante que, apesar de tudo, talvez lhe desse o cruzado para os sapatos se ela não tivesse trastejado, ou perturbado sua harmonia de espírito ["o como tens trastejado/ na banza dos meu sentidos"[10]], perturbando-lhe a rotina da vida ("pondo-me a viola em cacos"). Sempre cruzando os diferentes sentidos das palavras, o poeta reconhecia ter-se aproveitado sexualmente de Anica, não apenas com titilações no bico dos seios (comparada com a cravelha, a pequena cabeça de madeira que se torce para esticar as cordas do instrumento), mas até tocando-lhe o buraco (que tanto tem no corpo a mulher quanto a viola). Gregório excluía porém a possibilidade de atender ao pedido da mulher alegando que, além de baixo (desafinado por defeito), seu instrumento sexual se revelara frouxo como se tivera "falsas as cordas/ que quebram a cada passo". E, assim, concluía que, por todas as razões apontadas, não desejava mais qualquer novo contato sexual-musical com Anica ("não te rasgo, nem ponteio"), resolvendo dar-se como pago da recusa do dinheiro, pelo que não recebera em gozos ("que pelo tom que tanges,/ pelo mesmo tom te danço"), e recomendando-lhe que procurasse afinar-se com outro ("busca a

---

[10] Banza é instrumento musical de origem africana (do quimbundo *mbanza*) conhecido em Portugal desde pelo menos o século XVI, já com a caixa redonda que viria a caracterizá-lo com o nome de banjo, conforme se vê por xilogravura que ilustra a capa do folheto do *Auto da Natural Invenção* de Ribeiro Chiado, anterior a 1549. Segundo H. Capello e R. Ivens em seu *De Benguela às Terras de Iácca*, banza é também "designação usada em Cassanje indistintamente para os sobas e suas aldeias" (nota ao pé da p. 285), mas precedido do prefixo *cu* em língua bunda compõe o verbo *cu-banza*, pensar, certamente no sentido definido pelo dicionarista Moraes de "pasmar de pena e mágoa". Gregório de Matos, como se vê, usou a palavra nos dois significados mais conhecidos em Portugal e no Brasil, ou seja, como instrumento musical ("o como tens trastejado [...]") e de pensamento aéreo ("[...] na banza dos meus sentidos").

outro temperilhos"), pois de sua parte sentia-se incapaz ("que eu já estou destemperado/ estou para me rasgar") [...].

É de crer, pois, ante tal demonstração de conhecimentos de particularidades da música (ao menos no que se referia ao manejo da viola), que Gregório de Matos usasse essas suas habilidades na criação, não apenas de composições pessoais, mas no aproveitamento, sob a forma de glosas, de cantigas postas em voga no seu tempo, para valer-se da popularidade de suas melodias.

Em termos de contribuição à história das origens da música das cidades no Brasil, aliás, essa preocupação parodística sob a forma de glosas, aproveitando quadras ou versos isolados a título de motes, para elaboração de décimas destinadas ao canto com acompanhamento de sua viola, confere a Gregório de Matos o papel de informante da mais alta importância.

Assim, através do poeta — neste ponto ajudado pelas indicações do contemporâneo recolhedor de sua obra, o licenciado Manuel Pereira Rabelo — ficamos sabendo que as composições de poucos versos (geralmente quadras), até hoje denominadas genericamente de *chulas*, receberam esse nome por constituírem, na verdade, *chularias* postas em curso pelos *chulos*, ou seja, a gente da mais baixa condição social. E essa denominação de gente chula para os componentes das camadas mais humildes já trazia implícito o preconceito de classe ante a própria escolha do termo, pois, ao que tudo indica, o étimo dessa palavra estaria no cigano-espanhol *chul-ló* ou *chul-li* que, através do castelhano *chulo* daria em português não apenas o depreciativo *chulo*, mas o desagradável *chulé*.[11]

---

[11] A origem hispano-cigana do termo é sugerida por Aurélio Buarque de Holanda em seu *Novo Dicionário da Língua Portuguesa*, de 1975, em suas definições das palavras chulé (que liga ao substantivo chulo) e chula (que dá como feminino substantivado do mesmo chulo). Chulo, por sua vez, o Prof. Aurélio registra como derivado do espanhol *chulo*. Em Portugal da primeira metade do século XVIII chulas eram as mulheres da classe baixa de

Essa atribuição do termo *chulo* para designar as cantigas dos chulos evidenciava-se naquele final do século XVIII pela forma como o licenciado Rabelo, ao citar "humas cantigas que costumavam cantar os chulos naquelle tempo", se referia a elas como "chularias que se usavam naquelle tempo". Como se verifica, à época de Gregório de Matos ainda não se havia substantivado no novo termo a qualidade de coisa chula, que era representada apenas pelo substantivo feminino *chularia*, sinônimo de chulice, mas não há dúvida de que os motes do "Meu Deus, que será de mim?" ou do "Banguê, que será de ti?", embora assim representados apenas por esses versos isolados, deveriam ser de cantigas tão populares entre as camadas mais baixas da Bahia, que de coisa de gente chula iam passar a chulas.

A chula baseada no mote "Banguê, que será de ti?", aliás, parece indicar a exploração do tema do destino do homem após a morte (além do "que será de ti?" o verso fala no banguê, que era a rede ou padiola em que se conduzia ao túmulo os corpos dos escravos e dos miseráveis), o que viria a confirma, assim, cem anos depois, o pessimismo detectado por Gil Vicente ao distinguir nas cantigas representativas da nova sociedade urbana "o som lamentado/ carregado de fadigas". E o fato de a chula do "Banguê, que será de ti?" não ser cantiga alegre era o próprio poeta quem o confirmava, ao fazer o Demônio — que em sua glosa em décimas mantinha duelo cantado com a Alma — convidar as gentes a não temerem as tentações e a aproveitar os prazeres da vida dizendo:

Lisboa conhecidas por sua desenvoltura pessoal, e que vendiam frutas e castanhas assadas. Segundo frei Lucas de Santa Catarina em sua crítica aos tipos femininos do tempo, publicada na série *Anatómico Jocoso* sob o título de "Totina femea/ Universal dispozição para o trato feminino, e molheril adorno", a chula seria encontrada "em algum canto da rua Direita das portas de Santa Caterina a vender castanhas, assadas e cozidas, com seu fugareiro, e assador, e estará sempre rodeada de moxilas, e lacaios".

Demónio:
Como assim na flor dos anos
colhes o fruto amargoso?
não vês, que todo o penoso
é causa de muitos danos?
deixa, deixa desenganos,
segue os deleites, que aqui
te ofereço: porque ali
os mais, que cantando vão,
dizem na triste canção,
Banguê, que será de ti?[12]

Em todo o caso se, no fundo, a chula baseada na especulação em torno do destino do homem após a morte expressa pela ideia do "ó tu, que aí vais para o túmulo no banguê, o que será de ti?", não deixaria de convidar também otimisticamente os viventes a aproveitarem a vida com alegria, pois o mesmo Demônio fazia observar em outra décima, ao espicaçar os temerosos do pecado:

Demónio:
Todo o cantar alivia,
e todo o folgar alegra
toda a branca, parda e negra
tem sua hora de folia:
só tu, na melancolia
tens alívio? canta aqui,
e torna a cantar ali,
que desse modo o praticam,
os que alegres pronosticam,
Banguê, que será de ti?[13]

---

[12] *Obras completas de Gregório de Matos*, cit., vol. I, p. 56.

[13] *Ibidem*, p. 55.

Quer dizer, já que se havia de morrer de qualquer forma, ao menos se vivesse mais descuidosamente, porque o contrário seria o experimentar dois infernos, um durante a vida, outro depois da morte:

> *Demónio*:
> Se não segues meus enganos,
> e meus deleites não segues,
> temo, que nunca sossegues
> no florido dos teus anos:
> vê, como vivem ufanos
> os descuidados de si,
> canta, baila, folga, e ri,
> pois os que não se alegraram
> dois infernos militaram
> Banguê, que será de ti?[14]

Nessa glosa em que faz o diabo contrapor argumentos hedonistas ao ascetismo pregado pela alma cristã para alcançar o céu (as falas da Alma terminavam sempre com a variante cristã do mote "Meu Deus, que será de mim?"), Gregório de Matos deixava clara a razão da implicância sempre demonstrada pela Inquisição contra o "profano das modas": o perigo das letras abrigarem heresias, tornando-se assim "mal soante de conceitos", como no século XVIII definiria o moralista Nuno Marques Pereira em sua obra *O Peregrino da América*.

O temor da Igreja, aliás, ainda mais se justificava ao considerar-se que a sugestão não ortodoxa desses "tonos ao humano" — como chamavam às cantigas das loas — permanecia viva durante gerações, dada a persistência no tempo do repertório da música urbana da época. Uma comprovação disso estaria em que, ao escrever pela segunda década de Setecentos contra as violações

---

[14] *Ibidem*, p. 54.

à moral católico-cristã o seu denunciador *Compendio Narrativo do Peregrino da América*, o baiano Nuno Marques Pereira citava entre as cantigas reprováveis de seu tempo uma já conhecida de Gregório de Matos, cinquenta anos antes.

Das três cantigas populares apontadas por Nuno Marques Pereira como "desonestas" e portanto perigosas — "porque o mesmo é cantar, que contar" —, duas eram citadas apenas pelo que tinham de ofensivas a preceitos religiosos [a primeira o estribilho "Oh diabo!", a segunda o praguejo "Berra a tua alma"[15]], mas a terceira envolvia um conceito mais refinado de heresia, uma vez que punha em dúvida a justeza dos próprios desígnios do Criador, ao tentar discutir a transitoriedade da vida através da indignação "Para que nasceste, rosa/ se tão depressa acabaste?".

Nuno Marques Pereira lembra os dois primeiros versos do "tono, que se usava naquele tempo" — "Para que nasceste, Rosa/ se tão depressa acabaste?" — para ilustrar o caso do castigo di-

---

[15] Nuno Marques Pereira, *Compendio Narrativo do Peregrino da América, em que se tratam vários discursos espirituaes, e moraes, com muitas advertências, e documentos contra os abusos que se achão introduzidos, pela malicia diabolica, no Estado do Brasil*. Lisboa, Na Officina de Manuel Fernandes da Costa, Anno de MDCCXXVIII. As citações são da 6ª edição, completada com a 2ª parte até então inédita, Rio de Janeiro, Academia Brasileira de Letras, 1939. O repertório da música urbana já chamava a atenção pelo número das composições nessas primeiras décadas do século XVIII, pois ao citar o caso da cantiga que termina "Berra a tua alma", escrevia Nuno Marques Pereira: "Outras muitas músicas desonestas tenho ouvido cantar; como é uma moda que se usou, e ainda hoje se canta, e acaba dizendo 'Berra a tua alma'. Parece que quem tal canta e folga de ouvir cantar, já estão anunciando o como lhes há de vir a suceder quando forem ao inferno, chorando e berrando, pelas profanas músicas com que nesta vida pecaram e foram causa de fazerem pecar a muitos. Mas agradeçam-me estes taes a boa vontade: que eu fôra Ministro da Justiça, ou tivera poder sobre eles, eu os fizera cantar e berrar ao som dos golpes de um verdugo pelas ruas publicas, para seu castigo e emenda dos mais, que de tais modas usam. E veriam então se lhes valia o Demonio, por quem chamam" (*op. cit.*, vol. I, p. 217).

Gregório de Matos

vino a um João Furtado, "famoso músico e grande tocador de viola destas modas profanas, assistente na freguesia de Nossa Senhora do Socorro, no Recôncavo da cidade da Bahia", que teria morrido após interpretar a herética cantiga. E embora deixasse impreciso o "naquele tempo", pela citação se ficaria sabendo que suas lembranças moralistas da segunda década do século XVIII remontavam aos fins do século anterior, uma vez que os versos do "Para que nasceste rosa?" já figuravam na quadra tomada como mote por Gregório de Matos para uma glosa em décimas:

> Para que nasceste, rosa,
> se tão depressa acabaste,
> nasces na manhã triunfante,
> morres despojo da tarde.[16]

A preocupação da Igreja e dos educadores e moralistas católicos com a pureza de sua doutrina, como era o caso do leigo Nuno Marques Pereira, estava em que os versos das canções urbanas herdeiras de rua dos antigos trovares palacianos estavam fazendo recrudescer o desrespeito a uma antiga proibição religiosa da Idade Média, que incluía a sedução pelos "cantares vãos" na categoria dos "pecados das orelhas".[17] Acostumadas ao controle (aliás nunca tranquilo, como se verifica pela proliferação das penitências) do comportamento de sua freguesia (os paroquianos eram filhos da Igreja ou *filiis Eclesiae*, de onde freguês), as autoridades eclesiásticas viam como um desvio — desde logo atribuído à ação do Demônio — a crescente atração dos moradores das cidades pelas letras de cantigas que não apenas se imiscuíam em

---

[16] *Obras completas de Gregório de Matos*, cit., vol. IV, pp. 1.003-4.

[17] O "pecado das orelhas" era incluído entre os sujeitos à penitência, conforme se pode verificar pelo arrolamento transcrito por Mário Martins in "O penitencial de Martim Perez, em medievo-português", publicado no tomo II de *Lusitana Sacra*, pp. 57-110.

temas da Doutrina Sagrada, mas valiam por verdadeiros convites às aproximações amorosas consideradas lascivas. E essa preocupação era tal que se dava o próprio Demônio como compositor e tocador de viola, tal como fazia o mesmo Nuno Marques Pereira, aliás apoiado em autores da Igreja:

> "Porém, eu me persuado, que a maior parte destas modas lhas ensina o Demônio; porque é ele grande Poeta, contrapontista músico e tocador de viola e sabe inventar modas profanas, para as ensinar àqueles que não temem a Deus. Conta o Padre Bento Remígio no seu livro *Prática Moral de Curas e Confissões* (página 9) e no outro livro intitulado *Deus Momo*, que entrando o Demônio em uma mulher rústica, foi um Sacerdote a fazer-lhe os exorcismos de uma igreja, e entrando-lhe a curiosidade perguntou ao Demônio o que sabia? Respondeu-lhe, que era músico. E logo lhe mandou vir uma viola, e de tal maneira a tocou, e com tanta destreza, que parecia ser tocada por um famoso tocador."[18]

Pelo que demonstram certas imagens encontradas em versos cantados por Gregório de Matos Guerra, a preocupação dos responsáveis pela preservação da boa moral não deixava de ter muitas vezes o seu fundamento, como seria o caso de sua glosa a uma cantiga popular daquele fim dos anos de Seiscentos que, desde logo, ao tomar como mote, o poeta ajudava a salvar do esquecimento:

> Pobre de ti, borboleta,
> imitação do meu mal,

---

[18] Nuno Marques Pereira, *Compendio Narrativo do Peregrino da América...*, cit., vol. I, p. 216.

> que em chegando ao fogo morres,
> porque morres por chegar.[19]

Abrasado de desejos por uma mulata prostituta chamada Bárbora, que por qualquer motivo consentia a dar-se a todos, menos a ele, Gregório de Matos aproveita a sugestão do tema da cantiga — o destino das mariposas noturnas, que atraídas pelas luzes do fogo se apressam a correr para elas, pagando com a morte o preço da ilusão — e elabora em décimas sobre cada um dos versos da quadra uma requintada confissão amorosa, repleta de segundas intenções. A luz ou fogo a que se vai referir em sua glosa é o desejo sexual, e quando escreve que a essa chama a mulher "morre por chegar", estará querendo dizer que ela se apressa, louca de desejo, na ansiedade de entregar-se por volúpia a essa espécie de morte que o orgasmo provoca. Toda a construção da glosa constitui, realmente, um verdadeiro achado criativo pois, sendo o nome da moça Bárbora, o poeta aproveita a semelhança sonora com borboleta para chamá-la Barboleta, o que ajuda a aproximar ainda mais a imagem do inseto que morre pela atração da chama ao da mulher que se apressa ("morre" de pressa) em atirar-se ao fogo do sexo para chegar ao prazer: "porque morres por chegar". Aliás, essa chave para a compreensão da glosa a cantiga-mote "Pobre de ti, borboleta", é fornecida pelo compilador dos versos, licenciado Rabelo, ao consignar em sua didascália o fato de Gregório de Matos não esconder ele mesmo sua clara motivação sexual: "Esta cantiga acomoda o poeta com proporção a Bárbora, pelo nome e trato, não deixando de fora os seus amantes desejos".

---

[19] *Obras completas de Gregório de Matos*, cit., vol. III, p. 756. Na edição que seguimos, de responsabilidade de James Amado, o último verso é citado com erro evidente do editor ou do próprio manuscrito reproduzido: "porque *morrer*, por chegar". A décima que glosa este último verso da quadrinha popular mostra ser o correto "porque *morres* por chegar".

Mote:

Pobre de ti, Barboleta,
imitação do meu mal,
que em chegando ao fogo morres,
porque morres, por chegar

Glosa:

Passeias em giro a chama
simples Barboleta, em hora,
que se a chama te enamora,
teu mesmo estrago te chama:
se o seu precipício ama,
quem o seu mal inquieta,
e tu simples, e indiscreta
tens por formosura grata
luz, que traidora te mata,
Pobre de ti, Barboleta

Ou tu imitas meu ser,
ou eu tua natureza,
pois na luz de uma beleza,
ando ardendo por arder:
se à luz, que vejo acender,
te arrojas tão cega, e tal,
que imitas ao natural,
com que arder por ti me vês,
me obrigas a dizer,
que és Imitação do meu mal

És, Barboleta, comua,
pois a tôda luz te botas,
e eu cego, se bem o notas,
sou só, Barboleta, tua:

qualquer segue a estrêla sua,
mas tu melhor te socorres,
quando em fogo algum te torres,
porque eu nunca ao fogo chego,
e tu logras tal sossêgo,
Que em chegando ao fogo morres.

Tu mais feliz, ao que entendo,
inda que percas a vida,
porque a dá por bem perdida,
quem vive de andar morrendo:
eu não morro, e o pretendo,
porque falta a meu pesar
a fortuna de acabar:
tu morres, e tu sossegas,
e vais morta, quando cegas,
Porque morres por chegar.[20]

---

[20] *Ibidem*, pp. 756-7. Como se vê, o poeta figura sua desejada Bárbora como ingênua borboleta a girar em torno à luz de seus amores eventuais, sem perceber que essa mesma chama do prazer que a atrai a leva à perdição. E ao comportar-se assim como quem, sujeito a uma inquietação, se deixasse atrair exatamente por seu lado mau, não há dúvida que acharia bela a luz que atraía para a matar. Daí o remata com o primeiro verso da quadra: "Pobre de ti, Barboleta". Na segunda décima sugere o poeta que, ao deixar-se levar impensadamente pelos que a atraíam, Bárbora-borboleta o imita (pois da mesma forma se sente atraído por ela), e também se parece com ele, pois que se atira cegamente, com outros, ao mesmo ardor do desejo "com que arder por ti me vês". E isso leva-o a concluir com o segundo verso da quadra: "Imitação do meu mal". Na terceira décima o poeta mostra Barboleta em sua condição de mulher de todos (*comua*), enquanto ele, cego a outras luzes, só a ela deseja. Outra seria sensível a essa fidelidade, mas Bárbora preferia dar-se a outros, sempre sem pensar em exclusividade, o que afinal valia por uma vantagem sobre ele: "porque eu nunca ao fogo chego" (quer dizer, não chego a possuir-te), "mas tu logras tal sossego" (isto é, tens tal sorte), "Que em chegando ao fogo morres" (que gozas com qualquer um). Na quarta e última décima reafirma que Bárbora é de fato mais feliz que ele

Graças não apenas a essa sua qualidade de autor de versos feitos para cantar à viola mas também devido à sua condição de participante e animador de jornadas ou passeios boêmios a pontos pitorescos afastados da cidade (como era o caso do Rio Vermelho, à época), e em que o espírito dos excursionistas era o da bandarra, ou seja, o da vadiação alegre, Gregório de Matos viria a contribuir ademais, em muitos de seus versos, com informações únicas sobre os mais diferentes tipos de diversões e danças da gente dos primeiros núcleos de vida urbana do Brasil. Núcleos estes, por sinal, ainda estreitamente ligados à área rural não apenas pela proximidade dos limites, mas pela sobrevivência, na própria cidade, de roças, granjas, chácaras, hortas de quintal e até de engenhos, como era o caso do existente entre o perímetro urbano e a península de Itapagipe.[21]

Em uma "segunda função que teve com alguns sujeytos na roça de hum amigo junto ao dique" — conforme anota o licenciado Rabelo — o poeta tomaria conhecimento por aquela segunda metade do século XVII de uma dança que então devia estar sendo introduzida na Bahia, pois o tom expresso nos versos é de surpresa ante a novidade do som julgado "excelente":

    Cantou-se galhardamente
    tais solos que eu disse, ô

---

pois, como se vê, mesmo sabendo-se perdida, dava-se por bem perdida contanto que continuasse a gozar, enquanto ele não tinha a mesma sorte. E o poeta concluía que era afinal na destruição pessoal a que cegamente se votava que Bárbora parecia encontrar a sua realização ("tu morres, e tu sossegas"), uma vez que só pensava em gozar: "Porque morres por chegar".

[21] Ver mapa com a situação exata de trinta e um engenhos de Salvador e seu Recôncavo recenseados por Wanderley Pinto, publicado sob a indicação "O Recôncavo em 1630", in *História social da cidade do Salvador*, tomo I — *Aspectos da história social da cidade, 1549-1650*, Salvador, Prefeitura Municipal de Salvador, 1968, publicação comemorativa do IV Centenário de fundação da cidade, entre as pp. 264-5.

> que canta o pássaro só,
> e os mais gritam na semente:
> tocou-se um som excelente,
> que Arromba lhe vi chamar.
> Saiu Temudo a bailar,
> e Pedro [irmão do poeta], que é folgazão
> bailou com pé, e com mão,
> e o cu sempre no lugar.[22]

Tal como a boa interpretação dos primeiros versos indica, Gregório de Matos começa por um protesto contra o fato de os músicos participantes do passeio estarem entoando apenas cantigas a solo, o que deixava os demais na condição passiva de meros ouvintes ("que canta o pássaro só,/ e os mais gritam na semente"). Passa-se então às danças com a novidade do arromba, na coreografia da qual o poeta aponta desde logo a novidade de vê-la dançada sem movimento dos quadris, quando o rebolado de influência negro-africana já era característica das danças populares da época:

> Pasmei eu da habilidade
> tão nova, tão elegante,
> porque o cu sempre é dançante
> nos bailes desta cidade.[23]

Entre as outras danças cultivadas não apenas nos "bailes desta cidade", ou seja, da área da capital, Salvador, mas dos distritos e vilas existentes nas áreas agroindustriais dos engenhos, Gregório de Matos ia referir-se ainda ao gandu (que viu dançar no distrito de Pernamirim, junto ao engenho do Recôncavo figu-

---

[22] *Obras completas de Gregório de Matos*, cit., vol. III, p. 591.

[23] *Ibidem*.

rado no mapa levantado por Wanderley de Pinho como Perna Mirim) — "eu tenho grande desejo de/ ver bailar o gandu", o que não deixava de ser curioso, pois uma dança com esse nome iria aparecer citada no século seguinte em Portugal pelo também satírico frei Lucas de Santa Catarina em um de seus folhetos de cordel da série *Anatómico Jocoso*:

> "Junto à Cruz [referência a um velho cruzeiro de Lisboa, ainda existente em 1753 na esquina da Rua de São Bento, no bairro do mesmo nome], andavão os mochilas [empregados domésticos] ao socairo [à solta?] com o seu gandum por pontos."[24]

E considerando que esse gandum português oitocentista, sendo dança das classes baixas de Lisboa, em grande parte formadas por negros e mestiços (o próprio autor do folheto afirma que na "função eu vi mulato, que de cantar a amorosa [gênero de cantiga da época], sem tomar folgo, esteve com a cadêa na mão"), é bem o caso de imaginar se não seria a mesma dança do gandu baiano citado por Gregório de Matos, o que anteciparia o intercâmbio de influências coreográfico-musicais comprovadamente verificado entre o Brasil e Portugal no século XVIII.

Infelizmente, para o melhor conhecimento das particularidades em torno das primeiras danças urbanas, nem Gregório de Matos na Bahia, nem frei Lucas de Santa Catarina em Portugal fornecem no caso do gandu quaisquer pormenores sobre seu ritmo ou coreografia, mas em outras passagens o satírico baiano se revelaria mais informativo, como ao referir-se em uma chansoneta à existência de uma dança chamada paturi:

---

[24] *Anatómico Jocoso...*, tomo primeiro, Lisboa, Na Oficina do Doutor Manuel Alvarez Solano, 1555, p. 278. O autor, frei Lucas de Santa Catarina, escondia-se sob o pseudônimo de frei Francisco Rey de Abreu Matta Zeferino.

Gregório de Matos

> Ao som de uma guitarrilha,
> que tocava um colomim [curumim, menino índio]
> vi bailar na Água Brusca
> As Mulatas do Brasil:
> Que bem bailam as Mulatas,
> que bem bailam o Paturi!
> Não usam de castanhetas,
> por que cos dedos gentis
> fazem tal estropeada,
> que de ouvi-las me estrugi:
> Que bem bailam as Mulatas,
> que bem bailam o Paturi.[25]

Pela descrição dessa dança de mulatas (que em Seiscentos começavam a formar o contingente das mestiças forras e livres destinadas no século seguinte a ter um peso tão grande na conformação étnico-psicológica da maioria das baixas camadas sociais, até a classe média), Gregório de Matos faz saber que por aquela década de 1680-1690 já se dançava na área popular castanholando com os dedos. Ora, se a essa característica do estalar de dedos própria do fandango ibérico, aqui apontada no paturi, se somar outra indicação fornecida pelo próprio poeta, sobre umbigadas vistas em festas de pardos de Salvador em homenagem a Nossa Senhora do Amparo ("e como sobre o moinho/ levou tantas embigadas [...]), pode concluir-se já existirem em seu tempo — embora isoladamente — os dois elementos que, reunidos, fariam no século XVIII surgir o lundu.

Essa impressão, aliás, é reforçada por outros pormenores que Gregório de Matos ajunta ainda à sua descrição da "jocozidade, com que as mulatas do Brasil baylão o paturi". Assim, quando após referir-se à "estropeada" produzida pelo castanholar dos dedos das dançadeiras, acrescenta o detalhe:

---

[25] *Obras completas de Gregório de Matos*, cit., vol. III, p. 581.

> Atadas pelas virilhas
> cuma cinta carmesim,
> de ver tão grandes barrigas
> lhe tremiam os quadris.
> Que bem bailam as Mulatas
> que bem bailam o Paturi.[26]

Ora, quando se recorda que, menos de um século depois dessa descrição de Gregório de Matos na Bahia, o poeta Tomás Antônio Gonzaga descreveria em suas *Cartas Chilenas* como, em Minas "a ligeira mulata em trajes de homem, dança o quente lundum e o vil batuque", compreende-se, afinal, a razão do pormenor coreográfico que então aponta, ao completar a cena da "moça que levanta a saia/ e voando na ponta dos dedinhos,/ pega no machacaz de quem mais gosta,/ a lasciva umbigada, abrindo os braços":

> Ó dança venturosa! Tu entravas
> nas humildes choupanas, onde as negras,
> aonde as vis mulatas, apertando
> por baixo do bandulho a larga cinta,
> te honravam com os marotos e brejeiros,
> batendo sobre o chão o pé descalço.[27]

Era esse gesto ostensivo de apertar "por baixo do bandulho a larga cinta" que Gregório de Matos apontava como um recurso usado pelas mulatas para ganhar liberdade de movimento, ao mostrá-las "atadas pelas virilhas, cuma cinta carmesim", o que ia explicar, aos olhos de Gonzaga, o fato de aparecer "a ligeira

---

[26] *Ibidem*, pp. 581-2.

[27] Tomás Antônio Gonzaga, *Cartas Chilenas*, volume "Poesias" das *Obras completas de Tomás Antônio Gonzaga*, Rio de Janeiro, Instituto Nacional do Livro, 1957, p. 295.

mulata, em trajes de homem": é que, como os escravos negros vestiam costumeiramente calções de algodão amarrados à cintura com um cordel ou faixa de pano, de forma a manter as bainhas pela altura das canelas, quando as mulatas se atavam pelas virilhas (isto é, passavam a cinta por baixo das pernas, puxando a saia para cima, dividida em duas metades), pareceria de fato que usavam calções.

Século XVIII

Os cantos e as danças

3.
AS CHULAS E FOFAS DA BAHIA

As andanças do poeta tocador de viola Gregório de Matos pelos engenhos do Recôncavo baiano, cujo ambiente algo campestre ainda por aquele final de Seiscentos com tanto colorido retratava, servem para demonstrar uma peculiaridade regional que, ao longo do século XVIII, ia transformar a capital da Bahia na culturalmente mais rica e socialmente mais diversificada cidade do Brasil colonial.

Para começar, a cidade do Salvador, ao contrário dos dois outros mais importantes entrepostos litorâneos, Recife e Rio de Janeiro, não se voltava apenas para fora, como porto de escoamento da produção destinada ao mercado internacional, mas tinha uma face voltada para o interior, representado pelo golfo que se abria à sua frente sob a forma de um anfiteatro e a cuja volta se tornavam desde 1549 os centros agroindustriais dos engenhos destinados a transformar a região numa unidade geoeconômica que via na capital da colônia a sua capital particular.[1]

---

[1] Esta singularidade regional baiana foi bem captada pelo sociólogo L. A. Costa Pinto em seu trabalho *Recôncavo: laboratório de uma experiência humana* (Rio de Janeiro, Centro Latino-Americano de Pesquisas em Ciências Sociais — Publicação nº 1, 1958), onde à pp. 16-17 escreveu: "O Recôncavo que historicamente, segundo o texto das primeiras crônicas coloniais, começou sendo apenas, ou principalmente, o fundo do golfo — dos subúrbios de Salvador à Vila de São Francisco da Barra de Seregipe do Conde transformou esses limites, preencheu com seus característicos econômicos e sociais todo o contorno da baía e hoje constitui, desde o promontório onde está a Soterópolis fundada por Tomé de Souza até às terras de Jaguribe, onde

Essa unidade econômico-regional obtida numa área de mais de quatro mil quilômetros quadrados pela coincidência da exploração de um mesmo produto — o açúcar de cana —, através de iguais modos e forma de produção — a construção de engenho com capital e serviços técnicos próprios, e força de trabalho escrava —, originava um sistema de relações socioculturais que, confirmando no geral a tendência da colônia para o estreito intercâmbio entre o campo e a cidade, aprofundava no entanto essa troca de influências com uma dinâmica e uma variedade de aspectos absolutamente original.

A configuração especial da área pela qual se estendeu a cultura dominante da cana necessária ao funcionamento dos engenhos — que foram os solos de massapé situados a beira-mar, por toda a curva norte-nordeste do Recôncavo — levou desde logo à criação de um sistema de escoamento da produção por mar até a capital, que viria acrescentar ao contingente tradicional dos trabalhadores dos canaviais e dos empregados das fábricas de açúcar uma massa de mestres, marujos, saveireiros, canoeiros, carregadores e mariolas que, pelos fins do século XVIII, atingiria o número dos vinte mil, segundo cálculo citado por Luís dos Santos Vilhena.[2]

Gabriel Soares fundou os seus primeiros engenhos — uma unidade regional claramente definida e caracterizada, que tem o seu centro de atração, o seu *chef lieu*, seu ponto de dominação, sua capital, na Cidade do Salvador, que sempre foi e hoje ainda é, antes mesmo de ser capital da Bahia ou do Brasil — a Capital do Recôncavo".

[2] Na "Carta décima-terceira", "na qual se dá uma breve noção das partes e vilas do Recôncavo da Bahia", escrevia o português professor de língua grega Vilhena, transformado em cronista baiano do século XVIII: "Igualmente é a costa que da barra da Bahia corre assim para o Norte, como para o Sul um ótimo seminário para o exercício de marinheiros, tal que houve já calculista, que fez montar a vinte mil o número dos que se empregam nas embarcações dos diferentes portos lançados adiante, que têm suas tais correlações ou comércio com esta cidade [Salvador]; o certo é que fazendo ain-

Essa gente envolvida com o movimento marítimo nas águas da baía, não se aplicava apenas ao transporte do açúcar para os armazéns de exportação da capital, mas revelava até pelo excesso do seu número a existência de pequenas economias paralelas à grande monocultura da cana dos massapés, e que se espalhavam com os seus produtos de subsistência e artesanais por toda a borda do Recôncavo. De fato, além da pesca e coleta de mariscos comum a toda a população da beira do mar, o levantamento efetuado naquele final de Setecentos pelo próprio cronista que achava "hiperbólico" o número de vinte mil para os trabalhadores marítimos, indicava a existência, na Vila de São Francisco, da pesca da sardinha xingó e de camarões (que "negras atravessadeiras vendiam na cidade"); na Vila de Santo Amaro da Purificação de "tabaco e muita aguardente, que se destila nos muitos alambiques, de que hoje está cheia"; na Vila da Cachoeira, além do tabaco e do gado dos grandes senhores, o cultivo de milho e legumes; na Vila Velha a produção de "muita louça chamada *cabocla* a melhor que se tem descoberto para o fogo"; na Vila de Maragogipe de "farinha que dali se conduz em frequentes embarcações para a cidade, e seu Recôncavo" e, finalmente, na Vila de Jaguaripe, de "muita louça de barro, e vidrada, que unicamente se faz nas suas muitas olarias, que dão provimento em abundância, não só à cidade como a todas as mais vilas, povoações e inumeráveis fazendas do Recôncavo". Ao que acrescentava:

> "Sai igualmente desta vila toda a telha, e tijolo de que se carece não só na cidade [Salvador], como em todas as mais povoações e fazendas, dela se exportam tabuados de qualidades diferentes, e muitas madeiras

---

da a conta com a multiplicidade de saveireiros e canoeiros que há no porto da Bahia, sempre devemos ter aquele cálculo por hiperbólico" (Luís dos Santos Vilhena, *A Bahia no século XVIII*, Salvador, Editora Itapuã, vol. II (Livro II), s/d [1969], p. 478).

de construção de edifícios assim na cidade como pelo Recôncavo; sai da mesma forma muita lenha, assim para muitos engenhos a quem faltam matos, e alambiques como para o provimento de naus, navios do comércio e mais embarcações, que da Baía saem, o que tudo são ramos de comércio daquela vila, além de muita piaçaba, e coquilho que tiram e vendem [...]"[3]

Ora, quando se pensa que a movimentação de todas essas mercadorias era feita por mar (só o açúcar de cem engenhos já ocupava uma frota de trezentas embarcações em 1685, segundo documento da câmara de Salvador), e também que centenas de barcos de transporte de todos os tipos saíam de pelo menos três estaleiros da cidade — o real, na Ribeira das Naus (que depois seria Arsenal de Marinha), e os particulares, construídos por comerciantes na Preguiça e na Ribeira de Itapagipe —, aquele contingente de embarcadiços deveria somar-se à profusão dos trabalhadores náuticos especializados. E entre estes figurariam engenheiros e ajudantes de engenheiros, patrões da ribeira, mestres dos calafates, calafates, carpinteiros, carapinas, ferreiros, tanoeiros, poleeiros, mestres de carretas, guarda-pregos, apontadores, mestres de barca, mestres certeiros, bandeireiros, pintores, funileiros, torneiros, correeiros, porteiros, sineiros, guardas, cirurgiões, boticários e pretos sangradores "dos forçados da galé".[4]

---

[3] Luís dos Santos Vilhena, *A Bahia no século XVIII*, cit., vol. II, pp. 479-86.

[4] Essas atividades especializadas da área da construção naval constam da "Relação do Pessoal da Ribeira e Arsenal da Bahia No Anno de 1770" copiada no Arquivo Histórico Ultramarino por José Roberto do Amaral Lapa, que em boa hora a transcreveu às pp. 127-8 de seu livro *A Bahia e a Carreira da Índia* (São Paulo, Editora Nacional, Coleção Brasiliana, vol. 338, 1968). Em comentário a seguir a transcrição lembra o autor: "A movimentação desse pessoal no estaleiro devia assemelhar-se ao de uma colmeia, tanto pelo número de profissionais, quanto pela variedade das tarefas, facilmente

Tais tipos de trabalhadores — quer os da área rural, ligados à produção artesanal da cerâmica ou da aparelhagem das madeiras, quer os envolvidos com a pequena cultura de subsistência dirigida aos mercados das vilas, povoações e à própria capital, quer os incluídos nas atividades de comércio, transporte marítimo ou construção de barcos — tendo em comum a possibilidade de intercâmbio com diferentes pontos do Recôncavo e a própria capital, por força do comércio ou emprego, já teriam de ser classificados como componentes de uma estrutura urbana.

Na verdade, transformados em primeiros moradores da Cidade Baixa, onde ao velho arsenal veio juntar-se em 1694 a nova Alfândega, indicadora da definitiva vocação comercial da cidade transformada em entreposto internacional (a ponto de Angola vir a ser considerada uma quase feitoria do Brasil),[5] muitos desses trabalhadores de lavouras de beira-mar, artesãos e empregados do complexo de pequena cabotagem regional viriam a constituir em Salvador, pelo correr de Setecentos, o exemplo inicial do que se poderia chamar de camadas populares urbanas no Brasil.

A grande originalidade das relações socioculturais, tornadas possíveis por esse acelerado processo de diversificação das atividades em áreas até então restritas na colônia quase exclusivamente ao trabalho escravo, seria representada pelo fato de Salvador funcionar, enquanto capital do Recôncavo, como ponto de encontro dos mundos rural e urbano. Assim, a tendência no sentido do aprofundamento da divisão do trabalho surgida na virada

---

imagináveis como tempero de breu, amassamento de galagala para o forro da embarcação, a intensa atividade de serralharia etc." (*op. cit.*, p. 128).

[5] A conclusão é do autor português Manuel dos Anjos da Silva Rebelo no livro *Relações entre Angola e o Brasil, 1808-1830* (Lisboa, Agência-Geral do Ultramar, 1970, p. 129). Silva Rebelo cita como exemplo de dependência o aviso de 26 de outubro de 1796 que restaurava ordem no sentido do envio de éguas para Angola, ante a falência do sistema tradicional africano de transporte de carga por carregadores humanos.

dos séculos XVII-XVIII, não apenas vinha permitir uma maior variedade na troca de experiências entre os componentes das camadas mais baixas, mas tornava as possibilidades criativas resultantes desse intercâmbio ainda mais enriquecidas pela circunstância de ele se processar através do cruzamento de informações tanto rurais quanto citadinas.

Esse fenômeno propiciado pelas condições especiais da realidade econômico-social do Recôncavo baiano — cujo processo de urbanização regional podia ser medido pela sucessiva criação de vilas como a de Jaguaripe, em dezembro de 1697, e de Cachoeira e de S. Francisco de Sergipe do Conde, respectivamente em janeiro e fevereiro de 1698 — ia permitir ainda na primeira metade do século XVIII o aparecimento de uma série de novas formas de diversão entre as baixas camadas, que estava destinada a transformar não apenas Salvador no primeiro centro produtor de cultura popular urbana do Brasil, mas a garantir para a própria Bahia o título de pioneira na exportação de criações para o lazer de massa citadina no exterior.

Tal possibilidade não resultou apenas, é bem verdade, da evolução das condições locais, mas foi preparada por uma sequência de acontecimentos caprichosamente convergentes: como, quase coincidindo com a descoberta de ouro nas minas gerais, a Bahia já em 1694 começara a lavrar uma moeda provincial (só podia circular na colônia, e valia 10% menos que a metropolitana, para evitar evasão), a expansão da base monetária daí decorrente estimulou o comércio, e a produção das pequenas economias paralelas à grande produção monopolista do açúcar do Recôncavo. E, assim, quando ao aproximar-se a metade de Setecentos o preço do açúcar caiu, enfraquecendo os senhores de engenho e liberando mão de obra escrava para as minas ou para a cidade, as lavouras de fumo das terras pobres supriram a economia rural (o fumo de rolo era a moeda do tráfico que aumentava), enquanto na capital se multiplicavam os negócios voltados para o mercado interno do sertão e das minas. Era isso que ia explicar, no plano social, o fato de, mesmo com a grande emigração de trabalhadores escravos e livres para as regiões mineiras,[6] não ter havido queda da população da Bahia e seu Recôncavo (que em 1759 passava dos cento e três mil habitantes, com a capital concentrando quase quarenta mil, sendo 36% brancos e 64% negros e mestiços), e, no plano cultural, já poder em 1729 o autor da descrição das festas no palácio do vice-rei em Salvador referir-se a "cantigas, e modas da terra em que he abundante o paiz".[7] Modas e cantigas que logo começariam a ser exportadas para a metrópole, como comprovaria pelo próprio título um folheto de cordel impresso pelos meados daquele mesmo século XVIII em Portugal, anunciando a chegada de uma primeira criação cultural do povo baiano: *Relação da fofa que veyo agora da Bahia*.[8]

Ao referir-se a "cantigas e modas da terra de que é abundante o país", aliás, o redator da descrição das festas em regozijo pelo casamento do príncipe D. José de Portugal com a Infanta de Castela, D. Mariana Vitória, realizadas na noite de 28 de julho de

---

[6] Era tanta a gente vinda da Bahia para as minas que em nota ao pé da p. 201 de sua *História Antiga das Minas Gerais* (Belo Horizonte, Imprensa Oficial do Estado de Minas Gerais, 1904) escrevia Diogo de Vasconcelos: "De duas origens vinham os forasteiros: *reinóis* — os que haviam nascido em Portugal ou nas Ilhas; *baianos* — os que haviam nascido na Bahia ou em outra capitania do norte do Brasil".

[7] *Diário Histórico das celebridades, que na Cidade da Bahia se fizerão em ação de graças pelos felicíssimos casamentos dos Seteníssimos Senhores Principes de Portugal e Castela...* "Escrito pelo licenciado José Ferreira de Matos tesoureiro mór da mesma Sé da Bahia." Lisboa Ocidental: Na Oficina de Manoel Fernandes da Costa, Impressor do Santo Ofício, 1729. Folheto da Coleção Barbosa Machado, da Biblioteca Nacional do Rio de Janeiro.

[8] *Relação Da Fofa Que Veyo da Bahia, E O Fandango De Sevilha, Applaudido pelo melhor som, que há para divertir malancolias E O Cuco Do Amor Vindo do Brasil por Folar, para quem o quizer comer. Tudo decifrado, na Academia dos Extromozos. Por C. M. M. B.* Catalunma: En la Imprenta de Francisco Guevaiz, Biblioteca Nacional do Rio de Janeiro-Seção de Música.

1729 no palácio do governador e quarto vice-rei, conde de Sabugosa, revelava ser bastante rico na colônia, em geral, o repertório dos cantos e danças capazes de se distinguirem por suas características locais dos equivalentes gêneros de diversão trazidos de Portugal. O que ele deixava de consignar, entretanto, mas outros depoimentos de contemporâneos subsequentes à fase seiscentista do poeta Gregório de Matos — como seria o caso do moralista Nuno Marques Pereira — iriam claramente documentar, é que o foco irradiador de tais criações "da terra" na área popular era de fato a região de Salvador e seu Recôncavo.

No plano da música cultivada sob a orientação dos mestres de capela e dirigida às necessidades das igrejas — que não eram apenas as peças sacras (ofícios divinos, hinos para procissões ou coros de festas de santos), mas a de certas representações ou "comédias" dentro dos templos — pode admitir-se que desde o início do século XVIII "cantigas e modas da terra" tenham surgido em diferentes pontos da colônia, como prova a existência de pelo menos uma partitura manuscrita de cantiga ou moda de tema profano para quatro vozes de cerca de 1730, encontrada na cidade paulista de Mogi das Cruzes.[9] No que se refere porém aos gêneros destinados a atender as novas expectativas das heterogêneas camadas da moderna sociedade de classes, surgida com a divisão do trabalho decorrente da produção para a exportação — primeiro o açúcar, depois o algodão e logo o ouro e os dia-

---

[9] A partitura foi encontrada em março de 1984 pelo historiador do Núcleo de São Paulo do Serviço do Patrimônio Histórico e Artístico Nacional (SPHAN) — Pró Memória, Jaelson Bitran Trindade, dentro da capa de couro do Livro do Foral da Vila de Mogi das Cruzes, iniciado em 1748, semicolada pelo encadernador "servindo de enchimento". A descoberta foi revelada pelo próprio historiador em artigo sob o título "Música colonial paulista: o grupo de Mogi das Cruzes", publicado às pp. 15-20 da *Revista do Patrimônio Histórico e Artístico Nacional*, nº 20, de 1984. Neste mesmo número o musicólogo Regis Duprat divulga também estudo preliminar das peças encontradas em artigo intitulado "Antecipando a história da música no Brasil" (pp. 25-7).

mantes —, a sua criação só poderia partir do meio social que primeiro suscitou essa necessidade cultural.

É bem verdade que essa mesma primeira metade do século XVIII em que vão surgir em Salvador e seu Recôncavo as formas de canto e danças brasileiras destinadas a popularizar-se na própria metrópole é também o tempo da explosão urbana provocada na colônia pela corrida às minas — apenas em 1711 seriam criadas as vilas do Ribeirão do Carmo, depois, Mariana, Vila Rica do Ouro Preto e Vila Real do Sabará — mas não se deve esquecer que, além do caos social que caracteriza os primeiros anos dessas novas comunidades da região mineira, era com a Bahia que elas inicialmente se comunicavam, tanto pela necessidade de suprimento comercial quanto de recrutamento de mão de obra.[10]

As descrições das formas de diversão possíveis à maioria dos brancos que na Bahia se dispunham a misturar-se com os negros, com tanta vivacidade mostrada nos versos de Gregório de Matos em fins de Seiscentos, iam ser completadas nas duas primeiras décadas do século seguinte pelas observações do moralista ambulante Nuno Marques Pereira, em seu roteiro de fiscal dos pecados alheios justamente intitulado *Compendio Narrativo Do Peregrino Da América Em Que Se Tratam Vários Discursos Espirituaes, e moraes, com muitas advertencias e documentos contra os abusos que se achão introduzidos pela malicia diabolica no Estado do Brasil*. Nuno Marques Pereira (nascido em 1652, talvez em Cairu, Bahia — morto depois de 1733, Lisboa), que também tocava viola e, ao tempo de Gregório de Matos, chegara mesmo a ser "autor de comédias e passos" (em que entrara também como ator), ao apontar agora as ofensas que faziam a Deus "todos aquelles, que são autores de comédias, passos profanos, bailes,

---

[10] É significativo o fato de que, quando pela Carta Régia de 9 de novembro de 1709, foram desmembrados os territórios de São Paulo e Minas de Ouro, a Capitania Geral independente daí surgida teve como primeiro governador o baiano Antônio de Albuquerque.

entremezes, toques de viola e músicas desonestas"[11] chamava a atenção para um fato do tempo que confirmava, de forma definitiva, aquela mistura social-cultural que iria explicar a criação, na Bahia, de tantas novidades na área das diversões populares:

> "Não deixarei de fazer agora uma advertência mui necessária a propósito do que tratamos, e vem a ser: que essas danças, e farças, que se fazem em nome dos estudantes dos pateos do collegio, sem embargo de serem muitos filhos de homens honrados, e terem mui boa doutrina de seus doutos e religiosos mestres, padecem a nota de vadios e calaceiros, e talvez sem terem comettido as culpas, que se lhes imputam.
> E a razão é, por se metterem entre elles muitos mascarados, negros, mulatos e gente calaceira, e vadia. E o pior é que não falta quem diga, que também vão negras, mulatas, e muitas mulheres damas, fazendo, e obrando cousas inauditas. Vede agora, senhor, como assenta bem aquelle adagio, que diz: quem com farelos se mistura, etc."[12]

A presença dessas "mulheres damas", como eufemisticamente chamava Nuno Marques às mesmas prostitutas que por seus nomes próprios o poeta Gregório de Matos tomava como musas em sua vida boêmia, era mais um dado social a ajudar na explicação do motivo por que os cantos e danças surgidos em tais meios eram sempre definidos como "desonestos". Ora, considerando-se que, pelos conceitos da época, honesta era a classe média de funcionários do governo ou da justiça da cidade e do campo, composta de gente branca cujo poder econômico ou influên-

---

[11] Nuno Marques Pereira, *Compendio Narrativo do Peregrino da América*, cit., vol. II, p. 101.

[12] *Ibidem*, pp. 11-2.

cia tornava adepta do código de respeitabilidade oficial, não deixa de ser curioso observar que quem mais forneceria elementos para a criação daquele mal moral a evitar eram as próprias senhoras das "boas famílias". Segundo revelava o moralista do *Peregrino da América* ao criticar a preocupação do luxo, inclusive no traje das escravas, eram as próprias senhoras que induziam suas negras e mulatas à prostituição de rua, o que lhes conferia o estranho papel de honradas mães de família cafetinas:

> "Porque ha mulheres neste Estado do Brasil, que não dissimulam a suas escravas as ofensas que fazem a Deus; mas ainda as obrigam que ganhem pelo pecado para se vestirem; além do mais que deixo de publicar, porque não para proferir entre gentes que presumem seguir o estado dos honrados."[13]

O peso social dessa espécie de novas prestadoras de serviços surgidas como por força da divisão do trabalho no campo sexual (as mulheres brancas eram poucas e disputadas para o casamento monogâmico, o que lhes restringia a circulação) começava a tornar-se indisfarçável pelos inícios daqueles anos de Setecentos, quando o ouro das minas, contribuindo para a expansão da moeda, propiciou nas cidades a multiplicação das atividades e dos negócios. E a data do enfoque de tal fenômeno, já como problema a preocupar o Poder, apareceria com precisão no alvará real de 23 de setembro de 1709, que rezava:

> "Havendo visto a representação, que me fizeram os Oficiais da Camara da Cidade da Bahia sobre a soltura, com que as Escravas e Escravos costumam viver e trajar-se nas minhas Conquistas Ultramarinas andando de noite e incitando com os seus trajes lascivos os

---

[13] *Ibidem*, vol. I, p. 160.

homens. Me pareceu ordenar-vos façais com que se guarde a Ordenação pelo que toca aos que andam de noite, e como a experiencia tenha mostrado que dos trajes, que usam as Escravas se seguem muitas ofensas contra Nosso Senhor. Vos ordeno não consintais que as Escravas usem de nenhuma maneira sêdas, nem de télas, nem de oiro, para que assim lhes tire a ocasião de poderem incitar para os pecados que os adornos custosos de que se vestem [incitam]."[14]

Surgidas nesses ambientes das mais baixas camadas de Salvador ou de alguns dos centros mais populosos do Recôncavo, as danças e cantos estruturados pelas ruas, praças ou terreiros a partir da mistura de elementos rítmicos, melódicos e coreográficos negro-africanos e peninsulares europeus, para atender à nova realidade social da colônia, iniciava então uma espécie de ascensão, através da entrada nas casas das famílias: primeiro as mais modestas ou "mal constituídas", e, depois, nas salas da própria minoria branca da burguesia e dos funcionários do poder real.

Uma indicação dessa escalada seria oferecida pelo exemplo citado por Nuno Marques Pereira ao relatar, no Capítulo XVI do seu compêndio narrativo, o "que sucedeu ao Peregrino em casa de um homem, que estava em concubinato: e como o aconselhou, para o livrar daquele mau estado". Segundo contava o próprio Peregrino, passara ele em sua caminhada pelo Recôncavo para descansar ao fim da tarde à sombra de uma cajazeira, quando ouviu "em casa do morador afinados instrumentos, sonora música e trincos de castanhetas, como de quem andava dançando". Ali ficou ouvindo os sons alegres até escurecer, quando, finalmen-

---

[14] Alvará de 23 de setembro de 1709 do rei D. João V para o capitão geral de Pernambuco Sebastião de Castro e Caldas, in *Anais da Biblioteca Nacional*, vol. 128, de 1906, Rio de Janeiro, Oficina Tipográfica da Biblioteca Nacional, 1908, p. 251.

te, viu "sair de casa do morador três homens em companhia de três mulheres e algumas escravas" e, avistado pelo dono da casa, foi convidado a entrar. E quando este lhe perguntou por que não se fizera anunciar antes, disse o Peregrino: "Por me livrar (lhe disse eu) de cair em algum pensamento consentido à vista destas danças desonestas e músicas profanas, que hoje se usam, tão agradáveis para o Demónio, como ofensivas contra Deus".[15]

Não deixa de ser sintomático que o moralista tenha escolhido como personagens para seu exemplo de baile com "danças desonestas e músicas profanas" as amizades de um casal que vivia em "mau estado", isto é, em aberta ligação de concubinato, o que supunha uma posição marginal em relação à sociedade formalmente constituída à base do casamento católico. De qualquer forma, era por aí que as danças surgidas entre a gente das camadas baixas iniciavam a sua entrada nas salas das famílias que, afinal, já as conheciam de vê-las do alto de suas janelas dançadas, na rua, pelos "encaretados" que abriam as procissões. E era o próprio Nuno Marques Pereira quem daria notícia disso quando, ao criticar as "grandes devassidões de danças? músicas e farsas tão desonestas, ainda dentro das igrejas, e procissões, que se fazem pelas ruas públicas, indo encaretados, provocando muita lascívia, como todos os anos se está vendo, e experimentando usarem estes taes dançantes bailarins", acrescentava:

"Também digo, e aviso, que se deve pôr grande cuidado (os que têm obrigação de o fazer) que se não permita, nem consinta, que vão encaretados com danças desonestas diante das procissões; e principalmente onde vai o Santíssimo Sacramento, pelo que tenho visto fazer esses caretas de desonestidades tão publicamente; porque não é para crer, o que costumam fazer estes tais vadios, em semelhantes lugares, diante de

---

[15] Nuno Marques Pereira, *op. cit.*, vol. I, p. 214.

mulheres honradas, e moças donzelas, que estão pelas janelas para verem as procissões, incitando-as, e provocando-as por este meio a muitas lascívias com semelhantes danças, e músicas torpes tão publicamente que parece (como é certo) que os mandam o diabo [...]."[16]

Os movimentos lascivos que chocavam o peregrino moralista só podiam ser os das umbigadas características da coreografia das danças de roda ao ar livre introduzidas pelos escravos africanos e adotadas por seus descendentes crioulos, e às quais já expressamente se referira o poeta Gregório de Matos em fins do século XVII. E uma indicação de que pela altura daquela segunda década de Setecentos, em que Nuno Marques Pereira escrevia, deviam constituir movimento coreográfico comum, ficava implícita numa expressão por ele usada logo a seguir, como jargão do tempo. De fato, para dar conta que um irreverente João Magano morrera literalmente de rir, após provocar de uma janela "uma negra mui ridícula, e engraçada em dizer ditos jocosos", que no momento passava na rua, escrevia: "começou o João Magano a tirá-la a terreiro (como se costuma dizer)".[17] Ora, provocar alguém que saia da massa anônima e se ponha em destaque em campo aberto, como indicava o sentido da expressão popular "tirar a terreiro" usada pelo personagem, e certamente para pôr em voga por aquela época (conforme apontava a observação do autor "como se costuma dizer"), correspondia exatamente à ima-

---

[16] *Ibidem*, vol. II, pp. 110-1.

[17] *Ibidem*, p. 113. Segundo Nuno Marques Pereira, aliás, João Magano fora amigo pessoal de Gregório de Matos, e costumava contar-lhe casos engraçados para que os pusesse em versos: "Havia um homem assistente na cidade da Bahia, chamado João de Araújo: vulgarmente o apelidavam por João Magano, por ter sido do congresso do Doutor Gregório de Matos, que costumava levar-lhe os alvitres, e contar-lhe os sucessos, que aconteciam na cidade, para os compor em versos, que aconteciam" (*Compendio Narrativo do Peregrino da América*, cit., vol. II, p. 11).

gem do dançarino dos batuques de estilo africano que, avançando para alguém da roda, o tirava a terreiro com uma umbigada.

Dessas danças originadas do criativo intercâmbio étnico-cultural-religioso (negros e mulatos, do campo e da cidade, participando muitas vezes ao lado de brancos nas festas de terreiro das fazendas ou praças das vilas, nas igrejas e nas procissões), a de maior popularidade tanto no Brasil quanto em Portugal seria a fofa.

Citada pela primeira vez no *Folheto de Ambas Lisboas* de sexta-feira, 6 de outubro de 1730, como sendo dança praticada ao lado do *cumbé* por pretos de Lisboa na festa do Rosário de domingo, 1º de outubro daquele ano no Bairro de Alfama, a fofa estava destinada a ganhar tal aceitação em Portugal que pouco mais de trinta anos depois, em 1766, o viajante francês Dumouriez a consideraria "dança nacional", o que em 1777 seu patrício Duc Du Châtelet repetiria ao vê-la dançada pelo povo nas ruas de Lisboa, às vésperas da coroação da rainha D. Maria I:

> "O povo corria de um lado para o outro, cantando e dançando a *foffa*, dança nacional, executada aos pares, ao som de viola ou de qualquer outro instrumento; dança tão lasciva que se enrubesce só de assisti-la, e nem teria coragem de descrevê-la."[18]

A data de 1730 em que a fofa é citada como dança de escravos africanos e crioulos ligados à Confraria do Rosário em

---

[18] *Voyage Du Duc Du Châtelet, En Portugal*, Seconde Edition A Paris Chez F. Buisson, Imp.-Lib. An IX (1801), 2 vols. (1ª ed. em 1798), pp. 3-4 do 1º vol., tradução do autor. O duque Du Châtelet, como todos os franceses, usa a palavra *guitare* para designar a viola popular portuguesa. Dumounez, mais explícito, após apontar a semelhança da dança descrita com o fandango, na parte coreográfica da evolução dos pares, dava a fofa como acompanhada "d'une mauvaise guitare", ou seja, ao som de "má viola", naturalmente no sentido de mal tocada, ou com pobreza de recursos.

As chulas e fofas da Bahia

Lisboa (o nome aparece na carta escrita em "língua de negro" em que o Rei Angola convida o Rei Mina para a procissão onde se cantaria o *zaramangoé* e o convidado dançaria a fofa —"traze vussé nos forfa")[19] coincidia com o início da época de torna-viagem de muitos portugueses atraídos desde o fim do século XVII para o Brasil pela miragem da riqueza nas minas gerais. Em seu regresso a Portugal, alguns enriquecidos em grande parte não apenas pela mineração legal, mas pelo contrabando e pelo comércio extorsivo, muitos desses aventureiros bem-sucedidos — agora chamados de mineiros — faziam-se acompanhar de um verdadeiro séquito de escravos domésticos, para causar impressão. E isso deve ter sido fato tão frequente que chegou a refletir-se na temática dos entremezes do teatro popular português quase como lugar-comum, através do personagem que por astúcia se fazia passar por rico recém-chegado das minas do Brasil. Um exemplo seria o do *Entremez Intitulado Gatuno de Malas Artes*, de 1779, em que o namorado da filha de um avarento se finge de herdeiro de um tio falecido rico no Brasil, e cujas situações de riso seriam praticamente repetidas em 1790 no *Entremez ou Novo Drama Intitulado Raras Astúcias de Amor*. Neste, o namorado repelido por pobre, Alceu, aluga uma casa fronteira à do ambicioso médico pai da moça e, ao chegar com seus pertences, faz subir por cordas dois pesados baús cheios de areia, fingindo conter dinheiro. E para despertar a cobiça do futuro sogro chama-o para uma consulta, fazendo seus escravos negros arrastarem penosamente um dos baús para que se sentasse. Não é preciso dizer que é o próprio médico ambicioso quem procuraria agora aproximar a filha do "mineiro": "[...] Mas diga-me que lhe parece as perfei-

---

[19] *Folheto de Ambas Lisboas*, nº 7, sexta-feira, 6 de outubro de 1730. Na Oficina da Música, in vol. VI da série de folhetos encadernados no Arquivo Nacional da Torre do Tombo (ANTT), Lisboa, sob o título geral de *Provas e Suplementos à História Anual Cronológica, e Política do Mundo, e Principalmente da Europa*, etc.

ções que adornão minha filha? vio lá pelas Américas semblante mais gentil?".[20]

Ora, não é de estranhar que a experiência cultural de tais "mineiros" emigrados — e ainda mais a de seus escravos negro-brasileiros — se manifestasse, pois, de alguma forma, ao estabelecerem-se novas relações com a sociedade a que tais personagens regressavam ou a qual vinham integrar-se de forma duradoura. E uma prova de que isso realmente acontecia seria oferecida através do depoimento de um dos mais atentos críticos dos costumes de Lisboa da primeira metade do século XVIII, o redator de folhetos da série *Anatómico Jocoso*, frei Lucas de Santa Catarina (1660-1740). E, de fato, ao compor uma entrada para representação nas festas de Nossa Senhora do Cabo, atribuía ao personagem Fressura Malsim (o fressureiro, vendedor de miúdos) o seguinte comentário sobre o viver da gente do seu bairro, Alfama:

> Da semana na ribeira,
> Ao dia santo no bairro,
> Mas sobre tudo a viola,
> E o pandeiro veterano.
> Ou á tarde no baptismo,
> Ou á noite no noivado.
> Do Brasil em romaria
> Os sons vem alli descalços,
> Crião-se alli, alli crescem,
> E dalli se vão passando
> Pouco a pouco para as chulas
> Piám piám para os mulatos.[21]

---

[20] *Entremez ou Novo Drama Intitulado Raras Astúcias De Amor*. Por Henrique de Sousa, e Almeida, Lisboa, 1791.

[21] "Entrada Quinta Para As Festas De N. Senhora Do Cabo", in *Anatómico Jocoso*, cit., vol. 3, 1758, pp. 209-10. Nos versos seguintes o autor

Nesses poucos versos da fala do Fressura — que, por sua atividade ambulante e comércio pobre, era realmente o mais credenciado conhecedor do bairro popular de Alfama — estava esboçado o retrato perfeito do que ao tempo acontecia: após uma semana de trabalho duro na Ribeira, os humildes de Alfama reuniam-se nas praças e ruas do bairro para gozar a folga dos dias santos. E para isso tudo era um bom pretexto — um batismo à tarde, um noivado à noite —, quando então surgia sempre uma viola e um velho pandeiro a acompanhar os discantes e as danças que a nova composição da gente urbana (mais heterogênea do que nunca) agora exigia. E que sons seriam esses feitos para tal tipo de gente? Eram os sons que por aquela primeira metade da Idade do Ouro no Brasil chegavam a Portugal em verdadeira romaria, e ali, na mesma Alfama, iam ganhar pela continuação do cultivo os contornos locais que logo os levaria a figurar, aos olhos e ouvidos dos visitantes estrangeiros, como "danças nacionais". E frei Lucas de Santa Catarina em sua crônica do tempo, pela boca do Fressura, não deixava inclusive de mostrar como se dava esse processo de adaptação, ao esclarecer que, chegados da colônia descalços — isto é, levados pelos negros escravos brasileiros, aos quais era vedado usar sapatos —, as novas formas de danças e cantos passavam ao repertório moderno das chulas "giribandeiras" (que era gíria do tempo para falta de compostura), para pouco a pouco interessar aos mulatos, que certamente as fariam chegar ao público das camadas médias do teatro popular dos entremezes. E o curioso é que, muitas vezes, era através desse teatro que as famílias brancas da elite colonial iam tomar conhecimento no Brasil — em singular exemplo de refluxo cultural — de tais novidades algo escandalosas, mas por isso mesmo excitantes como espetáculo. Um tipo de reação que não deveria ser muito di-

---

cita entre as danças cultivadas ao tempo em Alfama o arromba e o "Quererá voluntário", esta última sem outra memória ou notícia entre as danças populares.

ferente daquela das próprias camadas burguesas de Lisboa, como a captada em 1774 diante de uma dessas representações pelo viajante inglês William Dalrymple, que assim a resumia:

> "Em uma das pequenas farsas ridicularizava-se o jeito dos brasileiros até que com certo humor; mostrados como gente sempre muito formal e pedante, de cambulhada com negros, macacos e papagaios, era a forma algo grosseira dessa crítica que mais parecia agradar ao público: uma velha mostrada a peidar repetidamente diante do patrão provocou imenso aplauso, inclusive partido dos camarotes."[22]

Para logo completar, referindo-se exatamente à reação do mesmo público ante o número de dança da fofa, que como inglês em trânsito, não sabia importada do Brasil:

> "A fofa, dança tão representativa deste país quanto o fandango da Espanha, foi apresentada no entremez por um negro e sua companheira; foi a coisa mais indecente a que já assisti, mas, apesar de bem mais apropriada a um público de baixa condição, nem por isso pareceu desagradar a qualquer; pelo contrário, as mulheres reagiram à cena com a maior naturalidade, enquanto os homens prorromperam em aplausos."[23]

Segundo o francês Dumouriez, que vira a mesma fofa dançada oito anos antes também nos palcos de Lisboa, a particula-

---

[22] Major William Dalrymple, *Travels through Spain and Portugal in 1774; with a Short Account of the Spanish Expedition against Algiers in 1775*, By Major William Dalrymple. London, MDCCLXXVII (1777), p. 150, tradução do autor.

[23] *Ibidem*, p. 150, tradução do autor.

ridade coreográfica da dança que tanto escandalizara o inglês Dalrymple (mas não já as senhoras burguesas da segunda metade de Setecentos) eram com certeza os movimentos do corpo do par imitando o momento do gozo (*le moment de jouissance*), e aos quais — a acreditar no testemunho do francês — o dançarino ainda acrescentava o estimulo de "gestos obscenos e palavras lúbricas, em que o público achava graça".[24]

Em face da raridade das referências à fofa no Brasil do século XVIII — exceção feita à do padre Bento de Cepeda em sua *Relação sobre o deplorável estado a que chegou a Companhia de Jesus nesta província do Brasil*, dando conta de que, em Pernambuco, um padre Manuel Franco "dançava a fofa (que é dança desonesta) com mulheres de má reputação"[25] — poder-se-ia talvez pôr em dúvida a origem brasileira dessa dança tida sempre como portuguesa, não fora a indicação expressa no folheto de cordel intitulado, desde logo, *Relação da Fofa Que Veio Agora da Bahia, E o Fandango de Sevilha, Applaudido pelo Melhor Som, Que Ha para Divertir Malancolias e o Cuco do Amor Vindo do Brasil, por Folar, Para Quem o Quiser Comer*.

O folheto de cordel, de oito páginas, sem data, e com impressão suposta na Catalunha (certamente por não ter subido a exemplo da Mesa Censória), publicava no entanto em apêndice a lista da igrejas providas em 1752 pelo rei D. José no bispado da Guarda, o que tornava a probabilidade desse ano para a edição perfeitamente concorde com certas particularidades do tex-

---

[24] *Etat Présent Du Royaume De Portugal. En L'Année MDCCLXVI*. A Lausanne, Chez François Grasset & Comp. MDCCLXXV (1775), atribuído ao general Dumouriez, que esclarecia: "Je cherche à representer de Portugal tel qu'il étoit en 1766 [...]", p. 172, tradução do autor.

[25] A declaração da existência dessa Relação do padre Bento de Cepeda deve-se ao estudioso pernambucano Pereira da Costa, in *Folclore Pernambucano*, Rio de Janeiro, *Revista do Instituto Histórico e Geográfico Brasileiro*, 1908 (tomo 20, parte 2, p. 221), que, no entanto, não fornece maiores informações sobre a origem ou localização do documento.

to, que a certa altura dizia: "Ora viva; que nem o outavado d'Alfama lhe chega ao calcanhar, nem o som de Macau lhe dá pelo bico do pé, e nem a filhota de Coimbra lhe excede".[26]

Na verdade, se se tomar como base que em 1730 o *Folheto de Ambas Lisboas* situava a fofa como dança dos negros do Rosário, e que antes do fim dessa década frei Lucas de Santa Catarina já previa sua trajetória "pouco a pouco para as chulas/ piám piám para os mulatos", nada mais compreensível do que o texto dessa *Relação da Fofa Que Veio Agora da Bahia* em 1752:

> "Viva; que por ser folgazona, renderá à mais guapa, cativará a mais Eres, alegrará à mais triste, dará gosto à mais entendida entediada, e prenderá à mais tola. Que viva a dita Fofa, que por ser tão giribandeira renderá não só à fragona; mas à muchacha à toila; e à discreta, porque não sei, que mel tem, para pôr pelos beiços a tanta gente, para atrair e inquietar, mover e bailar; e tirar a terreiro; mas o certo é que só esta Fofa é singular, bela, estupenda, e perfeita, para causar tudo isto; pois viva a Fofa da Bahia, viva, viva."[27]

Embora não se tenha notícia do registro escrito dos sons que faziam a fofa "pôr pelos beiços a tanta gente", uma indicação quanto a seu ritmo encontrada em outro folheto — a *Relaçam Curiosa De Várias Cantiguas Em Despedidas, Da Corte Para o Dezerto* — talvez lhe explique o segredo: ao contrário das demais danças populares europeias da época, que até pelos nomes indicavam a regularidade do som, como era o caso do oitavado que viera desbancar, a fofa era *repenicada*.

---

[26] *Relação da Fofa Que Veio Agora da Bahia...*, cit., p. 4.

[27] *Ibidem*, pp. 4-5.

As chulas e fofas da Bahia

Depois que veio esta moda
Das fofas repinicadas
Dela saíram as sécias
Feridas, e bem arranhadas.

Ai lê quem é
É um tratante da moda
Que a fofa dança de pé.[28]

Tal tendência a "fazer saltar" e a "tremer o corpo, e arrancar as unhas dos pés a moda d'osga" que o redator português da Relação enxergava na dança, ao lhe explicar o espírito folgazão, derivava certamente da sua origem negro-africana-crioula do Brasil, como ele mesmo aliás indicava, ao mostrar o sucesso da fofa entre os negros de Portugal.

---

[28] *Relação Curiosa de Varias Cantiguas Em Despedidas, Da Corte Para O Dezerto*, sem indicação de editor ou data (provavelmente 1752). Da coleção do autor.

4.
O LUNDU E OS FADOS:
DO TERREIRO AOS SALÕES

Ao lado dessa fofa adotada pelas camadas populares brancas portuguesas, outra dança surgida pela metade de Setecentos, quase certamente também na Bahia — embora notícias sobre ela aparecessem quase simultaneamente pela década de 1760 também em Pernambuco e no Rio de Janeiro —, estava destinada sob o nome de lundu a perfazer um caminho mais longo, pois de dança de terreiro iria passar não apenas a número de teatro mas, por artes de seus estribilhos cantados, a transformar-se, inclusive, em canção de sabor humorístico.

Esse chamado lundu, muito mais preso que a fofa aos batuques de negros — de onde se destacara como dança autônoma ao casar a umbigada dos rituais de terreiro africanos com a coreografia tradicional do fandango (tanto na Espanha quanto em Portugal caracterizado pelo castanholar dos dedos dos bailarinos que se desafiavam em volteios no meio da roda) —, apresentava ainda um traço destinado a determinar sua evolução: o estribilho marcado pelas palmas dos circunstantes, que fundiam ritmo e melodia no canto de estilo estrofe-refrão mais típico da África negra.

Dessa intimidade de origem com os batuques realizados em lugares ermos pelos escravos das roças — e onde sob tal designação genérica muitas vezes se abrigavam as cerimônias do ritual religioso africano — talvez tivessem tirado os brancos, atraídos pela festa rítmica dos negros, o próprio som da dança. É que, conforme revelavam não apenas o poeta Gregório de Matos no século XVII, mas Nuno Marques Pereira em seu *Peregrino da América* e outros documentos oficiais de Setecentos, tanto na Bahia quanto em outras cidades das Minas Gerais os ritos da religião africana denominados de calundus eram eventualmente chamados de lundus. Em fins de Seiscentos Gregório de Matos, falando de um padre que zombava da possessão de sua amante pela entidade dos calundus, dizia "que lhe dava dos lundus,/ se é mais que os lundus magano?"[1] —, e em 1735, ainda na Bahia, uma portaria de 16 de março ordenava ao capitão do Terço de Henrique Dias, Manuel Gonçalves de Moura, a realização de uma batida policial a certa casa do bairro do Cabula em que "se dançam lundus, porque me consta que se usa há muito tempo naquele sítio deste diabólico folguedo".[2] E em ambos os casos, como se vê, é o nome lundu usado para algo ligado aos proibidos ritos da religião africana, tal como deixa evidente a expressão "diabólico folguedo".

Quanto à forma pela qual o termo *lundu* derivado de *calundu* se paganizaria, passando a designar uma dança cultivada como simples diversão por negros nos terreiros, e por brancos e mestiços às vezes também nas salas, talvez a explicação se encontre no texto dessa própria ordem policial de 1735. É que, após determinar ao capitão que "com toda a cautela examine a parte da casa em que ali se dançam lundus" (com certeza pensando na apreensão dos objetos sagrados existentes no *peji*, o santuário dos negros), o documento recomendava "toda a diligência para prender a todas e quaisquer pessoas, ou sejam brancos ou pretos, que se acharem no referido exercício, ou assistindo a ele".

Ora, se a gente branca da cidade se misturava aos batuques realizados pelos negros, inclusive a esses de caráter religioso (o que, por sinal, apenas ratificava observação de Gregório de Matos nos versos de seu "Preceito 1" — "Não há mulher desprezada,/ galã desfavorecido,/ que deixe de ir ao quilombo/ dançar o seu bocadinho"), não há por que deixar de admitir que ali apren-

---

[1] *Relação da Fofa Que Veio Agora da Bahia...*, cit., p. 3.

[2] Sobre o problema dos calundus e batuques ver no livro do autor *Os sons dos negros no Brasil: cantos, danças, folguedos*, o capítulo "Os primeiros sons de negros no Brasil: batuques e calundus nos séculos XVII e XVIII".

deriam eles a imitar a marcação de palmas e os requebros que, passados ao plano das danças de pura diversão, logo fariam surgir a nova modalidade sob o nome de lundu.

"He a Fofa da Bahia também o melhor som, que ha na maromba da chulice. Apenas a ouve tocar a Preta, já está no meio da casa a bailar sem sossego. Apenas a ouve o preto, já está, como doudo a dançar; como uma carapeta, e não sossega também, sem sair a terreiro. Ora viva a Fofa da Bahia, que faz desafiar o Preto, e a Preta, para dançar."[3]

Essa hipótese fica muito reforçada, aliás, ao recordar-se os argumentos em 1780 usados pelo antigo governador de Pernambuco de 1768 a 1769, conde de Pavolide, quando, chamado a opinar, em Portugal, perante o ministro Martinho de Melo e Castro, sobre como atender às reclamações da Inquisição contra as "danças supersticiosas" naquela capitania da colônia, fazia esta distinção reveladora:

"Recebi o avizo de V. Exa. de 9 de junho em q. S. Mag. ordena dê meu parecer a vista das Cortes do St. Officio e do Governador de Pernambuco; pelo do Sto. Officio vejo tratar de danças supersticiosas, e pela do Govor. vejo tratar de danças que ainda não sejam as mais santas não as considero dignas de huma total reprovação; estas considero Eu e pela carta do Govor., vejo serem as mesmas aquellas que os Pretos divididos em Nagoens [nações] e com instrumentos próprios de cada huma nação e fazem voltas como Harlequins, e

---

[3] *Apud* Hebe Machado Brasil, *A música na cidade de Salvador (1549-1900): complemento da história das artes na cidade de Salvador*, Salvador, Prefeitura Municipal de Salvador, 1969, p. 17 (publicação comemorativa do IV centenário da cidade).

outros dançam com diversos movimentos do corpo, que ainda que não sejam os mais inocentes são como os Fandangos de Castella, e fofas de Portugal, e os Lundus dos Brancos e Pardos daquelle Paiz."[4]

Sem o saber, o antigo governador de Pernambuco concluía com uma síntese perfeita porque, tal como o fandango e a fofa que, importados um da Espanha, outro do Brasil, se tornariam em Portugal "dança nacional" das classes baixas, a estilização dos "diversos movimentos do corpo" nos batuques de negros estava destinada a tornar-se a "dança nacional" dos brancos e pardos do Brasil — sob o nome de lundu.

Caracterizado, pois, pelo elemento coreográfico da umbigada com que o bailarino tirava o par para o centro da roda, e da marcação por palmas do ritmo de estribilho sempre repetido, o lundu reunia os dois elementos que, acrescidos do castanholar dos dedos com as mãos erguidas sobre a cabeça — imitados do fandango —, lhe iam conferir sua maior originalidade. Originalidade e animação que lhe garantiria, respectivamente, a adoção pelo público branco da colônia (que o abrigaria nas salas), a transformação em quadro exótico nos palcos (o que o levaria à Europa) e, finalmente, a oportunidade de contribuir com a vivacidade de seu ritmo de frases curtas e sincopadas para a criação de dois tipos de canções: o lundu de salão (que os compositores de escola transformariam ainda no século XVIII em quase árias de ópera) e o lundu popular dos palhaços de circo e cançonetistas do teatro vaudevilesco, de fins do século XIX a início de século XX.

O sucesso do lundu durante a segunda metade do século XVIII seria, ao que tudo indica, ainda mais estrondoso em Por-

---

[4] Documento a fls. 2ª verso, da série "Correspondência da Corte, 1780-1781", acervo da Biblioteca do Estado de Pernambuco, transcrito na íntegra por Smith, Robert C., no trabalho "Décadas do Rosário dos Pretos. Documentos da Irmandade", revista *Arquivos*, Recife, Divisão de Documentação e Cultura nºs 1-2, 1945-1951, p. 148.

tugal do que no Brasil porque, apropriado enquanto dança pelos numerosos negros de Lisboa como coisa sua — tal como havia acontecido antes com a fofa, e ainda iria acontecer depois com a dança do fado, já no século XIX —, estava destinado a transformar-se em número quase obrigatório do teatro de entremezes (cantado e dançado),[5] e a tornar-se, finalmente, cantiga da moda. O que aconteceria, aliás, ainda em meados de Setecentos quando, por ação pessoal do poeta e tocador de viola, o mulato brasileiro Domingos Caldas Barbosa, pôde ecoar ao lado da novidade das modinhas pelos salões da nobreza.

Constitui hoje uma dúvida saber — como em 1977 colocava em questão o desaparecido historiador-musicólogo gaúcho Bruno Kiefer em estudo *A modinha e o lundu: duas raízes da música popular brasileira* — se "Caldas Barbosa criou suas modinhas a partir de um substrato preexistente no Brasil (que seria desconhecido por nós) ou ele partiu de si mesmo fundindo, em suas modinhas, elementos das árias de corte portuguesas com elementos brasileiros ainda difusos e não cristalizados em gêneros musicais específicos".[6]

Embora não existam realmente documentos musicais escritos para o comprovar (os sons dos negros e dos brancos e mesti-

---

[5] Como a comprovar a importância logo assumida pelo lundu entre as danças das classes populares de Lisboa, ele apareceria ao lado da fofa no *Entremez Intitulado Os Cazadinhos Da Moda*, de Leonardo José Pimenta e Antas, de 1784 (desafiada pelo cabeleireiro da moda, uma preta vendedora de caranguejos entra a dançar e cantar com os versos em "língua de negro": "Todo os Pleta tem seu Pleto/ Que dá malufo e macaia,/ Vai nos fessa dos Talaia// E baia [baila] os Fofa e Lundum"), e no *Novo E Devertido Entremez Intitulado O Contentamento dos Pretos por Terem a Sua Alforria*, de 1787 (em que os escravos de um burguês benemérito comemoram sua disposição de casar prometendo-se, mutuamente, para quando isso se desse: "Baiaremos mui contente/ Us fofa, mais us landum").

[6] Bruno Kiefer, *A modinha e o lundu*, Porto Alegre, Universidade Federal do Rio Grande do Sul/Editora Movimento, 1977, p. 15.

O lundu e os fados

ços das camadas baixas foi sempre referido por cronistas e viajantes sem preocupação da notação musical), não quer dizer, porém, que não se tenha formado a partir do século XVII o tal substrato necessário ao aparecimento de um primeiro autor de salão bem-sucedido na criação de músicas baseadas em material coletivo. E a prova disso está em que, ouvidas com atenção as modinhas e lundus de Domingos Caldas Barbosa contemporaneamente gravadas a partir do álbum manuscrito *Modinhas do Brazil*, da segunda metade do século XVIII (descoberta do musicólogo norte-americano Gerard Behague na Biblioteca da Ajuda, em 1968), percebe-se claramente nas constâncias do acompanhamento a influência, tanto num gênero quanto no outro, do ritmo de percussão que marcava o canto dos estribilhos dos batuques.[7]

Em verdade, o que se ouve no acompanhamento dos lundus declaradamente de Caldas Barbosa na coleção *Modinhas do Brazil* — "Eu Nasci sem Coração" e "A Saudade Que No Peito" —, e em algumas quase certamente também de sua autoria, como "Os Me Deixas Que Tu Dás", é o mesmo sincopado que um século mais tarde continuaria a ser usado pelos palhaços de circo cantores e tocadores de violão especialistas em lundus, como Eduardo das Neves, Campos e Mário Pinheiro, e que foram os primeiros a gravar o gênero em discos.

Em seu exame das músicas de lundu escritas no caderno *Modinhas do Brazil*, o Prof. José Maria Neves, da Universidade do Rio de Janeiro, ressalta que "cada vez que há anotação essencialmente rítmica no acompanhamento, com ausência de arpejos, aparece cifragem", pormenor esse que, ao lado de outros refor-

---

[7] A gravação, realizada nos dias 20, 21 e 22 de novembro de 1984, na Sala Vera Janacopulos da UNI-Rio, com as sopranos Viviane Frias e Sandra Lobato, acompanhadas por Rosane Almeida, no cravo, e Nicolas de Souza Barros, ao violão, sob a direção do professor José Maria Neves, saiu no LP intitulado *Modinhas do Brazil*, sob a chancela da Universidade e da firma Projeto Arquitetura e Construção Limitada, com distribuição particular.

ços explicativos, como os que mandam tocar "razgado" ou "pela Bahia" (isto é, no estilo regional usado pelos baianos), garante para as versões guardadas na Biblioteca da Ajuda o privilégio de primeiro registro escrito do ritmo popular branco-mestiço derivado da percussão dos batuques crioulo-africanos do Brasil do século XVIII.

O curioso é que exatamente um desses lundus registrados como "modinha" nos manuscritos da Biblioteca da Ajuda — o de número 16 no caderno *Modinhas do Brazil*, intitulado "A Saudade Que No Peito" — termina com dois versos onde, em meio a um balanço típico do futuro maxixe, aparece implícita a primeira referência conhecida a uma dança que, ao lado da fofa e do próprio lundu, constituiria a terceira mais conhecida estilização branco-mestiça derivada dos batuques: o fado. E quando, após os versos: "Se Sinhá quer me dar/ eu lá vou p^a apanhar/ vem ferir vem matar/ teu nigrinho aqui está", o personagem negro da letra se derreava maliciosamente na gostosa perspectiva: "mas depois de apanhar/ quer fadar com Iaiá...".

Eliminada a possibilidade mais grosseira de sentido no desejo expresso pelo negrinho em relação à moça branca nesse verso "quer fadar com Iaiá", a conclusão é a de que, depois de se submeter com submissão masoquista ao império da jovem senhora, o apaixonado esperava poder dançar o fado com ela.

Ora, desde 1817, ou seja, pouco mais de vinte anos após o registro desse lundu "A Saudade Que No Peito", em Portugal, haveria notícia da existência, no Brasil, de uma suíte de danças de terreiro, de coreografia semelhante à do fandango e do lundu, conhecida às vezes no plural, os fados, outras vezes no singular, o fado. E a forma pela qual essa dança iria dar origem à canção portuguesa que herdaria seu nome de fado, ao ser transplantada do Brasil para Portugal, seria muito elucidativa do processo pelo qual também a dança do lundu acabou gerando as cantigas brasileiras do lundu.

Excetuada a referência indireta descoberta no verso final do lundu setecentista "A Saudade Que No Peito", talvez de autoria de Domingos Caldas Barbosa, a mais recuada notícia que se conhece da dança do fado é a do viajante francês Louis Claude Desaulces de Freycinet (1779-1842), que em sua viagem em redor do mundo esteve por duas vezes no Rio de Janeiro: a primeira de inícios de dezembro de 1817 a janeiro de 1818, e a segunda de julho até setembro de 1820. Em livro de 1825, contando o que vira na corte de D. João VI em matéria de diversões, escrevia Freycinet:

> "As classes menos cultas preferem quase sempre as lascivas danças nacionais, muito parecidas com as dos negros da África. Cinco ou seis delas são bem caracterizadas: o *lundum* é a mais indecente; e em seguida o *caranguejo* e *los fados* [sic] em número de cinco: estas se dançam com a participação de quatro, seis, oito e até dezesseis pessoas; às vezes são entremeadas de cantos improvisados; apresentam variadas figurações, mas todas muito lascivas. São vistas, porém, mais comumente no campo do que na cidade. As raparigas solteiras raramente participam delas, e quando dançadas aos pares, é a dama quem tira o cavalheiro."[8]

O fato de Freycinet ter usado o plural ao pretender grafar o nome da dança tal como ouvira (embora acabasse misturando português e espanhol com seu *los fados*), antes de ser considerado equívoco do viajante, talvez constitua, na verdade, a chave para a compreensão de como um tipo de dança surgido no Brasil viria a transformar-se em gênero de canção solista em Portugal.

De fato, ao afirmar que os fados eram "em número de cinco", logo acrescentando serem dançados — além de pelo par

---

[8] Louis Claude Desaulces Freycinet, *Voyage autour du monde... pendant les années 1817, 1818 et 1820*, Paris, Chez Pillet Ainé, Imprimeur-Libraire, 1825, vol. 1.

usual de dançarinos — por "quatro, seis, oito e até dezesseis pessoas", Freycinet estava querendo dizer que, tal como acontecia no fandango espanhol, o que se chamava de fado no Rio de Janeiro constituía, na verdade, uma série de momentos ou marcas coreográficas dentro de uma mesma dança. E diferenciados uns dos outros não apenas por possíveis mudanças no ritmo básico do acompanhamento, mas pela interpolação, em alguns momentos, de cantos em coro ou até mesmo de improvisos isolados.

A julgar pela descrição das danças do lundu e do fado feitas por viajantes estrangeiros (que incluem, além das citadas para o caso do lundu, as referentes ao fado não apenas de Freycinet, mas do poeta português Felisberto Inácio Januário Cordeiro, o *Falmeno*, em 1819, e dos alemães Schlichthorst, em 1824-1826, e Avé-Lallemant, em 1859, os primeiros no Rio de Janeiro, o último no interior da Bahia), os pontos coincidentes entre as duas danças são tantos, que quase se poderia pensar no fado como um segundo nome para o lundu. E tudo a tomar por semelhante o acontecido com o próprio lundu quando, ao penetrar pelo interior da Bahia, seguindo o rio São Francisco na direção norte, lá ia receber o nome de *baiano*, para chegar na segunda metade do século XIX ao Ceará já transformado em *baiana*.

A semelhança entre as duas danças ficaria atestada, aliás, não apenas pelas coincidências nas descrições de seus movimentos, mas pela própria identificação de ambas em pelo menos um dos depoimentos: o do alemão Robert Avé-Lallemant que, ao lembrar uma festa de adro de igreja com leilão de prendas realizada em 1859 na cidade baiana de Cachoeira, à beira do rio Paraguaçu, afirmou que "entre um pregão e outro uma música estridente tocava trechos de fados ou lundus, essa desordenada tarantela de negros, na qual cada um faz os trejeitos mais despudorados possíveis".[9]

---

[9] Robert Avé-Lallemant, *Viagem pelo norte do Brasil no ano de 1859*, Rio de Janeiro, Instituto Nacional do Livro, 1959, vol. 1, p. 59.

Assim, o que viria a determinar as diferenças entre uma e outra dança seria, talvez, o desenvolvimento de sua parte cantada, cuja herança comum dos batuques poderia ser avaliada pela descrição de uma dessas sessões de canto e dança a que assistira, em 1828, o reverendo Walsh, em Minas Gerais:

"É geralmente dançado [o batuque] por dois ou mais pares, que se defrontam. Duas villas estrídulas, de cordas de arame, começam um zum-zum, zum-zum, e F. (homem selvagem, parecendo cigano, belo e gracioso como Adonis, com olhos de gazela, mas com o fogo de um gato selvagem, grande dançarino e grande patife) avança, e comanda os dançarinos, dois homens e duas mulheres, zum-zum-zum: três ou quatro vezes e de repente começam improvisado canto, alto, bárbaro, rápido, com alusões ao patrão e seus méritos, acidentes de trabalho diário, misturados ao amor de ideais Marias; os outros homens juntam-se em coro. Com os cantos rítmicos, acompanhados de palmas e sapateado, a dança começa. A princípio lenta, depois aos poucos se acelera, os dançarinos avançam e recuam, as mulheres sacudindo o corpo e agitando os braços, os homens batendo o compasso com as mãos. E a música se retarda e se acelera; cantos e sapateado tornando-se rápidos e furiosos, e há muita ação pantomímica entre os pares."[10]

A cena descrita referia-se, ao que tudo indica, a uma roda de lundu ou fado da área rural, onde por aquelas primeiras dé-

---

[10] Robert Walsh, *Notices of Brazil in 1828 and 1829*, London, Frederic Westley, And A. H. Davis Stationers, Hall Court, 1830, vol. 1.

cadas de Oitocentos as danças originadas dos batuques de negros ainda se mostravam muito próximas da forma original mas, nas cidades, aquele "improvisado canto" já se começaria a juntar versos de intenção poética ou amorosa, geralmente em quadras, que passavam a funcionar dentro da suíte de danças quase como as árias em certos momentos das óperas.

Era isso, pelo menos, o que parecia mostrar, em 1852, o escritor Manuel Antônio de Almeida em capítulo do seu romance *Memórias de um sargento de milícias*, ambientado no Rio de Janeiro do período joanino, entre 1817 e 1821. Nesse capítulo, intitulado "Primeira noite fora de casa", em que o romancista conduz seu personagem, ainda menino, à primeira escapada fora do controle familiar, ficaria documentada a mais perfeita descrição da dança do fado até hoje proporcionada por qualquer contemporâneo. E é por essa descrição que se pode compreender como em meio às danças dos fados poderia surgir, pela interpolação de cantigas de "pensamento poético", o tipo de canção depois chamado de fado:

"Os meninos entraram sem que alguém reparasse neles, e foram colocar-se junto do oratório.
Daí a pouco começou o fado.
Todos sabem o que é fado, essa dança tão voluptuosa, tão variada, que parece filha do mais apurado estudo da arte. Uma simples viola serve melhor do que instrumento algum para o efeito.
O fado tem diversas formas, cada qual mais original. Ora uma só pessoa, homem ou mulher, dança no meio da casa por algum tempo, fazendo passos os mais dificultosos, tomando as mais airosas posições, acompanhando tudo isso com estalos que dá com os dedos, e vai depois pouco a pouco aproximando-se de qualquer que lhe agrada; faz-lhe adiante algumas negaças e viravoltas, e finalmente bate palmas, o que quer dizer que a escolheu para substituir seu lugar.

Assim corre a roda até que todos tenham dançado."[11]

Após essa primeira visão da dança já urbanizada (note-se a expressão "no meio da casa") e depurada de suas figuras mais primitivas (palmas em lugar da umbigada para tirar o substituto "a terreiro"), continuava Manuel Antônio de Almeida mostrando como ao fado se incorporavam realmente elementos do lundu (o desafio amoroso entre o casal de dançarinos) e do fandango (claramente revelado no "sapateio às vezes estrondoso" e nos estalos com os dedos):

"Outras vezes um homem e uma mulher dançam juntos; seguindo com maior certeza o compasso da música, ora acompanham-se a passos lentos, ora apressados, depois repelem-se, depois juntam-se; o homem às vezes busca a mulher com passos ligeiros, enquanto ela, fazendo um pequeno movimento com o corpo e com os braços, recua vagarosamente: outras vezes é ela quem procura o homem, que recua por seu turno, até que enfim acompanham-se de novo.
Há também a roda em que dançam muitas pessoas, interrompendo certos compassos com palmas e com um sapateado às vezes estrondoso e prolongado, às vezes mais brando e mais breve, porém sempre igual e a um só tempo."[12]

A parte mais elucidativa para a compreensão de como uma ária incorporada à dança pode fazer um gênero de canção à parte — o que parece ter acontecido com o fado português, assim

---

[11] Manuel Antônio de Almeida, *Memórias de um sargento de milícias*, Rio de Janeiro, Imprensa Nacional, 1944, p. 39.

[12] *Ibidem*, p. 40.

como anteriormente acontecera com as cantigas do lundu — surge na descrição de Manuel Antônio de Almeida quando o romancista ressalta, confirmando o acerto do emprego do plural *los fados* pelo francês Freycinet:

> "Além desta há ainda outras formas de coreografia da dança de que não falamos. A música é diferente para cada uma, porém sempre tocada à villa. Muitas vezes o tocador canta em certos compassos uma cantiga às vezes de pensamento verdadeiramente poético."[13]

Assim, terão sido esses curtos interlúdios cantados, "de pensamento verdadeiramente poético", que levaram o viajante inglês John Luccock a referir-se às canções ouvidas no Rio de Janeiro exatamente ao tempo do rei (Luccock viveu no Brasil de 1808 a 1818) como caracterizadas pelos "tons macios e plangentes".

Não há dúvida de que esse devia ser o clima sonoro dos fados, pois, ao explicar seu desenho intitulado "Interior de uma residência de ciganos", incluído em seu livro *Viagem pitoresca e histórica através do Brasil*, assim descreveria esses momentos nostálgicos, em meio à alegria furiosa das danças negro-mestiças brasileiras, o pintor francês Jean Baptiste Debret, residente no Rio de Janeiro em 1811, quando fado era dança inclusive de ciganos:

> "O progresso da bebedeira entre os assistentes aumenta-lhes a ternura e os leva a relembrarem os favores prestados uns aos outros, e a se agradecerem com lágrimas nos olhos: à cena teatral sucedem, repentinamente, cantos entrecortados de clamores de alegria, como prelúdio a suas danças lascivas. O canto é monótono e desafinado; preferem o ritmo lento do co-

---

[13] *Ibidem.*

ro dos convivas. Ouvido inicialmente sob o mais respeitoso silêncio, e logo aplaudido com furor. A dança é um sapateado à moda inglesa. O dançarino acompanha-se a si mesmo, imitando com os dedos as castanholas, e os espectadores reforçam o acompanhamento com palmas."[14]

A partir da descrição anterior de Manuel Antônio de Almeida, aliás, pode concluir-se que — tal como aconteceria mais tarde com a palavra *samba* — o termo *fado* serviu não apenas para denominar a dança em si, mas a própria festa ou função músico-coreográfica ("Quando o fado começa custa a acabar, termina sempre pela madrugada, quando não leva de enfiada dias e noites seguidas e inteiras") e, ainda, a composição em versos encaixada como ária a parte, em meio à dança. E isso talvez explique o próprio nome estendido em certo momento a essa variedade do lundu, pois em 1878, com a sétima edição do Dicionário de Moraes, a palavra *fado* aparece definida como "poema do vulgo", e sua música como "música popular, com ritmo e movimento particular, que se toca na guitarra e tem por letra os poemas chamados fados".

A hipótese dessa origem da atribuição da palavra fado para distinguir a nova modalidade de lundu pela ênfase atribuída, nesta variante, à sua parte cantada, encontra apoio em impressões de viajantes, como o alemão Josef Friedrich Von Weech, que assim definia a dança do fado no Rio de Janeiro, em 1827: "quando dançado por várias pessoas ao mesmo tempo o Fado parece indicar a dança imitada dos africanos, em que os dançarinos cantam".[15]

---

[14] Jean Baptiste Debret, *Viagem pitoresca e histórica através do Brasil*, São Paulo, Martins, 1940, tomo 1, vol. 2, p. 1.939. Descrição da Prancha 24: "Interior de uma residência de ciganos".

[15] Josef Friedrich Von Weech, *Reise über England und Portugal nach*

E mais: o português Felisberto Inácio Januário Cordeiro, que residia no Brasil desde 1811 e costumava publicar versos sob o nome de Falmeno, ao registrar em 1827, no tomo primeiro de suas *Obras Poéticas de Falmeno*, que: "Em espaçoso terreiro/ Gentes vi bailar mui bem/ Mimoso Fado e também/ Engraçado Tacorá/ As belas noites de lua/ Quanto é lindo Paquetá", acrescentaria em outro "improviso", empregando, aliás, um significativo plural: "Celebro os bailes do Fado", o que o levava a explicar, em nota de pé de página:

"Fado, Tacorá, bem como Tombador, Carangueijinho, S. Paulo, Candieiro, Vai de Bode e Tirana são outros nomes de bailes brasílicos que correspondem aos que em Portugal se denominam Lundum, Fandango, Fofa, Xula, etc."[16]

Na comparação do fado com os gêneros de danças que conhecera em Portugal desde fins do século XVIII (Falmeno chegara ao Rio em 1811, com trinta e sete anos), o poeta citava, como se vê, primeiramente o lundu, o que levaria o português Manuel de Sousa Pinto a observar em seu artigo "O lundum avô do fado", em comentário a essa nota explicativa: "O fato de ao Fado corresponder, na nota transcrita, o Lundum, citados ambos em primeiro lugar, parece indicar que eram a mesma coisa".[17]

A verdade é que, levadas para Portugal, como acontecera em meados do século XVII com a fofa e o lundu, as danças do fado

---

Brasilien und den Vereinigten Staaten des Las Plata Stromes Während 1823 bis 1827, Munique, 1831, pp. 23-4, tradução do autor.

[16] Felisberto Inácio Januário Cordeiro [o "Falmeno"], *Obras Poéticas de Falmeno, Um dos Redatores do "Jornal Scientifico. Económico e Literário"*... Rio de Janeiro, Na Typographia Imperial e Nacional, 1827, 2 vols.

[17] Manuel de Sousa Pinto, "O lundum avô do fado", *Revista Ilustração*, Lisboa, 6 (141), 19, nov. 1931.

O lundu e os fados

— acrescidas da contribuição melódico-sentimental das cantigas de "pensamento verdadeiramente poético" citadas por Manuel Antônio de Almeida — iriam percorrer caminho próprio entre as camadas baixas de Lisboa, onde os brancos as tomariam dos pretos e mestiços para lhes transformar a parte cantada em canção urbana a partir da segunda metade do século XIX.[18] Isso foi conseguido pelos malandros lisboetas — chamados de fadistas — através da mudança da afinação fundamental da guitarra portuguesa de doze cordas para ré menor, que lhes permitia acompanhar melhor os improvisos (já conhecidos no fandango português como "cantos à desgarrada"), e que logo evoluiriam para a glosa de quadras fixas, geralmente em décimas, desde logo conhecidas como fados.[19]

Enquanto em Portugal o lundu, sempre cultivado mais como dança, iria sobreviver apenas sob a forma de mera lembrança histórica — por sua variante chamada de fados estar na origem da canção branco-citadina lisboeta do fado —, no Brasil iria ocorrer o inverso: ao passo que o fado, com suas "diversas formas", se apresentaria ultrapassado por volta de 1870 (o que claramente aparece em cena do romance de folhetim *A Família Agulha*, de Luís Guimarães Júnior), o lundu ganhava como dança as salas da classe média, e os salões das camadas mais altas como

---

[18] No livro *Os negros em Portugal: uma presença silenciosa*, o autor recompõe com pormenores essa trajetória da dança do fado levada do Brasil. No capítulo "Os negros na origem do fado-canção em Lisboa" revela ter havido rodas de fado que funcionavam como as rodas de pernada dos crioulos do Brasil: era o chamado "fado batido", clara referência à antiga umbigada africana e em que um dançarino "batia" (aplicava a pernada) e o outro "aparava" (procurava neutralizar o golpe para não cair).

[19] A informação técnica que neste ponto acolhemos é de Mário de Sampayo Ribeiro em seu pequeno estudo intitulado "As Guitarras de Alcácer" e a "Guitarra Portuguesa", número IV de sua série "Achegas para a história da música em Portugal", separata do *Arquivo Histórico de Portugal*, vol. II, Lisboa, 1936.

canção equiparada às modinhas italianizadas. Entre as camadas mais baixas, o lundu continuaria a sobreviver de mistura com batuques e sambas como dança da área rural em algumas regiões (no Pará até à década de 1980) e, como canção, nas cidades, sob a forma de gênero humorístico, cultivado ao violão pelos palhaços de circo que ainda chegariam a gravá-lo em discos no início do século XX.

5.
DOMINGOS CALDAS BARBOSA:
A MODINHA E O "PECADO DAS ORELHAS"

O aparecimento da modinha em meados do século XVIII, com repercussão ampliada pelo fato de se tornar conhecida a partir do sucesso alcançado na corte portuguesa por um poeta carioca tocador de "viola de arame", o mulato Domingos Caldas Barbosa, marcou a criação do primeiro gênero de canto brasileiro dirigido especialmente ao gosto da gente das novas camadas médias das cidades.

A pequena elite dos principais centros da colônia — Olinda, Recife, Salvador, Rio de Janeiro e, com a explosão urbana provocada pela corrida do ouro desde a virada dos séculos XVII para XVIII, as várias vilas do Recôncavo, e das minas gerais e de Cuiabá — contou sempre para seu divertimento com a música dos mestres de capela das igrejas e das charamelas palacianas. Nas igrejas não era raro ouvir-se cantigas (a ponto de em 1733 o bispo frei Antônio do Desterro criticar em pastoral os músicos mineiros por achar "nas músicas que se cantavão nas festividades das igrejas muita profanidade e endecencia"[1]) e, nas festas oficiais, incluíam-se quase sempre serenatas ao governador (como as realizadas em honra do conde das Galveas em 1733, em Ouro Preto, ou do marquês do Lavradio em Salvador, em 1760). É bem verdade que se tratava em ambos os casos mais de música para ouvir do que para cantar, porque os músicos de igreja — mesmo

---

[1] *I Livro das Pastorais dos Bispos de Mariana*, fls, 42-v, do Arquivo da Cúria Arquidiocesana de Mariana, citado por José Ferreira Carrato, *A Crise dos Costumes nas Minas Gerais do Século XVIII*, separata da *Revista de Letras*, vol. III, 1962, editada pela Faculdade de Filosofia, Ciências e Letras de Assis, SP.

os mulatos recrutados nas baixas camadas — não compunham suas "profanidades" em estilo popular, mas eruditamente para várias vozes, e as tais serenatas às autoridades não eram cantorias sob as janelas, mas saraus com "boas músicas, e bem vestidas figuras", como em 1733 registraria em Vila Rica o autor do *Triunfo Eucarístico*, Siman Ferreira Machado, "natural de Lisboa, e morador nas Minas".[2] E, assim, embora pelo menos por parte dos homens houvesse oportunidade de quando em vez para alguma cantoria de serenata amorosa (como a descrita pelo francês M. De La Barbinais, que em Salvador de 1718 viu "portugueses vestidos de roupões, rosário ao pescoço e espada nua sob as vestes, a caminhar debaixo das janelas de suas amadas de viola na mão, cantando com voz ridiculamente terna cantigas que faziam lembrar música chinesa, ou as nossas gigas da Baixa Bretanha"),[3] a verdade é que até ao aparecimento da modinha não havia um gênero de canção capaz de atender às expectativas de homens e mulheres, dentro da nova tendência à maior aproximação entre os sexos, característica da moderna sociedade definitivamente urbanizada.

---

[2] Ao descrever as homenagens ao Conde das Galveas em sua "Narração De Toda A Ordem, E Magnifico apparato da Solemne Trasladação Do Eucharistico Sacramento Da Igreja Da Senhora do Rosario Para Hum Novo Templo De Nossa Senhora Do Pilar Matriz, e propria morada Do Divino Sacramento Em Villa Rica Corte Da Capitania Das Minas Aos 24 de Mayo de 1733", incluído no seu *Triunfo Eucharistico Exemplar Da Christandade Lusitana*, de 1734, registrava Siman Ferreira Machado: "Em todas as noites destes dias se continuarão ao mesmo Senhor excellentes serenatas de boas músicas, e bem vestidas figuras nas casas onde estava em Ouro Preto" (*ob. cit.*, p. 120). O texto do *Triunfo Eucarístico* foi publicado em *fac-símile* por Afonso Ávila no vol. I de seus *Resíduos seiscentistas em Minas: textos do Século de Ouro e as projeções do mundo barroco*, Belo Horizonte, Centro de Estudos Mineiros, 1967.

[3] L. G. De La Barbinais, *Nouveau voyage Au tour du monde*, Tome Troisième, A Paris, Chez Briasson, rue Saint Jacques, a la Science, MDCCXXIX, p. 205. Tradução do autor.

Mais do que alguma particularidade da música propriamente dita, o que de fato chamou a atenção nas modinhas foi a ousada novidade de "versejar para as mulheres" em letras que traduziam "as imprudências e liberdades do amor" e levavam a encantar "com venenosos filtros a fantasia das moças e o coração das Damas", como apontaria em Portugal um preocupado contemporâneo do poeta Caldas Barbosa em suas memórias.[4]

Com as modinhas envoltas em melodias de "lânguidos compassos quebrados, como se ante o excesso de enlevo faltasse o fôlego, e a alma buscasse em ânsias sua alma gêmea para respirar" — no poético dizer do sensível Lord Beckford — os moralistas e conservadores viram recrudescer o velho "pecado das orelhas", e desta vez não mais como atentado às doutrinas da Igreja, mas como ameaça à boa ordem moral da sociedade. E era o que deixava claro o mesmo memorialista, António Ribeiro dos Santos, ao resumir sua impressão final sobre a arte do poeta-compositor brasileiro: "Eu admiro a facilidade da sua veia, a riqueza das suas invenções, a variedade dos motivos que toma para seus cantos, e o pico e graça dos estribilhos e *ritornellos* com que os remata; mas detesto os seus assumptos e mais ainda, a maneira com que os trata e com que os canta".[5]

Essa forma direta de tratar os temas amorosos ("Por mais que me diga/ Que pouco me crê/ Eu digo o que sinto/ Morro por você"), às vezes sugerindo até mesmo o contato físico ("Ponha a mão sobre o meu peito/ Porque as dúvidas dissipe,/ Sentirá meu coração/ Como bate, tipe, tipe"), e que só se tornara possível pela aproximação em público — antes impensável — entre homens e

---

[4] Trata-se de António Ribeiro dos Santos (1759-1818), que nos *Manuscritos*, vol. 130, da Biblioteca Nacional de Lisboa, assim se referia ao aparecimento das modinhas em Portugal: "Esta praga é hoje geral depois que o Caldas começou de pôr em verso os seus rimances, e de versejar para as mulheres. Eu não conheço um poeta mais prejudicial à educação particular e pública do que este trovador de Vênus e de Cupido" (*op. cit.*, fls. 156).

[5] António Ribeiro dos Santos, *Manuscritos*, cit., fls. 156.

mulheres ("Estou com ela/ Entre agradinhos/ Como os pombinhos/ A dois e dois"), às vezes em aberto desafio à moral vigente ("Menina, vamos amando,/ Que não é culpa o amar;/ O mundo ralha de tudo,/ É mundo, deixa falar"),[6] constituía, na verdade, a projeção, no campo da moderna poesia cantada dirigida à massa urbana, das modificações de fundo que se operavam nas sociedades modernas contemporâneas da Revolução Industrial.

Quanto ao fato de partir de um poeta brasileiro o lançamento de tais tipos de versos (e que, se nada tinham de ousado na linguagem, sugeriam, pela primeira vez, a existência de comportamentos sociais ainda não reconhecidos), explicava-se pela mesma razão por que, também na área do povo miúdo, era da colônia que chegavam as novidades: ao estruturar-se sem história anterior e, portanto, menos submetida ao peso de regras e convenções, a recente sociedade urbana brasileira mostrava-se muito mais dinâmica em seu intercâmbio entre as classes. E era isso certamente que se expressava na riqueza e originalidade das suas criações culturais, surgidas para atender apenas à nova realidade social do tempo.

E tanto essas características existiam e podiam ser detectadas pelos contemporâneos mais atentos que, ao referir-se ainda à ação ("prejudicial" de Caldas Barbosa sobre a educação, o memorialista Ribeiro dos Santos saberia apontar não apenas nos versos, mas na posição assumida pelo poeta, "a tafularia do amor, a meiguice do Brazil, e em geral a molleza americana".[7]

Em Portugal, aliás, essa originalidade estava destinada a durar pouco porque, ante o sucesso alcançado na corte pelo poe-

---

[6] Os versos são das composições de Domingos Caldas Barbosa intituladas — pela ordem das citações — "Asseverações baldadas", "Lundum de cantigas vagas", "Bondades de amor", "Desprezo da maledicência", todas do volume 2 da *Viola de Lereno*, publicado em Lisboa em 1826 (o primeiro volume saíra em 1798 também em Lisboa).

[7] *Ibidem.*

ta-compositor brasileiro, as modinhas e lundus, valorizados pelo fascínio de sua "molleza americana", passaram a ser cultivados por compositores de escola e no momento mesmo em que imperava, avassaladora, a influência do *bel'canto* instituído pela ópera italiana. E, assim, quando a partir de 1792 começa a ser editado por A. Marchal Milcent em Lisboa o *Jornal de Modinhas* (que continuaria até 1795), a tafularia brasileira dos sincopados das modinhas e lundus cantados por Domingos Caldas Barbosa havia desaparecido nas composições escritas, em que o editor era francês, os autores portugueses e a música quase sempre italiana.[8]

No Brasil, a consequência dessa eruditização da modinha e do próprio lundu (que em certas peças compostas ou harmonizadas por mestres contrapontistas quase não mais permitia diferençar um gênero de outro) iria levar, a partir do século XIX, a uma curiosa evolução: a modinha e o lundu das partituras escritas por músicos de escola tornar-se-iam peças de canto para salas burguesas (onde em meados de Oitocentos o piano romântico desbancaria o cravo clássico),[9] e as das violas populares — e

---

[8] Esta "italianização" da modinha posta em destaque por Mozart de Araújo ao escrever às pp. 47-8 de seu livro *A modinha e o lundu no século XVIII* (São Paulo, Ricordi Brasileira, 1963): "A segunda metade do século XVIII é o período que mais sensível se torna em Portugal da influência da ópera italiana. Para a Itália eram enviados os melhores músicos e compositores portugueses. E em Portugal, já no início do século, depois de deixar o cargo de Mestre da Capela de São Pedro de Roma para desempenhar a função na Capela Real de Lisboa, fora mestre da Infanta D. Maria Bárbara, o próprio Domenico Scarlatti".

[9] O cravo seria um dos instrumentos encontrados pelo personagem Peregrino, da obra de Nuno Marques Pereira, em sua visita a uma escola de música de Salvador do primeiro decênio do século XVIII: "Em um canto da sala um organo, um cravo, e um monacórdio" (*Compendio Narrativo do Peregrino da América*, cit., vol. I, p. 39). E pelos fins do século, em 1792, quando o inglês Sir George Staunton visitou o Rio de Janeiro, anotou que as senhoras cariocas "amando a música apaixonadamente, tocam em geral cravo ou viola".

logo dos violões de rua — transformar-se-iam, respectivamente, em canções de seresta (a modinha) e em cançoneta brejeira do teatro musicado e do repertório dos palhaços de circo (o lundu).

É a falta de compreensão desse processo de diferenciação sociocultural, aliás, que levaria até hoje historiadores e musicólogos a permanecerem rodando à volta de uma dúvida manifestada em 1930 por Mário de Andrade, quando, após longas considerações sobre as características das modinhas escritas, resumia:

> "Me perdi e esqueci o problema: A proveniência erudita europeia das Modinhas é incontestável. Por outro lado, os escribas antigos, referindo-se a formas populares, citam o lundum, o samba, o cateretê, o chiba, a fofa, etc. por Brasil e Portugal, mas a Modinha de que falam é sempre a de salão, de forma e fundo eruditos, vivendo nas cortes e na burguesia. Que eu saiba só no século XIX a Modinha é referida na boca do povo do Brasil. Ora, dar-se-á o caso absolutamente raríssimo duma forma erudita haver passado a popular? O contrário é o que sempre se dá. Formas e processos populares de todas as épocas foram aproveitadas pelos artistas eruditos e transformadas de arte que se apreende em arte que se aprende".

E logo após voltava a dúvida por ele levantada, para concluir: "Pois com a Modinha parece que o fenômeno se deu".[10] Segundo Mário de Andrade, pois, a modinha teria nascido como gênero de canção erudita em meados do século XVIII em Portugal, como variante das modas portuguesas que se integravam à categoria geral das "cantigas" e, após sua banalização durante o Império por "músicos de fora, professores, virtuosos, comercian-

---

[10] Mário de Andrade, *Modinhas imperiais*, São Paulo, Martins, 1964, p. 8.

tes e biscatistas, principalmente vindos na esteira das companhias líricas", acabaria por vir a confundir-se, "às vezes integralmente, com a melódica geral da popular".[11]

Tivesse o grande polígrafo paulista lido atentamente a *História da Literatura Brasileira* de Sílvio Romero, porém, e poderia verificar que as modinhas populares urbanas do século XVIII, no gênero das divulgadas por Domingos Caldas Barbosa, jamais deixaram de ser cantadas no Brasil. Conforme revelava este historiador da literatura, ao realizar durante a década de 1870 a pesquisa de campo que lhe permitiria publicar em 1880 seu levantamento dos *Cantos Populares do Brasil*, pôde comprovar "que quase todas as cantigas de Lereno correm na boca do povo, nas classes plebeias, truncadas ou ampliadas". Informação que arrematava com a conclusão pessoal:

> "Quando em algumas províncias do norte coligi grande cópia de canções populares, repetidas vezes, colhi cantigas de Caldas Barbosa, como anônimas, repetidas por analfabetos. Foi depois preciso compulsar as obras do poeta para expurgar da coleção anônima os versos que lhe pertenciam. É o maior elogio que, sob o ponto de vista etnográfico, se lhe pode fazer."[12]

O que se deve deduzir, assim, é que os dois gêneros de cantigas populares derivados dos estribilhos cantados da dança saída dos batuques — caso do lundu —, ou do amolecimento dengoso da velha moda portuguesa a solo — caso da modinha —, coexistiram por todo o país até ao século XIX, cultivados em camadas sociais diferentes. As de ritmo mais vivo e melodia mais simples no canto a solo dos seresteiros, pelas ruas, as mais ela-

---

[11] *Ibidem*, p. 9

[12] Sílvio Romero, *História da Literatura Brasileira*, Rio de Janeiro, L. Garnier, 1888, p. 305.

boradas e harmonizadas no estilo do *bel'canto*, nos salões.[13] Isso até que a ampliação da faixa da classe média urbana, tornando menos chocantes as diferenças sociais durante o II Império, viesse permitir uma espécie de fusão entre as duas formas, sob o novo estilo das modinhas romântico-sentimentais e do lundu humorístico (e às vezes obsceno) dos palhaços de circo e dos palquinhos populares. E quem daria voz a essa sentimentalidade romântica popularizando definitivamente a nova forma com o pernosticismo mestiço, seria a nova espécie urbana dos boêmios cantores de modinhas, especialistas em serenatas.

Apesar de Domingos Caldas Barbosa, pela circunstância histórica da sua ida para Portugal, figurar sempre como o maior intérprete da vertente mais típica desse primeiro gênero de canção popular do Brasil, pode afirmar-se que não foi o único, e certamente sua "tafularia" tinha escola. De fato, desde os tempos de Gregório de Matos e seus companheiros de boêmia dos fins de Seiscentos, os tocadores de viola cantores eram tantos que, ao lembrar a existência de leis proibindo "darem-se músicas de noite pelas ruas das Vilas e Cidades", o moralista Nuno Marques Pereira, após afirmar ser no Brasil que estas deviam ser "mais bem evitadas e castigadas" ("pelo profano das modas e mal soante dos conceitos"), citava não apenas a voz que ouvira à noite cantar o estribilho "oh diabo!", mas enumerava outros casos. E entre estes estava o de certo soldado da Bahia setecentista que, "à sua

---

[13] Essa projeção da realidade da sociedade de classes nas formas de lazer urbano foi evidenciada por Afonso Rui em seu pequeno ensaio *Boêmios e seresteiros do passado* (Salvador, Livraria Progresso Editora, 1954) quando, ao focalizar a ação dos seresteiros baianos de meados do século XIX, escreveu: "Os trovadores baianos, nesse tempo, compunham dois grupamentos distintos, inconfundíveis, apartados pelas convenções sociais e pelo exigente formalismo da época: cancioneiros a quem se abriam os salões em brilhantes saraus, e seresteiros a que, ostensivamente, se fechavam as portas. Uns, tinham as palmas de uma assistência de escol, outros, a repressão da polícia" (*op. cit.*, p. 11).

porta cantando ao som de uma viola", depois que punha fim ao quarteto, dizia por apoio da cantiga:

> Não há um raio para um triste
> Que parta a um desdichado?[14]

O próprio Nuno Marques, aliás — apesar de todo o seu rigorismo —, tocava ele próprio viola e cantava ("E levantando-me sem mais cerimônias, peguei em uma viola, e depois de a temperar, cantei esta letra: Nesta palestra de solfa/ Que é do mundo glória e pasmo/ Quero cantar seus louvores/ E dizer seus predicados"),[15] além do pardo João Furtado, "famoso e grande tocador de viola" amigo de Gregório de Matos, lembrava ainda o caso de um boticário de Salvador, que "por ser músico, costumava sair fora da cidade a cantar em algumas festas", deixando negligentemente um escravo em seu lugar na botica.[16]

Era gente como essa, pois, que a partir da metade do século XVIII — e não já apenas na Bahia, mas agora também na segunda cidade socialmente mais diversificada e moderna do vice-reinado, o Rio de Janeiro, desde 1763 elevado a capital da colônia — iria continuar a tradição tanto das cantigas amorosas chamadas de modinhas, quanto dos lundus satíricos e algo pasquineiros. Lundus por sinal às vezes tão irreverentes e atrevidos, que nessa segunda metade de Setecentos chegaram a ser proibidos pelo bispo frei Antônio do Desterro, provocando desde logo a resposta dos cariocas — tal como seria de esperar — sob a forma de um lundu. O episódio é assim lembrado por Joaquim Manuel de Macedo em seu romance histórico *As Mulheres de Mantilha*:

---

[14] Nuno Marques Pereira, *Compendio Narrativo do Peregrino da América*, cit., vol. II, p. 46.

[15] *Ibidem*, pp. 46-7.

[16] *Ibidem*, p. 89.

"O bispo D. Fr. Antônio do Desterro não podia escapar aos golpes do epigrama e do ridículo que eram as armas de oposição dos desgostosos.

Esse sábio e honestíssimo prelado, zeloso da moralidade do seu rebanho, fulminara um dia com os raios da sua reprovação as cantigas demasiadamente livres que eram cantadas em companhias pouco discretas, e até recebidas e ouvidas com represensível tolerância em sociedades estimáveis.

Com efeito, o lundu, a cantiga folgasona, sarcástica, erótica e muito popular exagerava os seus direitos, e ia às vezes até a licença, ofendendo, arranhando os ouvidos da decência, e contribuindo insensivelmente para a corrupção dos costumes.

O bispo D. Fr. Antônio do Desterro fulminou o lundu demasiadamente obsceno.

A oposição popular reagiu, considerando condenado em absoluto todo e qualquer lundu, e desrespeitosa atacou o bispo com a arma do lundu.

Em toda a parte cantou-se com aplauso o seguinte lundu que se compunha de muitas coplas, cada qual mais extravagante e zombeteira:

> Já não se canta o lundu
> Que não quer o senhor bispo.
> Mas eu já pedi licença
> Da Bahia ao arcebispo:
>
> > E hei de cantar,
> > E hei de dançar,
> > Saracotear
> > Com as moças brincar.
> > E impunemente,
> > Cantando o lundu,

Ao bispo furente
Direi uh! uh! uh!

Fr. Antônio do Desterro
Quer desterrar a alegria;
Mas eu sou patusco velho,
E teimarei na folia

E hei de cantar,
E hei de dançar,
Saracotear
Com as moças brincar.
E impunemente,
Cantando o lundu,
Ao bispo furente
Direi uh! uh! uh!"[17]

Ora, se desde inícios do século XVIII não faltavam vozes populares nas cidades para a interpretação à viola de modinhas e lundus como esse, certamente subordinados à evolução rítmico-melódica popular espontânea, não haveria por que estranhar a explosão romântica das canções seresteiras na segunda metade do século seguinte. Em vez de imaginar o caso singular e único da súbita adoção, pelas camadas populares, da "banalização" do

---

[17] Joaquim Manuel de Macedo, *As Mulheres de Mantilha*, romance histórico, Rio de Janeiro, Oficinas Gráficas do Jornal do Brasil, 1931, vol. I, p. 9. O romancista revela, na introdução a esse seu romance de 1870, ambientado no Rio de Janeiro do tempo da administração do conde da Cunha (1763-1767), ter tido como informante para conhecimento dessa e outras canções do tempo "um velho octogenário, fiel herdeiro de recordações, que lhe foram legadas". Essa circunstância confere à citação o valor de um documento, e que serve aliás à confirmação de que tanto o lundu quanto a modinha tiveram suas versões populares exercitadas sem interrupção ao lado das formas eruditas cultivadas nos salões das classes mais altas.

estilo de canto e música cultivado ao som do cravo e do piano nos salões, é muito mais fácil compreender que as novas gerações de poetas e de músicos da era romântica se tenham deixado seduzir pela possibilidade nova de romper com o estreito mundo cultural das elites, e procurado um público maior entre as camadas médias das cidades, por sua origem ainda tão próximas da massa do povo.

Século XIX

Parte III

BRASIL IMPÉRIO

1.
OS POETAS ROMÂNTICOS
E A CANÇÃO SERESTEIRA

O que a evolução do processo sociocultural brasileiro no âmbito das camadas urbanas revela, realmente, após o fim da era colonial — quando a independência permitiu a irrupção, quase simultânea, do nacionalismo político do primeiro reinado e da regência, e do romantismo literário destinado a estender-se até ao fim do século — foi a busca de uma pretendida identidade nacional. No plano da nascente música popular urbana dirigida a camadas sociais mais amplas, que começavam a formar-se, esse movimento de interesse romântico dos eruditos pelas manifestações consideradas "do povo" iria resultar no aparecimento da modinha seresteira, o que se daria através do casamento da linguagem rebuscada dos grandes poetas, nas letras, com a sonoridade mestiça dos choros que traduziam para as camadas médias os novos ritmos dançantes importados da Europa, na música.

Esse encontro dos poetas eruditos letristas de canções de rua com os músicos populares (ou com os de salão e do teatro musicado atraídos pelo estilo popular) estava destinado a marcar, na área dessa primeira canção de massa, de caráter nitidamente citadino, o advento de um novo sistema de criação: a parceria. Ao contrário do que acontecera até ao fim do primeiro reinado, quando as modinhas e lundus se dividiam entre os compostos por músicos de escola para edição em partituras de piano, citando os nomes dos autores, e os produzidos por criadores das baixas camadas (ou com elas identificados), que se espalhavam anônimas, letristas e músicos saídos da classe média urbana passaram a procurar a colaboração de tocadores anônimos com talento criador. O resultado foi o surgimento do que viria a constituir, afinal, uma dupla apropriação cultural, englobada sob a indicação genérica de música popular: a da literatura dos poetas posta a serviço das mensagens amorosas ou satíricas das modinhas e lundus das classes baixas, e a do ritmo e dos sestros melódicos de origem negro--mestiça desenvolvidos por estas, finalmente posto ao alcance da música de piano, antes exclusivamente presa ao repertório clássico-romântico das salas.

Essa original fusão tornar-se-ia possível a partir de meados de Oitocentos, aliás, graças a uma particularidade socioeconômica ligada ao novo momento de diversificação social, que vinha a calhar para o alcance do melhor resultado, ou seja, a democratização do uso do próprio piano burguês.

A introdução do piano no Brasil, iniciada na segunda década do século XIX, iria permitir, em menos de cem anos, o estabelecimento de uma curiosa trajetória descendente que conduziria o instrumento das brancas mãos das moças da elite do I e II Impérios até aos ágeis e saltitantes dedos de negros e mestiços músicos de gafieiras, salas de espera de cinema, de orquestras de teatro de revista e casas de família dos primeiros anos da República e inícios do século XX.

Tal fenômeno de democratização do piano acompanhava por sinal, passo a passo, o processo de diversificação social dos grandes centros urbanos brasileiros, cujas novas camadas — confiantes na possibilidade de contínua ascensão — adotavam símbolos capazes de comprovar a conquista de posições. E um desses símbolos iria ser, exatamente, a exibição de um resplandecente piano coberto por paninhos de crochê a um canto da sala.

Na verdade, até bem entrado na segunda metade do século XIX, possuir um piano, no Brasil, constituía privilégio de algumas poucas famílias de Pernambuco, da Bahia, do Rio de Janeiro e de Minas Gerais (pois até 1850 o piano só chegava a outras províncias excepcionalmente), o que conferia ao instrumento uma sonora conotação de nobreza, poder, cultura e bom nascimento.

Dessa maneira, quando nos principais centros urbanos brasileiros a multiplicação dos salões incentivou a importação do caro instrumento, fazendo surgir o comércio de pianos usados, a consequente expansão da área de uso do chamado piano forte iria permitir, afinal, em 1856, ao poeta Araújo Porto Alegre chamar o Rio de Janeiro de "a cidade dos pianos", contribuindo assim para fixar aquela data como marco inicial da história do piano popular.

De fato, enquanto os pianos europeus ou norte-americanos ostentaram seus preços pelas alturas de um conto e duzentos mil-réis, muito pouca gente das cidades disporia de economias para enfrentar tal despesa, pois aquela quantia de um conto e duzentos mil-réis correspondia, até 1850, a cerca de dois anos de salário de um pai de família de nível médio.

De momento, porém, em que a riqueza da cultura do café no vale do Paraíba multiplicou os salões da corte capazes de abrigar o instrumento da moda, confirmando para o Rio de Janeiro o título conferido pelo poeta Porto Alegre, os anúncios de vendas de pianos tornaram-se comuns nos jornais, e o seu preço no mercado dos instrumentos usados foi caindo progressivamente ao ponto de torná-lo acessível a muitos comerciantes, profissionais liberais bem-sucedidos e a um grupo mais reduzido de burocratas de nível salarial razoável.

Para a música popular isso significou a incorporação, aos conjuntos instrumentistas populares, de mais um elemento ao lado da recente formação de flauta, violão e cavaquinho básica do choro, e possibilitou ainda o aparecimento de um novo tipo de artista: o tocador de piano possuidor de pouca teoria musical e muito balanço que, para distinguir dos pianistas de escola, se convencionou chamar — algo depreciativamente — de *pianeiro*.

Assim, quando às vésperas do segundo reinado o romantismo surgiu com sua proposta de um maior apelo às emoções individuais, levando os poetas a encontrar na pieguice antecipadora das modinhas cheias de ais e suspiros o clima ideal para o derramamento lírico que caracterizaria a escola no Brasil, estava tudo pronto para o aparecimento — sob a forma eclética das modinhas em parceria — da moderna música popular urbana destinada ao consumo de camadas amplas e indeterminadas, que mais tarde se chamaria de massa.

Para começar, essa novidade da presença de grandes nomes da poesia literária assinando, desde a década de 1830, versos destinados ao canto popular, iria explicar desde logo o pernosticismo de que as modinhas e canções sentimentais se iriam revestir quando produzidas por compositores das camadas mais baixas, na segunda metade do século. É que ser bom poeta, na época, significava sempre ornar o pensamento com palavras preciosas, capazes de conseguir uma "pureza e pompa de versificação".[1]

Ora ao incorporar-se a partir do romantismo literário de fins da década de 1830 a colaboração dos poetas dessa nova escola às letras da música popular, seu modelo de poema passaria para a gente das camadas mais baixas o que tinha de rebuscado transformado em pernóstico. É que, como o requintamento vocabular do romantismo vinha de encontro às expectativas de ascensão dos fazedores de versos saídos da área popular — onde o bem-falar, tal como o bem-escrever, é sempre sinal de "distinção" e elevada categoria social —, os futuros modinheiros do segundo reinado iriam adotar também os "dicionários de rimas", passando a caprichar nos adjetivos altissonantes. E essa afinal iria ser a marca durante pelo menos um século da tradição da lírica da canção popular urbana no Brasil.

Uma primeira pesquisa em torno da produção de música popular com autores conhecidos, no Rio de Janeiro, a partir do final da primeira metade do século XIX, embora ainda necessariamente incompleta, começa logo apontando a presença dos dois

---

[1] A expressão é do jornalista, poeta e diplomata Sales Torres Homem ao saudar em fins de 1836 no 2º número da revista *Niterói* (*Revista Brasiliense*), editada em Paris, o lançamento do livro de Domingos José Gonçalves de Magalhães *Suspiros Poéticos e Saudades*, com que se inaugurava o romantismo no Brasil.

poetas responsáveis pela criação do próprio romantismo no Brasil: Domingos Gonçalves de Magalhães e Manuel de Araújo Porto Alegre. No entanto, se os nomes desses poetas da primeira fase romântica aparecem inegavelmente ligados a composições para serem cantadas, ainda não se pode configurar a existência de parcerias ativas em poemas musicados. A mais antiga formação de uma possível parceria para a produção de música popular talvez tenha sido, ao que tudo indica, a do próprio criador do romantismo brasileiro, Gonçalves de Magalhães, com o músico português naturalizado brasileiro Rafael Coelho Machado.

De volta ao Rio pelos fins da década de 1830, já com a aura da publicação de seu livro de poemas *Suspiros Poéticos e Saudades* em 1836, em Paris, Magalhães adere ao meio intelectual carioca e torna-se um dos mais assíduos frequentadores da livraria do antigo tipógrafo Paula Brito, então Praça da Constituição, hoje Tiradentes. Ora, a loja de Paula Brito — Loja do Canto, como era chamada pelos contemporâneos, por ficar de esquina, ao lado do atual Teatro João Caetano — constituiu no Rio de Janeiro o primeiro ponto de encontro de escritores e artistas da época. Era um local em que os encontros se davam não mais com o espírito das antigas academias, mas para descomprometidos bate-papos literários, políticos e mundanos, conforme a tradição dos cafés europeus tipo Café Procope, de Londres, ou Café de la Regence, de Paris.

Uma demonstração do tom ameno e mesmo algo provinciano que devia presidir esses encontros de intelectuais e artistas da Regência e inícios do II Império num Rio de Janeiro de menos de cento e cinquenta mil habitantes é oferecido pela criação, por um grupo de frequentadores da loja de Paula Brito, de uma entidade intitulada Sociedade Petalógica. Classificada por um de seus fundadores, o então jovem romântico Machado de Assis, como agremiação "lítero-humorística", a sociedade não tirava seu étimo de alguma raiz grega, como poderia parecer, mas da palavra peta, com significado de mentira, pois destinava-se a "contrariar os mentirosos, mentindo-lhes, a fim de que eles, tomando como verdade tudo o que ouviam, o fossem refutando por toda a parte se desmoralizassem inteiramente ou perdessem o vício".

Pois nessa livraria de Paula Brito, "verdadeiro foco do nascente romantismo na capital", como lembraria Melo Moraes Filho em suas *Memórias do Largo do Rocio*,[2] reuniram-se não apenas Domingos Gonçalves de Magalhães e seu contemporâneo e amigo Manuel de Araújo Porto Alegre, mas o poeta Gonçalves Dias e o futuro romancista Joaquim Manuel de Macedo (que também teriam versos musicados) e o próprio dono da casa, Paula Brito. E este, aliás, como bom mestiço filho do povo, não resistiria também à tentação de compor versos irônicos para vários lundus, cujas partituras editava. Pois terá sido aí que nasceu a parceria entre o poeta dos *Suspiros Poéticos e Saudades* com o músico português Rafael Coelho Machado, que chegara ao Rio em 1835 para se tornar professor e editor de música.

Em verdade, Rafael Coelho, responsável desde 1842 pela publicação da série de partituras intitulada *Ramalhete das Damas*, parece ter-se deixado tocar especialmente pela poesia romântica de Magalhães. E a verdade é que, embora figure pessoalmente ora como letrista ora como autor da música, em parceria com outros nomes da época — "Conselhos às Moças", lundu com Joaquim Manuel de Macedo, "A Hora Que Não Te Vejo", com Cândido Inácio da Silva, "Eu Amo as Flores", com M. A. de Sousa Queiroz, e "Retém nos Lábios", com Pereira Souza —, é ao lado de Domingos José Gonçalves de Magalhães que Rafael Coelho Machado vai aparecer assinando, sempre como músico, mais de uma dezena de composições.

Ainda que não tenha sido encontrado qualquer documento ou declaração de contemporâneo que comprove a hipótese de trabalho conjunto, um exame das composições com indicação de

---

[2] Melo Moraes Filho, *Fatos e memórias*, Rio de Janeiro. H. Garnier. Livreiro-Editor, 1904, p. 146.

autoria "Poesia do Dr. D. J. G. M., e música de R. Coelho" inclina a pensar que a parceria ativa de fato existiu. É que, em várias canções assinadas pela dupla, a estrutura geral do poema indica a forma mais comum com que se apresentavam as modinhas e lundus cantados do tempo, ou seja, a que fazia acrescentar a uma quadra ou sexteto em versos de sete sílabas um estribilho com versos mais curtos, geralmente de quatro sílabas. Para dar apenas dois exemplos, era isso o que acontecia nas canções da dupla "O Dia Nupcial (O Cântico do Esposo)" e "Ninguém", em que esse esquema é seguido com um rigor que parece fazer ouvir vozes cantando os estribilhos:

>   Ei-la de branco vestida
>   Qual bela estátua de neve,
>   Qual à terra do céu descida
>   Ninguém, nem mesmo de leve,
>   A pôr-lhe os dedos se atreve
>   Por não vê-la poluída.

>   Nunca tão pura,
>   Nunca tão bela,
>   Brilhou estrela
>   No azul do céu.
>   Nunca roseira
>   O amor sorrindo,
>   Assim tão lindo
>   Botão ergueu. ("O Dia Nupcial")

>   Quando estou c'o a minha amada,
>   Quer a veja passeando,
>   Quer em pé, quer assentada,
>   Quer sorrindo, ou quer falando,
>   Minh'alma magnetisada
>   A vai sempre acompanhando.

> Amargo influxo
> Obediente
> Ao seu capricho
> Só pensa e sente. ("Ninguém")

Além dessa particularidade, não deixa também de ser muita coincidência que, em 1859 e em 1863, quando Rafael Coelho edita dois álbuns de modinhas com música de sua autoria, todos os versos do primeiro álbum, *Grinalda Brasílica*, sejam de Gonçalves Dias, e todos os do segundo, *Urânia ou Os Amores de um Poeta*, sejam de Domingos Gonçalves de Magalhães. Isto porque, embora Gonçalves de Magalhães estivesse então na Itália (seu livro *Urânia* fora impresso em Viena, em 1862), e Gonçalves Dias já se encontrasse também em tratamento de saúde na Europa, foram esses dois poetas precisamente os mais assíduos frequentadores da loja de Paula Brito. Mesmo, porém, que tantas composições levando os nomes de Rafael Coelho como autor da música e Gonçalves de Magalhães dos versos não tivessem resultado de um trabalho conjunto,[3] a verdade é que, dos encontros entre poetas e escritores da roda da loja de Paula Brito, e músicos — às vezes desconhecidos —, surgiram várias composições inegavelmente produzidas em nível de parceria no sentido moderno.

A certeza disso é obtida quando se observa que, se um poema romântico podia servir facilmente de letra para uma modinha, dependendo apenas da capacidade do músico de vestir-lhes os versos com uma melodia apropriada, o mesmo não acontecia

---

[3] Segundo informação da chefe da Seção de Música da Biblioteca Nacional do Rio de Janeiro, D. Mercedes Reis Pequeno, ao autor, existe em número do *Jornal do Commercio* de 1863 notícia sobre a publicação do álbum *Urânia* em que se lê: "Os versos [...] são de Gonçalves de Magalhães que se dignou conceder permissão ao compositor Rafael Coelho Machado para submetê-los a música verdadeira e expressiva linguagem dos amantes". O álbum inclui dezesseis poemas do livro *Urânia* musicados por Rafael Coelho após tal autorização.

quando se tratava de um lundu. De fato, transformado pelos brancos em canção irônica e bem-humorada, a partir da adaptação de peculiaridades rítmicas da dança, o lundu exigia inevitavelmente uma letra ajustável à música. Além do que, também não haveria sentido um poeta dedicar-se a escrever versos engraçados sobre fatos do momento, não fosse para vê-los interpretados no palco, por artistas do teatro musicado, ou nos salões e nas ruas por amadores e boêmios.

Um exemplo típico de dupla formada para explorar esse gênero de música popular surge com o aparecimento do nome do futuro romancista Joaquim Manuel de Macedo — aliás redator da revista *Guanabara* editada por Paula Brito —, assinando entre recitativos e canções conhecidas o lundu "Eu Quero Me Casar", com "música do snr. Francisco Antonio de Carvalho".

Basta um pequeno exame dessa composição para se concluir que Manuel de Macedo escreveu os versos para serem cantados. O tom é coloquial — "Mamã, fiz treze anos/ Eu quero me casar" — e os vinte e quatro versos do poeminha são em hexassílabos, o que fugia do comum (as medidas mais usadas na poesia brasileira, a partir do romantismo, sempre foram as redondilhas menor e maior, e os decassílabos), mas casava perfeitamente, pelo ritmo, com a batida curta e sincopada dos lundus. Além disso, o autor empregava uma imagem que figurava entre as mais usadas na música popular do tempo, quando se tratava de definir o sentimento do amor no íntimo das moças: a de um bichinho que rói. Imagem que, por sinal, Manuel de Macedo fazia questão de empregar em tom de citação ("Mamã, isto é sabido"), como querendo indicar a procedência lunduzeira da sua abordagem do tema:

> No coração das moças
> Há um certo bichinho,
> Que rói devagarinho
> Até fazer amar.
> Mamã, isto é sabido,
> Eu quero me casar.

Além de Gonçalves de Magalhães, de Joaquim Manuel de Macedo e de Paula Brito, é quase certo afirmar que também Manuel de Araújo Porto Alegre escreveu versos especialmente para lundus. Nos dois lundus que se conhecem com seu nome, "Os Moços de Agora" e "Fora o Regresso", se o primeiro não deixou memória do autor da música, no segundo, de 1844, seu parceiro é ninguém menos que José Maurício Nunes Garcia, filho do famoso músico José Maurício, que fora rival do não menos famoso compositor português Marcos Portugal.

Manuel de Araújo Porto Alegre era inimigo do jornalista conservador Justiniano José da Rocha, a quem, por sinal, começara por ridicularizar em 1837, ao chegar da Europa, através de uma série de caricaturas que marcam o início desse tipo de desenho no Brasil. Pois, em 1842, escrevendo ao amigo desembargador Rodrigo de Souza e Silva Pontes, então presidente da província do Pará, Araújo Porto Alegre tornava a atacar Justiniano, caricaturando-o agora em versos, numa longa composição satírica intitulada "Ode Homérica" que começava:

> Aprender artes, ofícios,
> Estudar anos inteiros,
> Enriquecer aos livreiros
> Só o faz rombo sandeu...

Pois são esses mesmos versos que, ao lançar em 1844 sua revista de humor, ilustrada com caricaturas, *A Lanterna Mágica*, Porto Alegre vai aproveitar, logo no número 4-5, como letra do lundu "Fora o Regresso", musicado pelo Dr. José Maurício Nunes Garcia Filho, conforme Pires de Almeida ao reproduzir a música em sua revista *Brasil Teatro*.

Ao identificar na letra do lundu "Fora o Regresso" a carta em versos enviada dois anos antes a Silva Pontes, no Pará, o historiador José Antônio Soares de Souza comentaria em seu trabalho "Um caricaturista brasileiro no Rio de Prata", publicado em 1955 na *Revista do Instituto Histórico Brasileiro*:

"Aproveitava-se ele Porto Alegre agora em 1844, afinando-a [a carta] ao lundu, como de autoria do engenhoso Laverno [personagem central das sátiras de *A Lanterna Mágica*], pois, mais do que nunca, continuava em cartaz o Regresso, com a queda dos conservadores, no começo do ano, e a ascensão do Progresso, representado pela facção conservadora dissidente e pelos liberais. O Regresso, portanto, estava por baixo e perseguido. A ode, travestida em lundu, calhava maravilhosamente, uma vez que deixava de ter o cunho pessoal contra Justiniano José da Rocha, e passava a endereçar-se a todos do partido decaído."[4]

Se, em todo o caso, esse "Fora o Regresso" ainda era apenas uma "ode travestida em lundu", a própria revista *Lanterna Mágica* ajudaria a reforçar a evidência de que Porto Alegre chegou a escrever versos expressamente para serem musicados. Ao referir-se a outro desenho do caricaturista Rafael Mendes de Carvalho, intitulado "Laverno cantando", e publicado no número 13 da mesma revista, Soares de Souza. após fornecer alguns pormenores sobre a charge —"O primeiro é Belchior, nervoso, diante de uma dama, a ensaiar complicados passos de ida-e-volta: batuque ou fado" —, esclarecia terem os versos que acompanhavam o desenho "também sua música, toda feita a mão". E acrescentava: "A letra da cantiga, que deve ser de Porto Alegre, é também de se recantar aqui". E citava o trecho inicial do lundu com erros (aqui retificados):

> Este mundo
> este mundo é um grã cabaço

---

[4] José Antônio Soares de Souza, "Um caricaturista brasileiro no Rio de Prata", *Revista do Instituto Histórico e Geográfico Brasileiro*, vol. 227, abr.-jun. 1955, p. 44.

cortado
cortado dá duas cuias;
numa bebem os Lavernos,
noutra bebem os Tapuias.
Só tu tens, ó minha vida,
duas combucas de amor,
sou Laverno, sou Tapuia,
sou um grande bebedor [...]⁵

Entre as figuras do movimento romântico que frequentavam a livraria de Paula Brito, as que acabariam, no entanto, mais ligadas à criação de música popular seriam, sem dúvida, a do próprio dono da loja, Paula Brito, e a do famoso poeta Laurindo Rabelo, o poeta Lagartixa.

Paula Brito, definido pelo historiador Noronha Santos como "o mais prestigioso auxiliar do movimento literário no Brasil desse decantado romantismo, dolente e ingênuo", tinha tudo, realmente, para assumir o papel de mediador entre a cultura popular urbana e a de elite naqueles anos de transição para o II Império. Um papel tão bem representado, desde logo, pelo emprego da arte poética na criação de versos destinados a simples lundus cheios de segundas intenções maliciosas, como daria exemplo em seu "A Marrequinha de Iaiá", de 1853.

Mulato escuro, lábios e sobrancelhas grossos, cabelo aparado rente para disfarçar a carapinha, Francisco de Paula Brito nascera em 1809 na Rua do Piolho (hoje da Carioca), filho de um

---

⁵ *Ibidem*, p. 49. O autor do artigo, interessado apenas na figura do caricaturista Rafael Mendes de Carvalho, reproduz apenas o desenho que descreve (fig. 35), deixando de fazer o mesmo em relação à música em manuscrito do próprio Rafael. Na reprodução dos versos iniciais do "Lundu dos Lavernos", José Antônio Soares de Souza deixa também de registrar as repetições "Este mundo/ Este mundo [...]", e "cortado/ cortado [...]", que exatamente se explicam pelo fato de os versos atenderem a exigências da música do lundu.

carpinteiro e, começando ainda menino como aprendiz de tipógrafo, surge em 1831 como proprietário de uma antiga loja de chá e cera da Praça da Constituição (hoje Tiradentes) que transforma logo em tipografia, livraria, papelaria e encadernação.

Naturalmente inclinado à crítica da sociedade branca, por sua condição de mestiço de negro posto sempre em posição social desfavorável (seu primeiro soneto público, "A moda dos homens em 1828", que aparece no primeiro número de seu jornal humorístico *A Mulher do Simplício*, de 1832, já elogiava o precedente jornalzinho *Simplício* — "Que, com suas frequentes mangações/ Censura as modas, e combate os vícios"), Paula Brito aproveita com espírito decidido todas as contradições da época, e transforma-se numa figura de múltiplas atividades: comerciante, tipógrafo impressor, dono de jornais, jornalista, poeta, tradutor, escritor (é incluído por Barbosa Lima Sobrinho entre os precursores do conto brasileiro) e, finalmente, letrista de música popular.

Ora, o clima de bom humor estabelecido entre os frequentadores de sua livraria iria permitir a Paula Brito o exercício dessa verve crítica não apenas na criação da Petalógica, mas na edição de jornaizinhos humorísticos (ao jornal em versos *A Mulher do Simplício* ou *A Fluminense Exaltada*, de 1832, seguir-se-ia, em 1849, *A Marmota da Corte*) e, naturalmente, na composição de lundus.

O mais famoso lundu com versos de Paula Brito, popularmente conhecido como "Lundu da Marrequinha" ou "A Marrequinha", mas realmente intitulado "A Marrequinha de Iaiá", seria impresso pelo próprio autor, em sua Tipografia Dois de dezembro, em 1853, tendo como parceiro nada mais nada menos do que o músico Francisco Manuel da Silva, autor do hino destinado a festas da Independência cuja música se tornaria, mais tarde, a do Hino Nacional Brasileiro.

O "Lundu para Piano" de Paula Brito começava fazendo jogo de palavras a partir do título, onde o termo marrequinha era visivelmente empregado com sentido duplo de parte do vestuário das moças (os folhos dobrados dos vestidos que, amarrados num laçarote, atrás, na altura das nádegas, serviam para alargar os quadris, acentuando ainda mais o delgado da cintura) e alguma outra particularidade anatômica sexualmente apetecível. Isto é, ao menos, o que se deduz dos versos em que Paula Brito se refere ao dançar "à brasileira" — o que equivalia a dizer remexendo os quadris — acrescido do detalhe de pular a enigmática marrequinha juntamente com a dona:

>Se dançando à brasileira
>Quebra o corpo a Iaiazinha
>Com ela brinca pulando
>Sua bela marrequinha.

>>Iaiá não teime
>>Solte a marreca,
>>Se não eu morro,
>>Leva-me a breca.

>Quem a vê terna e mimosa
>Pequenina e redondinha,
>Não diz que conserva a presa
>Sua bela marrequinha.

>>Iaiá não teime
>>Solte a marreca,
>>Se não eu morro
>>Leva-me a breca.[6]

---

[6] A letra do lundu de Paula Brito e Francisco Manuel da Silva, "A Marrequinha de Iaiá", é aqui reproduzida conforme publicação no segundo volume da *Libra do Travador — Coleção de Modinhas, Recitativos, Lundus, Canções, etc.*, 3ª ed., Rio de Janeiro, Livraria de J. G. de Azevedo, Editor, 1896.

Paula Brito ia constar ainda como parceiro do músico J. J. Goiano no lundu "Ponto Final" e como autor da letra do lundu "Viva São João" publicado com a indicação "Poesia de Paula Brito, música de um baiano", o que é indicação sintomática ou de parceria com músico popular, ou de aproveitamento de alguma melodia anônima dada como originária da Bahia. É, porém, quase certo que o pioneiro criador da Sociedade Petalógica não ficasse nesses três lundus conhecido em sua atividade de letrista de música popular, aliás tão pouco estudada por seus biógrafos.[7]

Já no caso do poeta Laurindo Rabelo, cuja parceria com o violonista João Cunha resultou em nada menos do que quinze modinhas e lundus devidamente identificados, as informações dos contemporâneos sobre suas atividades como compositor popular são bem mais amplas e precisas.

Laurindo Rabelo — que, segundo Antenor Nascentes, organizador da edição de suas obras completas, "devia ser trigueiro, de cabellos lisos, com possível aparência de caboclo"[8] — foi, tal como Paula Brito, um poeta levado à produção de música popular quase por um imperativo de sua condição social. "De origem e condição humilde", escreveria sobre Laurindo Rabelo em sua *História da Literatura Brasileira* o agudo observador José Veríssimo:

"[...] mulato de raça, da consciência da sua situação, sem a força de caráter necessária para a con-

---

[7] Em seu livro *Vida e obra de Paula Brito*, editado pela Livraria Brasiliana Editora como volume IV da Coleção Vieira Fazenda, Rio de Janeiro, 1965, Eunice Ribeiro Gondim limita-se a registrar a edição da partitura do lundu "A Marrequinha de Iaiá" pela Tipografia Dois de Dezembro, de Paula Brito, sem fazer qualquer comentário no corpo do livro em torno da atividade de seu biografado como letrista de música popular.

[8] Antenor Nascentes, prefácio de *Poesias completas de Laurindo Rabelo*, volume XXXII da Biblioteca Popular Brasileira, Rio de Janeiro, Instituto Nacional do Livro/Ministério da Educação e Cultura, 1963.

trastar, amargurou-lhe desde cedo a existência que levou à boêmia, obrigado da necessidade, se não também pelo natural relaxamento, a angariar amizades e proteções da benevolência social, ornando e animando partidas e festas com seu estro e as suas facécias, improvisos, glosas, poesias recitadas ou cantadas à viola, como um aedo ou um trovador primitivo, e mais os ditos que se lhe atribuem."[9]

Mestiço de ciganos e não "mulato de raça", como diz Veríssimo, mas de qualquer maneira sujeito, pela cor da pele, a inevitáveis preconceitos em seu relacionamento com a elite branca do tempo ["Laurindo brigava em toda a parte, em toda a parte se indispunha com as pessoas", anota Antenor Nascentes[10]], o poeta Lagartixa — como era chamado pelo jeito de andar espalhando os pés para os lados — manifestou desde cedo sua veia satírica e seu desprezo pessoal à respeitabilidade oficial. E foi esse espírito de revolta contra o formalismo das elites do II Reinado que, tornando-o contraditoriamente um romântico lírico e um improvisador mordaz, o levaria a tornar-se também tocador de violão, e a aproximar-se de criadores da área popular, como seria o caso de João Cunha.

A melhor notícia sobre esse lado do poeta Laurindo Rabelo, homem do povo, é fornecida por um ex-aluno, o cronista Melo Moraes Filho, ao lembrar no livro *Artistas do Meu Tempo* "o humor acre" e o "trovar agressivo" do poeta:

"Entre um e outro polo, porém, horizonte todo de azul e fantasia rasgava-se-lhe ao nobre sentir, e durante esse intermédio de expansões felizes o poeta com-

---

[9] José Veríssimo, *História da Literatura Brasileira*, Rio de Janeiro, Livraria Francisco Alves & Cia., 1916, p. 303.

[10] Antenor Nascentes, prefácio a *op. cit.*

parecia radioso aos festins modestos, figurava na hospedagem assídua e demorada de um grupo amigo, de dedicações ininterrompidas, que se chamavam Dias da Cruz, Paula Brito, Manuel Hilário Pires Ferrão e o velho Almeida Cunha, apelidado o Cunha dos Passarinhos, em casa de quem passava semanas inteiras a pilheriar, improvisar, cantar modinhas e lundus ao som do violão, com rapazes da família, com o saudoso João Cunha, que lhe fazia as músicas para as composições múltiplas."[11]

Melo Moraes Filho — cujo depoimento revela especial importância por basear-se, em muitos pontos, em informações colhidas ao vivo, ou em depoimentos do próprio poeta — traça, então, com seu costumeiro espírito de romancista da História, um quadro que vale pelo retrato perfeito de um momento do trabalho da parceria Laurindo Rabelo e João Cunha, na intimidade da criação:

"E Laurindo Rabelo, em ceroula e sentado na cama, de pernas cruzadas ou em pé, tangia o melodioso instrumento, e entusiasmado pelo *virtuose* que, inspirado, lhe interpretara o sentimento dos versos, exclamava por vezes, arpejando esplêndido, floreando nos bordões:
— Estamos casados, João!"[12]

Era a declaração definitiva da consciência — pela primeira vez expressa historicamente — de estar formada uma dupla de

---

[11] Melo Moraes Filho, *Artistas do meu tempo, seguidos de um estudo sobre Laurindo Rabelo*, Rio de Janeiro, H. Garnier Livreiro-Editor, 1904, p. 162.

[12] *Ibidem*, p. 162.

Os poetas românticos e a canção seresteira

compositores de canções populares, através do casamento deliberado da letra com a música.

Ainda segundo Melo Moraes Filho, tal como o poeta Gonzaga, "que não cantava letra que não fosse sua", Laurindo Rabelo era também conhecido por só interpretar ao violão composições de sua autoria, sempre que lhe pediam para cantar:

> "Em geral, depois de adiantada hora da noite, quando a música ia estridente e as danças ferviam em rodopio, certo número de apreciadores apinhava-se ao redor de Laurindo que, menestrel e bardo, a um dos ângulos da sala de jantar, cantava ao violão sentimentais modinhas e buliçosos lundus, que traziam em aberta hilaridade os mais sisudos e circunspectos circunstantes."[13]

Entre esses lundus hilariantes, no dizer de Melo Moraes Filho, estariam o algo obsceno "As Rosas do Cume", cujos versos não cita, mas que alcançaram por certo tal popularidade, que chegariam no início do século XX a ser gravados por recitadores pelo menos duas vezes, em Portugal, sob a indicação de "poesia carnavalesca" e de "versos carnavalescos". As quadras que compõem "As Rosas do Cume" devem ter chegado a Portugal em cópias manuscritas, pois apresentam algumas variantes ("inverneiras" por "invernadas"; "correndo" por "correntes"; "brincam" por "grimpão", "mimoso" por "cheiroso", "vem porém" por "ah: porém"):

> No cume da minha serra
> Eu plantei uma roseira,
> Quanto mais as rosas brotão
> Tanto mais o cume cheira.

---

[13] *Ibidem*, p. 170.

A tarde, quando o sol posto,
E o vento o cume adeja,
Vem travessa borboleta,
E as rosas do cume beija.

No tempo das invernadas,
Que as plantas do cume lavão,
Quanto mais molhadas erão
Tanto mais no cume davão.

Mas se as águas vem correntes,
E o sujo do cume limpão,
Os botões do cume abrem,
As rosas do cume grimpão.

Tenho pois certeza agora
Que no tempo de tal rega,
Arbusto por mais cheiroso
Plantado no cume pega.
Ah! porém o sol brilhante
Seca logo a catadupa;
O calor que a terra abraza
As águas do cume chupa![14]

---

[14] A citação é conforme a publicação de "As rosas do cume" no folheto intitulado *Poesias Livres de Laurindo José da Silva Rabelo (Poeta Lagartixa)*, editado em papel ordinário por uma livraria-editora anônima do Rio de Janeiro desde pelo menos 1882. Obra extremamente rara por sua condição de publicação clandestina, teve sua mais antiga edição conhecida, de 1882, publicada em fac-símile em 1981 pelo falecido livreiro paulista Olindo de Moura (que passou pelo dissabor de ver seu exemplar retalhado na *clicherie* da gráfica "para a reprodução sair melhor"). O autor deste livro possui exemplar de 1890 com a indicação de 8ª edição na capa, o que comprova a popularidade das "poesias livres" de Laurindo Rabelo ainda em fins do século XIX.

Na gravação realizada em Lisboa, disco Odeon nº 43.234, provavelmente antes da Primeira Guerra Mundial, o ator-cançonetista Franco d'Almeida, que recita os versos com acompanhamento de piano ao fundo, completa o tempo necessário para preencher toda a face do disco de setenta e seis voltas com duas quadras e mais uma surpreendente estância de cinco versos, que não constam da edição das *Poesias Livres* de Laurindo Rabelo.

Melo Moraes Filho cita ainda oito outros versos de um "Lundu da Chave", cuja autoria atribui com segurança ao poeta Lagartixa, acrescentando com autoridade de testemunha que o autor o cantava "com a expressão que só ele sabia dar, com os sestros que lhe reconheciam peculiares":

> O diabo desta chave
> Oue sempre me anda torta...
> Por mais jeitos que lhe dê
> Nunca posso abrir a porta.
>
> Tome lá esta chave,
> Endireite, sinhá,
> Você é quem sabe
> O jeito que lhe dá.[15]

O mesmo autor citaria ainda os títulos dos lundus do "Banqueiro", da "Bengala", da "Roma" e do "Gosto Que Excede a Todos", mas em nosso levantamento pessoal só encontramos como da autoria da dupla Laurindo Rabelo-João Cunha o lundu "A Roma". O lundu "O Banqueiro" chegou a ter sua letra publicada no primeiro volume da coleção Trovador, de 1876, mas só com a indicação "Música do snr. J. L. de Almeida Cunha", que era o nome completo do parceiro de Laurindo Rabelo, o violonista João Luís de Almeida Cunha. É possível que o nome de Lau-

---

[15] Melo Moraes Filho, *op. cit.*, p. 171.

rindo tenha sido aí simplesmente omitido e, neste caso, restaria apurar autoria do poeta sobre apenas dois lundus dos citados por seu biógrafo Melo Moraes, ou seja, o da "Bengala" e o do "Gosto Que Excede a Todos".

Em compensação, se ainda pairasse alguma dúvida quanto à colaboração de Laurindo Rabelo e João Cunha nesses dois lundus, não há dúvida serem obra da dupla nada menos de treze modinhas cujas músicas em grande parte se perderam, mas que tiveram suas letras perpetuadas graças às "coleções de modinhas e lundus" do tipo do Trovador. Seriam elas as que tem por títulos "Acabou-se a Minha Crença", "A Despedida", "Ao Trovador", "Beijo de Amor", "De Ti Fiquei tão Escravo", "É Aqui, Bem Vejo a Campa", "Eu Sinto Angústias", "Foi em Manhã de Estio", "O Desalento", "Não Tem Dó do Meu Penar", "Que mais Desejas?", "Riso e Morte" e "Se Me Adoras, Se Me Queres".[16]

João Cunha, autor de todas as músicas das modinhas compostas em parceria com Laurindo Rabelo, teve também outros parceiros eventuais em modinhas como "O Canto do Cisne" (com J. S. Monteiro), "Que Noites Q'Eu Passo aqui no Rochedo" (com Vilela Tavares) e "Meu Crime é Loucura" (com Horta), mas foi, inegavelmente, o seu trabalho com o poeta Lagartixa que lhe garantiu a sobrevivência do nome.

Quanto a Laurindo Rabelo, não há dúvida de que foi o primeiro poeta brasileiro a ganhar renome como compositor popular entre o público das grandes cidades brasileiras. De fato, a partir da década de 1870, embora não existisse ainda a praxe de registrar os nomes dos autores ao lado da publicação das letras das canções nos folhetos tipo *Lira de Apolo*, *Trovador*, *Lira do Trovador* e, mais tarde, *Trovador Brasileiro*, *Lira do Capadócio* ou *Trovador da Malandragem*, não havia em qualquer destas publicações uma única letra de modinha ou lundu de Laurindo Rabelo

---

[16] Antenor Nascentes reproduz ao final do volume *Poesias completas de Laurindo Rabelo* as músicas das modinhas "Ao Trovador", "Eu Sinto Angústia" e "Riso e Morte".

que não trouxesse alguma identificação do tipo "poesia do Dr. Laurindo".

Na verdade, embora escritos para serem musicados, os versos de Laurindo Rabelo, cantados em modinhas e lundus, resistiram tão bem como poesia que, ao organizar o volume das poesias completas de Laurindo Rabelo, o Prof. Antenor Nascentes não hesitou em incluir na parte final um capítulo "Modinhas".[17] Esse juízo definitivo da crítica literária serviria para mostrar como a "poesia do Dr. Laurindo" soube de fato ser popular, sem deixar de ser poesia.[18]

Ao morrer, no Rio de Janeiro, com trinta e oito anos, Laurindo José da Silva Rabelo iria ter, de certa maneira, um continuador como letrista ilustre de música popular na figura de um discípulo que, como ele, também trocara o seminário pela medicina, acabando por deixar nome na literatura como poeta. Tratava-se do baiano-carioca Alexandre José de Melo Moraes, filho, herdeiro do nome do velho historiador Alexandre José de Melo Moraes, "natural das Alagoas", como costumava registrar em seus livros, com orgulho regional.

Melo Moraes Filho, como seria conhecido a partir de fins do século XIX, quando estreou como autor com a tese *Vaginite*,

---

[17] Em sua relação de modinhas de Laurindo Rabelo, Antenor Nascentes omite a intitulada "O Desalento" (cuja letra pode ser lida no vol. I do *Trovador*, de 1876, p. 34), e acrescenta outros títulos por ele encontrados na *Coleção de Modinhas Brasileiras*, da Livraria de Agostinho Gonçalves de Guimarães & Cia., da Rua do Sabão, 26. Antenor Nascentes deixa, porém, de declarar o ano da edição de tal coleção (que desconhecemos), devendo creditar-se à sua responsabilidade a inclusão à obra de Laurindo Rabelo mais estas três modinhas: "Nestes Teus Lábios", "Sumiu-se, Mas Ainda Escuto", e "Já Não Vive a Minha Flor".

[18] Este aspecto da identificação da poesia de Laurindo Rabelo com o povo brasileiro também não escapou ao arguto crítico José Veríssimo, como demonstra ao escrever na sua *História da Literatura Brasileira*: "Laurindo Rabelo é um poeta no sentido profundo que o povo dá a este nome. Também nenhum outro dos nossos teve a alma tão perto do povo".

apresentada à Faculdade de Medicina em 1876, revelar-se-ia um estudioso e homem de letras de ampla atividade. Autor de um *Curso de Literatura Brasileira* lançado ainda em 1876, Melo Moraes Filho fez crítica de arte (Belas-Artes, 1879) e, enveredando pelos estudos históricos e de costumes rurais e urbanos, acabaria ligando seu nome ao folclore com a série de estudos *Costumes e Tradições do Brasil*, iniciada em 1895 com o livrinho *Festas do Natal*.

Inclinado à poesia desde os vinte e um anos, quando estreou colaborando na efêmera revista *Astreia Literária*, editada no Rio em 1864, Melo Moraes Filho seria saudado, no fim do século XIX, por Sílvio Romero, como possuidor de "uma das qualidades mais preconizadas da poesia contemporânea, a objetividade", o que o levava a apontá-lo como "o primeiro, talvez, dos nossos poetas".[19]

Menino criado no Rio de Janeiro de meados do século XIX — o filho do Dr. Alexandre chegou ao Rio vindo da Bahia em 1853, com apenas nove anos —, Melo Moraes Filho chegou a alcançar, pela altura dos vinte anos, os últimos tempos da Sociedade Petalógica, ainda funcionando em 1862, quando em sua sala de sessões se inaugurou um retrato de Paula Brito (morto um ano antes), o que lhe permitiria descrever o ambiente algo extravagante da famosa associação de literatos e artistas:

"Na sala da Petalógica", relembraria em 1904 no capítulo "Memória do Largo do Rocio" de seu livro *Fatos e Memórias*, "forrada de bonito papel, esclarecida à noite por lampião de gás ao centro, os sócios matavam o tempo jogando o gamão, aguardando em animada prosa a hora dos espetáculos."[20]

---

[19] Sílvio Romero, "Melo Moraes Filho, estudo", publicado como prefácio do livro *Quadros e crônicas*, de Melo Moraes Filho, Rio de Janeiro, Garnier, s/d.

[20] Melo Moraes Filho, "Memórias do Largo do Rocio", in *Fatos e Memórias*, Rio de Janeiro, H. Garnier, Livreiro-Editor, 1904, p. 157.

Foi, pois, sob essas impressões, acrescidas da admiração pessoal pelo antigo professor e poeta compositor Laurindo Rabelo — "Incerta a pousada do poeta, tardes havia em que a Petalógica e a loja de Paula Brito animavam-se com estranho interesse às pilhérias, repentes e improvisos de Laurindo Rabelo, o inigualável *causeur*, o inventurista mais remontado daquela geração alegre"[21] —, que Melo Moraes Filho teve, também, o seu interesse despertado para a poesia musicada.

Muito curiosamente, porém, apesar de sua composição mais conhecida, a famosa modinha "A Mulata",

> Eu sou mulata vaidosa,
> Linda, faceira, mimosa,
> Quais muitas brancas não são!
> Tenho requebros mais belos,
> Se a noite são meus cabelos,
> O dia é meu coração. [...]

só ter sido musicada pelo grande ator-compositor baiano Xisto Bahia a partir da publicação desse longo poema no livro *Cantos do Equador*, de 1880, foi em parceria com alguns dos contemporâneos da Petalógica que o então jovem Melo Moraes Filho encontrou companheiros para musicar suas primeiras composições.

De fato, embora só tenha restado a indicação do título, Melo Moraes chegou a escrever versos para música do famoso autor da polca "Flor Amorosa", o pioneiro do choro, Joaquim Antônio da Silva Calado, Jr., pelo menos na composição intitulada "Vida e Morte". Assim também como na canção "Bentevi" seria parceiro de Miguel Emídio Pestana, aquele mesmo Pestana autor de polcas buliçosas lembrado por Machado de Assis em seu conto "Um homem célebre", do livro *Várias histórias*.

---

[21] Melo Moraes Filho, *Artistas do meu tempo, seguido de um estudo sobre Laurindo Rabelo*, cit., p. 165.

Das músicas que tiveram Melo Moraes Filho como letrista, afinal, só chegariam até à atualidade sobrevivendo no repertório dos modinheiros e tocadores de violão as citadas modinhas "A Mulata" e "Bentevi". O poeta polígrafo, porém, chegou a ser, ao que tudo indica, um letrista de certa constância na produção de música popular, pois seu nome aparece ainda ligado ao de um dos mais prolíficos músicos compositores da segunda metade do século XIX, o tão pouco conhecido Januário da Silva Arvelos, com quem compôs a canção "O Filho Pródigo". Ao mesmo tempo em que aparece, ainda, ligado a outros autores menos conhecidos ou não suficientemente identificados, como no caso das músicas "Quem És Tu?", feita em parceria com um "Sr. Rosa" e, finalmente, no da modinha "Lamento e Lágrimas", em que se conhece o seu parceiro também apenas pelo sobrenome Peçanha.

De qualquer forma, a meia dúzia de canções populares que leva o nome de Melo Moraes Filho como autor dos versos garante sua inclusão entre os poetas das duas primeiras gerações do romantismo que se tornaram de forma mais ou menos direta e consciente os primeiros letristas da história da música popular brasileira.

Na verdade, depois de Araújo Porto Alegre, de Gonçalves de Magalhães, de Paula Brito, de Joaquim Manuel de Macedo e, principalmente, de Laurindo Rabelo e Melo Moraes Filho, novos poetas continuaram, a partir do fim do século XIX a emprestar sua arte à música popular, agora sem a pressão dos preconceitos de elite que os primeiros românticos naturalmente precisaram vencer. Entre eles estariam Guimarães Passos (cuja barcarola "A Casa Branca da Serra", composta em Montevidéu pensando numa jovem paranaense, seria musicada por Miguel Emídio) e, entrando pelo século XX, Hermes Fontes com seu ainda tão lembrado "Luar de Paquetá", composto em 1922 com Freire Júnior. E, finalmente, a partir da década de 1930 — depois de exorcizados os últimos preconceitos literários pela irreverência da Semana de Arte Moderna de São Paulo — nomes como os dos poetas Goulart de Andrade (parceiro de Hekel Tavares, inclusive no teatro musicado), Olegário Mariano (parceiro do mesmo Hekel e de Joubert de Carvalho), Mário de Andrade, Álvaro Moreira, Manuel Bandeira [parceiro de Jaime Ovalle nas famosas canções "Modinha" (Opus 5) e "Azulão" (Opus 21)] e, finalmente, Vinicius de Moraes — por sinal descendente de Melo Moraes Filho —, já agora definitivamente ao nível dos modernos sambas de consumo, e sempre ao lado de parceiros mais jovens de uma nova era.

Música instrumental

2.
O SOM DA CIDADE NA MÚSICA DE BARBEIROS

Ao lado das músicas de dança que, a partir dos batuques à base de percussão de tambores e sons de marimbas de negros, acabariam por levar à criação de canções, através do desdobramento melódico dos estribilhos por tocadores de viola brancos e mestiços, iria surgir durante a segunda metade do século XVIII — ainda uma vez na Bahia e no Rio de Janeiro — um tipo de música instrumental que por sua origem, espírito e função já se poderia chamar de popular, em sentido moderno: a música de barbeiros.

O ensino de solfa nos colégios dos jesuítas desde o século XVI e, depois, a instituição de mestres de capela nas principais igrejas de Setecentos garantiram sempre, ao lado das criações de conjuntos musicais por ricos senhores de engenho e fazendeiros, o cultivo da música por toda a colônia. Tratava-se, porém, nestes casos, ou de música religiosa para atender às necessidades litúrgicas das igrejas ou erudita, de escola, para embalar a megalomania de uns poucos potentados.

Embora o recrutamento de instrumentistas para a formação de tais grupos orientados por padres ou mestres europeus se desse quase sempre nas camadas baixas (os jesuítas aproveitando o talento natural dos índios, os fazendeiros ricos seus escravos negros, e as corporações militares e os "arrematantes" de música para festas e teatro os brancos e mulatos das classes pobres das cidades), a música que produziam não tinha como traduzir a cultura original de seus componentes. Um exemplo representativo de como se usavam tais músicos aparece na narrativa da trasladação do Santíssimo Sacramento da Igreja do Rosário para a do Pilar em Ouro Preto, a 24 de maio de 1733, quando Simão Ferreira Machado, após citar um alemão que no desfile rompia "com sonoras vozes de um clarim o silêncio dos ares", acrescenta que atrás "vinhão a pé oito negros, vestidos por galante estillo: tocavão todos charamellas, com tal ordem, que alternavão as suas vozes com as vozes do clarim suspendidas humas, em quanto soavão outras".[1]

Ora, essa descrição da primeira metade do século XVIII concordava em tudo com a do viajante francês Pyrard de Laval cem anos antes, quando, ao visitar em 1610 o rico proprietário rural do Recôncavo baiano Baltasar de Aragão, já vira um mestre de música francês da Provença que "ce Seigneur l'auoit pris pour apprendre vingt ou trente esclaues, qui tous ensemble faisoient vn concord de voix & d'instruments dont is ioüyent à toute heure".[2]

E era natural que até à segunda metade de Setecentos tal acontecesse, pois não se conceberia a existência de música popular quando, mesmo nos grandes centros da colônia, a diversificação social ainda não havia atingido o ponto a partir do qual a confusão de limites entre as camadas baixa até à média geram a massa algo indivisa que se chama de povo nas cidades.

De fato, se a música popular, como toda a criação cultural dirigida a atender expectativas sociais, corresponde na verdade a uma necessidade, seria preciso esperar até à segunda metade do século XVIII para que, em função da súbita dinamização do comércio interno provocada pela corrida do ouro e dos diamantes, aparecesse em Salvador e no Rio de Janeiro uma maioria urbana de escravos africanos, crioulos forros, trabalhadores, soldados, funcionários públicos, caixeiros, pequenos comerciantes, arte-

---

[1] *Triunfo Eucarístico, Exemplar da Cristandade Lusitana*, pp. 58-9. Reprodução em *fac-símile* no livro *Resíduos seiscentistas em Minas: textos do Século de Ouro e as projeções do mundo barroco*, de Afonso Ávila, cit., vol. 1.

[2] François Pyrard De Laval, *Voyage de Francis Pyrard de Laval, contenant sa navigation aux Indes Orientales, Maldives, Molusques e au Brésil*, etc., Paris, 1615, part. 2, pp. 563-9.

sãos, vadios, valentões e prostitutas cujas relações (inclusive na área das diversões) era preciso organizar. E essa necessidade de controle social mostrava-se pelo fim do século, tão urgente, que em suas "cartas soteropolitanas" o português professor de Grego Luís dos Santos Vilhena chegaria a propor, preocupado:

> "Nas capitais começaria o ministro a chamar cada um de per si, daqueles que houvesse dúvida, e inquirir com exação o meio que cada um tinha para subsistir, a necessidade que dele podia haver na sociedade civil, e achando que podia escusar-se, obrigá-lo com pena corporal a sair para o campo, dentro no tempo em que se concordasse com o Intendente da Agricultura, para este lhe destinar o distrito onde deverá ser acomodado: como porém nas grandes povoações, e principalmente nas de beira-mar sucede aparecerem muitos indivíduos adventícios, de que não é fácil saber-se o domicílio, deverá cada um destes ser levado à presença do ministro para dar aí conta de quem seja, mostrar quem o conheça, declarar o modo de vida que professa, o negócio que ali o levara, e proceder então com ele segundo o que se averiguasse; todo aquele que pudesse escusar-se na cidade, fazer-lhe estabelecimento no campo, e enviá-lo, bem entendido que depois de casado, como todos, é que poderia ser proprietário. Alguns destes passeantes, e vadios, poderiam ser acomodados nas tropas de linha, que houvesse, contanto que fossem naturais do país."[3]

Foi, portanto, quando o adensamento do quadro urbano expresso por esse componente social se passou a expressar em

---

[3] Luís dos Santos Vilhena, *A Bahia no século XVIII*, Salvador, Editora Itapuã, 1969, vol. III, p. 926.

verdadeiros saltos nas estatísticas da população — no Rio, de trinta mil em 1763 para quarenta e três mil trezentos e setenta e seis em 1799; em Salvador, de vinte e um mil seiscentos e um em 1706 para trinta e sete mil quinhentos e quarenta e três em 1755 —, que a necessidade de música própria para as festas públicas populares das cidades apareceu, fazendo surgir também o personagem mais indicado para satisfazê-la: o barbeiro músico.

Realmente, entre as atividades urbanas historicamente desempenhadas no Brasil colônia por negros livres ou a serviço de seus senhores, a que por seu caráter de atividade liberal mais conferia destaque pessoal era a de barbeiro.

O barbeiro, pela brevidade mesma do serviço (fazer barba ou aparar cabelos era questão de minutos), sempre acumulara outras atividades compatíveis com sua necessária habilidade manual,[4] e que era representada pela função de arrancar dentes e aplicar bichas (sanguessugas). Essas especialidades, sempre praticadas em público, situavam os barbeiros numa posição toda especial em relação às profissões mecânicas ou demais atividades de caráter puramente artesanal. E como seus serviços em tal atividade liberal lhe permitiam tempo vago entre um freguês e outro, os barbeiros puderam aproveitar esse lazer para o acrescentamento de outra arte não mecânica ao quadro das suas habilidades: a atividade musical.

Os escravos negros das cidades, de uma forma geral, sempre trabalharam cantando. Em 1816, uma das primeiras impressões registrada pelo francês negociante de algodão L. F. Tollenare

---

[4] O pintor francês Jean Baptiste Debret, que viveu no Rio de Janeiro de 1816 a 1831, teria sua atenção despertada especialmente para esse pormenor da habilidade dos barbeiros, e escreveu no capítulo "Loja de barbeiros" de seu livro *Viagem pitoresca e histórica através do Brasil*: "Dono de mil talentos, ele [o barbeiro] tanto é capaz de consertar a malha escapada de uma meia de seda, como de executar no violão [devia ser viola] ou no clarinete, valsas e contradanças francesas, em verdade arranjadas a seu modo".

na cidade do Recife fora o "movimento contínuo de negros que vão e vêm, carregando fardos e se animando mutuamente por meio de um canto simples e monótono".[5] Vira ainda o mesmo Tollenare negras com cestos à cabeça vendendo lenços e tecidos, e "seus pregões se misturavam aos cantos dos negros carregadores".[6]

Em 1874, mais de cinquenta anos depois, de visita ao Rio de Janeiro, o belga conde Eugênio de Robiano descrevia o mesmo quadro ao observar que "cantores a quem nada fazia calar, sempre se achavam dispostos a entoar em coro algum estribilho antigo, quando pela cidade marchavam a passo, carregando pesados fardos".[7]

Essas manifestações musicais, no entanto, restringiam-se a emprestar ritmo para a cadência dos trabalhadores negros em suas tarefas de carregar sacos nos trapiches ou cargas pesadas pelas ruas, tais como pianos, fardos ou tonéis de água. Mesmo quando da regularidade dessas atividades chegaram a resultar pequenas canções tematicamente sem ligação com o trabalho desempenhado no momento — como no caso das quadrinhas de carregadores de piano do Recife, que Pereira da Costa pôde coligir ainda no início deste século —,

> Lê, lê, lê, iaiá
> Vamos ri, vamos chorá
> Que o vapô entrou na barra
> O telegra fez siná
> [...]

---

[5] L. F. Tollenare, *Notas dominicais tomadas durante uma viagem em Portugal e no Brasil em 1816, 1817 e 1818*, Salvador, Livraria Progresso, 1956, p. 22.

[6] *Ibidem*.

[7] Conde Eugênio de Robiano, *Dix huit mois dans l'Amerique du Sud. 1878*, segundo tradução de Afonso de E. Taunay in *O Rio de Janeiro de D. Pedro II*, Rio de Janeiro, Editora Agir, 1947, p. 98.

> Água de beber,
> Ferro de engomar,
> Minha mãe me deu
> Foi prá me matar

o próprio fato de serem identificadas como "cantilenas dos carregadores de pianos" mostra sua estrita funcionalidade, o que as integrava no quadro das canções de trabalho.

Com a música produzida pelos "ternos de barbeiros", e logo conhecida genericamente como *música de barbeiros*, o processo de criação era em tudo e por tudo diferente.

Ao contrário dos que produziam ritmo para ordenar esforço muscular no desempenho de um trabalho, esses profissionais transformavam-se em músicos exatamente pela oportunidade de lazer que sua atividade lhes conferia. Assim, como tinham as mãos livres, sua vocação musical podia desde logo dirigir-se para o aprendizado de instrumentos tecnologicamente mais aprimorados, como rabecas e trombetas. E ao juntarem-se para a execução concertante de música instrumental, tornavam-se também capazes de conciliar seções de sopro, corda e percussão, produzindo um tipo de música alheia a qualquer preocupação de funcionalidade, o que valia dizer gratuita e em nível de gosto puramente estético.

Essa especialização musical dos barbeiros do Rio e da Bahia — que eram, afinal, os dois únicos centros urbanos do Brasil colonial em que a divisão do trabalho propiciava o surgimento da nova atividade — começa a ser documentada em meados do século XVIII.

Em pesquisas realizadas na Bahia, a professora Marieta Alves encontrou entre os recibos de pagamento a músicos no Arquivo da Igreja de Nossa Senhora da Vitória o de um Salvador de Sousa Coutinho, de fevereiro de 1750, "por tímbales, trombeta e oboé tocados na véspera da festa" e, no Arquivo da Santa Casa, em outra longa lista iniciada em 1774 com o pagamento de "insignificante importância" a Domício Nunes pelas "rabecas e atabales" tocados na porta da igreja, a sucessiva presença de cinco nomes de barbeiros músicos de uma mesma família d'Etre, de 1774 a 1829.[8]

A partir do início do século XIX, as notícias sobre a atuação desses conjuntos pioneiros de músicos urbanos do Brasil começam a tornar-se mais frequentes.

Em 1802 o negociante inglês Thomas Lindley, preso no Forte do Mar, na Bahia, por tentativa de contrabando, via passar, "frequentemente, bandas de música em grandes lanchas, tocando pelo caminho rumo às vilas da vizinhança, na baía, para comemorar o aniversário de algum santo ou por ocasião de alguma festa especial",[9] esclarecia sem deixar dúvida quanto à origem dos componentes de tais bandas: "Esses músicos são pretos retintos, ensaiados pelos diversos barbeiros-cirurgiões da cidade, da mesma cor, os quais vêm ser músicos itinerantes desde tempos imemoriais".[10]

No Brasil tais músicos ambulantes não existiam "desde tempos imemoriais" porque, como se viu, antes da primeira metade do século XVIII a simplicidade da estrutura urbana não justificaria sua existência, ao menos como conjuntos organizados. Quanto ao depoimento sobre o fenômeno que lhe atraíra a atenção naquele momento, porém, as observações do comerciante Thomas Lindley são preciosas:

> "Embora numerosos, esses escuros filhos da Harmonia sempre encontram trabalho, não só da maneira que mencionamos, mas também à entrada das igre-

---

[8] Marieta Alves, "Música de barbeiros", *Revista Brasileira de Folclore*, Rio de Janeiro, Ministério de Educação e Cultura/Campanha de Defesa do Folclore Brasileiro, ano VII, n° 2, 17, jan.-abr. 1967, pp. 11-3.

[9] Thomas Lindley, *Narrativa de uma viagem ao Brasil*, São Paulo, Companhia Editora Nacional, Coleção Brasiliana, vol. 343, s/d, pp. 72-3.

[10] *Ibidem*, p. 73.

jas, ou na celebração de festas, onde se postam a tocar peças alegres, sem levar em consideração as solenidades que se desenrolam no seu interior."[11]

A enumeração de tão variadas solicitações para a música de barbeiros serve desde logo para pôr em destaque um fato sociocultural muito importante: o de que, meio século depois do seu aparecimento, aqueles grupos de instrumentistas negros eram praticamente os únicos fornecedores de um novo tipo de serviço urbano, ou seja, o da música destinada ao entretenimento público. E o pormenor é importante porque, considerando o tipo de público a que essa música se dirigia — os colonizadores portugueses e brancos da terra seus descendentes espalhados pelas várias camadas sociais da colônia —, tal exclusividade no campo da música valia por uma demonstração de superioridade cultural das camadas mais baixas das cidades.

Na verdade, ligados pela origem a uma tradição europeia herdeira das formas musicais vindas da Idade Média, a elite e as camadas com elas mais identificadas das cidades coloniais eram levadas a admitir um estilo de tocar muito mais próximo dos padrões de cultura popular já nacionalizados do que os seus, ainda presos aos modelos vigentes na metrópole.

Para essa originalidade da música dos barbeiros — que o pintor Debret apontaria no Rio de Janeiro ao registrar que tocavam valsas e contradanças francesas "em verdade arranjadas a seu modo"[12] — havia contribuído em muito a espontaneidade da formação musical de tais músicos populares.

---

[11] *Ibidem.*

[12] Jean Baptiste Debret, *Viagem pitoresca e histórica através do Brasil*, São Paulo, Livraria Martins, 1940, dois volumes. A observação do pintor e parte de seu comentário explicativo ao desenho da prancha 12 (vol. I, p. 151), em que registra ainda: "Saindo de um baile e colocando-se a serviço de alguma irmandade religiosa na época de uma festa, vemo-lo sentado,

Ao contrário dos músicos das bandas das fazendas, cuja finalidade, ostentação e deleite pessoal dos grandes proprietários rurais, levava à preocupação orquestral, quase sempre sob a direção de professores europeus, os barbeiros das cidades agrupavam-se sob a direção de um mestre da sua condição, produzindo em consequência um estilo de música necessariamente mais espontâneo e popular.

O próprio aprendizado dos instrumentos era feito da maneira mais livre possível. Em suas reminiscências da cidade de Salvador de 1840, o médico luso-baiano Dr. José Francisco da Silva Lima (que naquele ano chegara de Portugal com catorze anos) lembrava que os brasileiros "cultivavam a música, de orelha, nas horas vagas, e formavam uma charanga, cujas gaitadas roquenhas atroavam os ares, às portas das igrejas, nas festas e novenas, e em cujo repertório entravam, às vezes, o lundu e algumas chulas populares".[13]

A observação é importante porque, além de salientar o fato de os barbeiros tocarem "de orelha", ou seja, de ouvido (indicando assim o autodidatismo da sua formação), vem confirmar o testemunho do inglês Lindley, quase meio século antes, segundo o qual, apesar da proximidade da igreja, tais músicos tocavam quase sempre "peças alegres". E se alguma dúvida ainda restasse quanto ao estilo brasileiro e popular da música produzida pelos barbeiros desde o aparecimento de seus conjuntos, bastaria lembrar que em seu livro *A Bahia de outrora*, de 1916, o baiano Manuel Querino — cujas memórias abrangiam costumes de fins

---

com cinco ou seis camaradas, num banco colocado fora da porta da igreja, executar o mesmo repertório, mas desta feita para estimular a fé dos fiéis que são esperados no tempo, onde se acha preparada uma orquestra mais adequada ao culto divino".

[13] *Apud* Marieta Alves, art. cit., p. 10. A autora indica apenas: "Escrevendo em 1906, reminiscências da cidade de Salvador de 66 anos atrás, logo de 1840, o ilustre médico Dr. José Francisco da Silva Lima [...]". Fica a dúvida sobre a publicação em livro das "reminiscências" do médico citado.

do século XIX — descrevia as velhas festas da lavagem do adro da Igreja do Bonfim, em Salvador, com a observação expressa:

> "E todos subiam e desciam, acompanhados pelos ternos de barbeiros, ao som de cantatas apropriadas, numa alegria indescritível. Enquanto uns se entregavam ao serviço da lavagem, outros, a um lado da igreja, entoavam chulas e cançonetas, acompanhadas de violão."[14]

A conclusão a tirar é, pois, a de que os barbeiros músicos, levados a entreter-se com instrumentos musicais em seus momentos de ócio sem outro objetivo que a satisfação pessoal, passaram a formar seus "ternos" para tocar nas festas de igreja movidos por uma única razão: como a vida social e religiosa da Bahia e do Rio de Janeiro começava a exigir cada vez mais o concurso de música, eles descobriram que era possível ganhar algum dinheiro com sua habilidade, uma vez que ninguém os constrangia sequer a mudar de repertório.

Conforme dá a entender o romancista Joaquim Manuel de Macedo em seu romance *As Mulheres de Mantilha*, com ação no Rio de Janeiro do vice-rei conde da Cunha (1763-1767), esse caráter popular da música de barbeiros chegava a chocar, quando acontecia o confronto direto com alguma banda regularmente constituída. Ao descrever cenas de brincadeira de rua oitocentista conhecida como serração da velha,[15] Joaquim Manuel de Ma-

---

[14] Manuel Querino, *A Bahia de outrora*, Salvador, Livraria Progresso Editora, 1946, vol. 2 da Coleção Estudos Brasileiros, p. 134.

[15] Espécie de mascarada carnavalesca masculina realizada à noite do vigésimo dia da Quaresma, e que consistia num desfile pelas ruas desertas arrastando um tonel dentro do qual se dizia estar uma velha para ser serrada, mas que, ao ser aberto, revelava uma provisão de comidas e garrafas de bebidas destinadas a realização de um banquete em praça pública.

cedo, embora sem identificar expressamente os músicos populares como barbeiros, escrevia:

> "Onde era possível obter-se música, uma dúzia de tocadores de instrumentos bárbaros, ou capazes de produzir grande ruído, não excluía a banda de música de verdadeiros professores que, durante a marcha burlesca da procissão, alternavam com a orquestra infernal, tocando marchas alegres; onde tanto não se podia conseguir, contentavam-se os folgazões com a orquestra infernal."[16]

Por sinal, a atividade dos barbeiros não se esgotava no som que produziam. Vinte e cinco anos depois desses "escuros filhos da Harmonia" terem impressionado Lindley tocando "peças alegres sem levar em consideração as solenidades no interior das igrejas", outro inglês, o reverendo Walsh, de visita ao Rio de Janeiro em 1828, acrescentava a informação de que os barbeiros também vendiam instrumentos musicais. E Walsh chamava ainda a atenção para uma coincidência histórica. Segundo o reverendo, na velha Inglaterra do tempo das corporações medievais, os barbeiros também eram músicos e muitas vezes usavam o som de suas cítaras e alaúdes como sedativo quando era preciso acalmar a dor de dentes de algum dos seus clientes.[17]

No Brasil não consta até hoje notícia do emprego da música dos barbeiros como anestésico, mas como elemento indispensável ao colorido das festas surgidas sob sua influência os exemplos multiplicam-se.

---

[16] Joaquim Manuel de Macedo, *As Mulheres de Mantilha*, romance histórico, Rio de Janeiro, Oficinas Gráficas do Jornal do Brasil, 1931, vol. II, p. 61.

[17] Robert Walsh, *Notices of Brazil in 1828 and 1829*, London, Frederic Westley and A. H. Davis, 1830, vol. I.

No Rio de Janeiro, segundo escreveu o médico-romancista José Maria Velho da Silva, os barbeiros ligaram-se de tal modo às festividades da cidade que chegavam a funcionar como "arautos nas solenidades públicas e nas festas de igreja". Em seu "romance brasileiro" *Gabriela*, de 1875, com ação durante o governo do vice-rei marquês do Lavradio (1769-1779), no Rio de Janeiro, J. M. Velho da Silva referia-se às festas de inauguração da Casa da Ópera em 1767, escrevendo que "andavam pelas ruas os timbaleiros a pregarem cartazes pelas esquinas anunciando o espetáculo do grande dia". E logo após, indicando de maneira muito clara que ao publicar seu romance já ninguém sabia o que significava timbaleiro, apressava-se a explicar:

"Davam o nome de timbaleiros a uns pretos, musiquins, que trajavam, quando andavam pelas ruas em seu mister, uma espécie de rodó vermelho atado à cintura com uma correia de couro, e traziam um chapéu desatado ornado de uma presilha de passamane; tangiam diversos instrumentos; eram infalíveis como arautos nas solenidades públicas e nas festas de igreja, onde a porta, sentados em bancos, esfalfavam-se o dia inteiro, falsificando sinfonias com manifesto deslustre dos pobres autores e ofensa aos ouvidos do próximo, afixavam cartazes e fora destes misteres de ocasião, tinham como estado permanente o ofício de barbear a humanidade."[18]

O médico-escritor José Maria Velho da Silva, aliás, nada mais fazia do que ratificar a descrição através da qual, pouco mais de vinte anos antes, outro romancista, o pioneiro do realismo brasileiro Manuel Antônio de Almeida, traçara o mais vivo retrato

---

[18] J. M. Velho da Silva, *Crônica dos tempos coloniais — Gabriela, romance brasileiro*, Rio de Janeiro, Imprensa Nacional, 1875, p. 184.

dos músicos barbeiros em ação. Em seu folhetim *Memórias de Um Sargento de Milícias*, publicado na *Pacotilha*, o suplemento político-literário do jornal *Diário Mercantil*, do Rio de Janeiro, de 27 de junho de 1852 a 31 de julho de 1853, Manuel Antônio de Almeida documentaria o verdadeiro papel sociocultural dos músicos barbeiros na sociedade carioca de inícios do século XIX, ao descrever assim uma festa de igreja do "tempo do Rei":

> "As festas daquele tempo eram feitas com tanta riqueza e com muito mais propriedade, a certos respeitos, do que as de hoje: tinham entretanto alguns lados cômicos; um deles era a música de barbeiros à porta. Não havia festa em que se passasse sem isso; era coisa reputada quase tão essencial como o sermão; o que valia porém, é que nada havia mais fácil de arranjar-se; meia dúzia de aprendizes ou oficiais de barbeiro, ordinariamente negros, armados, este com um pistão desafinado, aquele com uma trompa diabolicamente rouca, formavam uma orquestra desconcertada, porém, estrondosa, que fazia a delícia dos que não cabiam ou não queriam estar dentro da igreja."[19]

Pois uma das festas para a qual, seguramente desde meados do século XVIII, a música de barbeiros se tornava indispensável, era a do domingo do Espírito Santo, que tinha como característica não começar no domingo, mas muito antes, quando saíam à rua as Folias recolhendo esmolas:

> "Durante os nove dias que precediam ao Espírito Santo, ou mesmo não sabemos se antes disso [é ain-

---

[19] Manuel Antônio de Almeida, *Memórias de um sargento de milícias*, Rio de Janeiro, Imprensa Nacional, 1944, vol. XIX da Biblioteca Popular Brasileira do Instituto Nacional do Livro, pp. 84-5.

da Manuel Antônio de Almeida quem conta], saía pelas ruas da cidade um rancho de meninos, todos de nove a onze anos, caprichosamente vestidos à pastora: sapatos de cor-de-rosa, meias brancas, calção da cor do sapato, faixas à cintura, camisa de palha de abas largas ou forrados de seda, tudo ido enfeitado com grinaldas de flores, e com uma quantidade prodigiosa de laços de fita encarnada. Cada um destes meninos levava um instrumento pastoril em que tocavam, pandeiro, machete e tamboril. Caminhavam formando um quadrado, no meio do qual ia o chamado imperador do Divino, acompanhados por uma música de barbeiros e precedidos e cercados por uma chusma de irmãos de opa, levando bandeiras encarnadas e outros emblemas, os quais tiravam esmolas enquanto eles cantavam e tocavam."[20]

O romancista, reproduzindo aí declaradamente lembranças de sua infância (Manuel Antônio de Almeida nasceu em 1831 no Rio de Janeiro), conta que "apenas se ouvia ao longe a fanhosa música dos barbeiros, tudo corria à janela para ver passar a Folia", circunstância da qual se aproveitavam os irmãos de opa para irem "colhendo esmolas de porta em porta".[21]

E esclarecia, explicando o papel específico da música de barbeiros dentro da estrutura da Folia do Divino:

"Enquanto caminha o rancho, tocava a música dos barbeiros; quando parava, os pastores, acompanhando-se com seus instrumentos, cantavam; as cantigas eram pouco mais ou menos no gênero e estilo desta:

---

[20] *Ibidem.* p. 118.

[21] *Ibidem*, p. 119.

O divino Espírito Santo
É um grande folião,
Amigo de muita carne,
Muito vinho e muito pão."[22]

Como se conclui, os barbeiros músicos encarregavam-se de fornecer a toada da marcha do grupo, o que faz supor uma música de andamento vivo, enquanto os meninos do rancho, com seus instrumentos de origem pastoril — os velhos pandeiro e tamboril tão antigos quanto os árabes na Península Ibérica, acrescidos do machete ou cavaquinho tipicamente português —, encarregavam-se da parte dramática do incipiente auto da Folia, cantando durante as paradas aquelas trovas herdadas da tradição profano-religiosa do povo de Portugal.

No Rio de Janeiro, especialmente, as festas do domingo do Espírito Santo ganhavam tal importância, pelos meados do século XIX, que se construíam impérios[23] e coretos nos adros das igrejas patrocinadoras da festa, a fim de abrigar o Imperador do Divino e servir de palanque para a música de barbeiros. Segundo Melo Moraes Filho registra em seu livro *Festas e tradições populares do Brasil*, ao lembrar o Rio de meados de Oitocentos, havia por essa época impérios e coretos nas freguesias cariocas do Espírito Santo, Santana e Lapa do Desterro, onde "as músicas de barbeiros que eram compostas de escravos negros, recebendo convites para as folias, ensaiavam dobrados, quadrilhas e fandangos".[24]

---

[22] *Ibidem*.

[23] Chamava-se *império* no Rio de Janeiro o coreto permanente, chegando a ser construído um de alvenaria ao lado da primitiva Igreja de Santana, em frente ao atual edifício da Estação D. Pedro II da Estrada de Ferro Central do Brasil. Os coretos eram normalmente desarmáveis, e erguidos apenas por ocasião da festa.

[24] Mello Moraes Filho, *Festas e tradições populares do Brasil*, Rio de Janeiro, H. Garnier, Livreiro-Editor, 1901. A citação é da 3ª ed., mesma editora, 1946, p. 180.

Tal como se pode observar, a tradição de alheamento da música dos barbeiros pelo caráter religioso das festas, já anotado no início do século pelo inglês Lindley, aí aparece mais uma vez documentado, contribuindo para afirmar a originalidade dessa contribuição dos negros das cidades ao tom de dolência penetrado de sensualidade que viria a caracterizar o som das futuras bandas de adro de igreja e de coreto no Brasil.

A presença da música de barbeiros nas festas de adro das igrejas era aliás infalível nas festas do Divino das pequenas localidades do interior, onde havia sempre um ruidoso leilão de prendas. Por uma das comédias de Martins Pena, intitulada *A Família e a Festa da Roça*, de 1842, pode conhecer-se hoje, através das indicações cênicas do comediógrafo, como se portavam os barbeiros músicos ao lado do império armado diante da igreja, durante essas festas do Espírito Santo. Na Cena V dessa comédia em um ato Martins Pena faz entrar pela porta da igreja "a Folia do Espírito Santo, constando de oito rapazes vestidos de jardineiros, trazendo duas violas, um tambor e um pandeiro" (o que desde logo concorda com a descrição de Manuel Antônio de Almeida nas *Memórias de um sargento de milícias*) e, após especificar que "o imperador sobe para o império seguido de quatro homens", acrescenta: "Os foliões ficam do lado do império e o povo pela praça. Os barbeiros tocam durante todo esse tempo".[25]

Iniciado o leilão de prendas (quando "a música de barbeiros para", segundo indicação de Martins Pena), o leiloeiro entra a oferecer um pão de ló a quem der mais. E quando o estudante de Medicina Juca arremata o doce por seis mil-réis para Quitéria, filha dos fazendeiros, o autor indica o prosseguimento da cena estabelecendo: "Os barbeiros tocam. O homem desce com o pão

---

[25] Martins Pena, "A família e a festa da roça", in *Teatro de Martins Pena — vol. I: Comédias*, Rio de Janeiro, Instituto Nacional do Livro, 1956, p. 90.

de ló na salva; Juca o recebe e nota o dinheiro na salva. O homem torna a subir e Juca dá o pão de ló a Quitéria".[26]

Tudo para terminar a comédia com a Folia pondo-se em marcha a cantar os versos "Esta gente que aqui está/ Vem pra vê nosso leilão,/ Viva, viva a patuscada/ E a nossa devoção", e a clara indicação final de Martins Pena quanto à função nessa patuscada da música de barbeiros: "Dançam. Os sinos repicam, os barbeiros tocam o lundu e todos dançam e gritam, e abaixo o pano".[27]

A referência ao fato de os grupos de músicos barbeiros incluírem na primeira metade do século XIX a execução do primeiro gênero de dança e canção urbanizada a partir do som dos batuques rurais, que era o caso do lundu, é importante por mostrar que a "música de porta de igreja", surgida um século antes sob a forma de ternos à base de rabecas, atabales ou timbales e trombetas — o que os prendia ainda à música por assim dizer "oficial" da época —, já havia então evoluído para um tipo de banda de estilo moderno, capaz de tocar não apenas o hinário da igreja ou trechos de ópera, mas música declaradamente popular citadina.

Essa evolução da música de barbeiros para grupo instrumental executante de repertório de música popular urbana seria, aliás, confirmada logo depois pelo médico alemão Robert Avé-Lallemant, ao relatar as cenas de uma festa de adro que lhe fora dado assistir em 1859 na cidade de Cachoeira, no Recôncavo baiano:

> "Em benefício da Igreja, como acontece sempre no Brasil, nas noites dessas festas e depois delas [devia ser uma festa do ciclo natalino, pois Avé-Lallemant saíra de Salvador na segunda semana de dezembro],

---

[26] *Ibidem*, p. 91

[27] *Ibidem*, p. 93.

realizou-se um leilão, em que o leiloeiro, para atrair e depenar muita gente, fazia-se de engraçado. Pombos, doces e bugigangas eram vendidas a preços altos ao povo barulhento, que acolhia com ruidosas gargalhadas as ruins pilhérias do leiloeiro, já rouco de gritar. Entre cada pregão, uma música estridente tocava alguns trechos de fados ou lundus, essa desordenada tarantela de negros, na qual cada um faz todos os trejeitos e movimentos possíveis."

Ao que acrescentava, adiante: "até altas horas da noite rolou a bacanal dos negros para celebrar a festa da igreja católica".[28] O autor não chega a especificar se se tratava de um conjunto de barbeiros, mas não deixa dúvida ter ouvido nessa festa onde tal tipo de música era obrigatória alguma coisa que lhe soava aos ouvidos europeus com características tipicamente nacionais. Quanto à possível presença de músicos barbeiros nessa banda ou pequena orquestra, os poucos que existissem em Cachoeira certamente estariam representados nela, tal a identidade do fenômeno de urbanização em um centro como o da próspera Cachoeira em 1859 e da periferia do Rio de Janeiro de 1842 descrita por Martins Pena.

No Rio de Janeiro, por sinal, cabia ainda a música de barbeiros animar durante o II Império outra grande festa de caráter popular urbano: a Festa da Glória. Realizada no bairro da zona sul carioca onde, desde 1671, existia uma ermida de Nossa Senhora da Glória, substituída em 1714 pela que até hoje figura no Outeiro da Glória, cuja festa fora sempre prestigiada pela família real, desde o tempo do príncipe regente D. João. Essa circunstância, ligada ao fato de se espalharem pelas redondezas do outeiro, para os lados da Rua do Catete, os casarões de importantes

---

[28] Robert Avé-Lallemant, *Viagem pelo norte do Brasil no ano de 1859*, Rio de Janeiro, Instituto Nacional do Livro, 1961, vol. I, p. 59.

figuras do império, conferia à Festa da Glória um duplo aspecto de encontro da elite com o povo, representado na descrição de Melo Moraes Filho por "belas mulatas, lustrosas crioulas, velhos e crianças, homens e mulheres de toda a casta", que "entupiam a ladeira".[29]

Assim, a presença dos músicos barbeiros tornava-se indispensável para dar representatividade ao lado popular da festa, uma vez que, na parte referente à elite, o toque oficial era garantido pela música das bandas militares encarregadas, inclusive, de executar o *Hino Nacional* do alto dos coretos: "De repente", escrevia em sua prosa colorida Melo Moraes Filho, "inúmeras girândolas varavam o ar, estourando prolongadas. O *Hino Nacional* executava-se nos coretos; oficiais da guarda nacional destacavam-se dentre o povo, e os dois batedores do piquete do Imperador relampeavam de perto as espadas abrindo caminho".[30]

Era nesse ambiente algo sofisticado em que "bandeiras e galhardetes, colchas de damasco, globos e outros preparos da esplêndida iluminação completavam o pitoresco do sítio", que a música de barbeiros se destacava tocando desde as dez horas da manhã, já a esse tempo sob a direção de "um certo Dutra, mestre de barbeiros à rua da Alfândega, que a ensaiava e fardava", como mostrava o mesmo Melo Moraes Filho: "Todas as figuras eram negros e escravos; o uniforme não primava pela elegância, nem pela qualidade. Trajavam jaqueta de brim branco, calça preta, chapéu branco alto, e andavam descalços".[31]

E após acrescentar a preciosa informação segundo a qual "os que não sabiam de cór a parte [da música], liam-na pregada a alfinetes nas costas do companheiro da frente, que servia de estante", o folclorista-cronista concluía:

---

[29] Melo Moraes Filho, *op. cit.*, p. 240.

[30] *Ibidem*, p. 243.

[31] *Ibidem*, p. 242.

"A procura desses artistas era extraordinária. Ainda na noite antecedente a banda havia acompanhado a procissão da Boa Morte, que saía da igreja do Hospício, procissão obrigada a irmandades e a anjo cantor que entoava a quadra

> Deus vos salve, ó Virgem,
> Mãe Imaculada,
> Rainha da clemência,
> De estrelas coroada...

ao acompanhamento dos barbeiros, que abrilhantavam o piedoso cortejo."[32]

Embora o autor não precise a data, isso passava-se por certo à volta de 1860, que é a quando deviam remontar as impressões cariocas do autor nascido na Bahia em 1843. E o fato de Melo Moraes Filho citar pelo nome o "certo Dutra", da Rua da Alfândega, parecendo tê-lo visto em atividade, permite casar esse dado com algumas informações fornecidas pelo historiador carioca Vieira Fazenda (1847-1917), e por elas chegar-se à conclusão de que, por esse final do século XIX, começava de fato a morrer no Rio e em Salvador a instituição popular da música de barbeiros.

Além do tom de memória em que Melo Moraes Filho escrevia no início deste século, indicando constituírem lembranças de costumes desaparecidos, o cronista Vieira Fazenda reforçava a ideia de tempo vencido ao citar num rodapé de 1908 "uma respeitável senhora, que apesar de todos os progressos modernos, tem saudades da antiga igreja, onde foi batizada", merecendo ser aplaudida pelo entusiasmo com que ainda falava "das barraquinhas de fogos de artifício, dos leilões do Espírito Santo, das opí-

---

[32] *Ibidem.*

paras ceias comidas em esteiras antes do foguetório, e até da música dos barbeiros".[33]

Apesar do virtual desaparecimento da música de barbeiros durante a segunda metade do século XIX, o próprio Vieira Fazenda se encarregaria de deixar claro que ainda era possível encontrar testemunho em seu tempo sobre alguns daqueles velhos músicos no Rio de Janeiro. Em crônica de 1896 da série que mantinha na imprensa carioca sob o título geral de "Au jour le jour", Vieira Fazenda revelava ter ele mesmo conhecido na meninice (o que vale dizer à volta de 1860) "dois tipos dessa raça de heróis, dois últimos Abencerrages que viviam ali na rua do Carmo, pacata e silenciosamente, contando aos pósteros as suas brilhaturas não só na música, como nas sangrias e aplicações de sanguessugas".[34]

Na Bahia, onde o processo de diversificação social sofre na década de 1870 um retardo em relação ao Rio (que vê surgir as primeiras indústrias e ultrapassa Salvador em população), os barbeiros ainda iriam fazer ouvir sua música durante um pouco mais de tempo. É que, enquanto no Rio a decadência da música de barbeiros coincide com o aparecimento dos grupos de choro, formados pelas primeiras gerações de operários e pequenos funcionários da moderna era urbano-industrial, em Salvador seria preciso esperar que o fim da escravidão viesse desorganizar o quadro econômico-social da colônia, para só então substituir o som dos barbeiros pelos das bandas militares democratizadas nos coretos das praças.

Segundo a professora Marieta Alves, aliás, quem na verdade apressou essa decadência da música de barbeiros na Bahia teria sido a curiosa figura da proprietária da região da Chapada Diamantina, D. Raimunda Porcina de Jesus, por essa sua origem

---

[33] Dr. José Vieira Fazenda, "Antiqualhas e memórias históricas do Rio de Janeiro", Rio de Janeiro, *Revista do Instituto Histórico e Geográfico Brasileiro*, 1923, vol. 145, tomo 93, pp. 382-3.

[34] *Ibidem*, vol. 140, tomo 86, p. 65.

conhecida como a Chapadista. Ante o aumento da procura da música de "porta de igreja" a partir de meados do século XIX, a Chapadista teve a ideia de concorrer com os barbeiros formando "uma bem organizada banda de música composta de escravos seus".

Segundo o romancista Lindolfo Rocha (1862-1911) — por sinal ele mesmo antigo pistonista de filarmônica no interior da Bahia por volta de 1880, quando em Salvador ainda vivia D. Raimunda (só falecida em 1887) —, a esperta senhora dada como nascida no Mucujê, mas na verdade mineira de Rio Pardo, começara a comprar escravos jovens especialmente para a formação dessa que seria a primeira banda profissional do Brasil administrada por um empresário. Em seu romance *Maria Dusá* de 1910, mas ambientado na Chapada Diamantina de meados de Oitocentos, Lindolfo Rocha fazia dizer a escrava da personagem principal, ao ouvir desta a decisão de trocar a prostituição por um trabalho que lhe permitisse ganhar dinheiro "com o suor do meu rosto".

> "— Pode mesmo, Sinhá. Olhe sinhá Dedé, sinhá Lulinha, sinhá Raimunda, do Mucujê! Esta tem comprado negro, devera! Já comprou vinte e quatro. Negro novo! Disse que é pra fazê terno de zabumba, pra tocá em toda festa ganhando dinheiro para ela."[35]

Segundo José Eduardo Freire de Carvalho Filho em seu livro *A Devoção do Senhor do Bonfim e Sua História*, isso deve ter acontecido entre 1865 e 1866, e com a chegada de tal novidade lançada pela Chapadista em Salvador a espontânea música dos barbeiros ia passar ao segundo plano:

---

[35] Lindolfo Rocha, *Maria Dusá*, Rio de Janeiro, Instituto Nacional do Livro, 1969, p. 118.

"Essa banda [a de D. Raimunda Porcina de Jesus] tinha bom mestre, que dizem também fora escravo, era numerosa, dispunha de bom instrumental, grande e variado repertório. Com tamanho competidor as bandas ou músicas dos barbeiros foram se dissolvendo e em pouco tempo todos tinham desaparecido, ficando só a da Chapadista que já desde 1866 fazia tocatas na porta da Capela do Senhor do Bonfim por ocasião das novenas."[36]

Na verdade, a julgar pelo que escreveria em 1923 o memorialista baiano Antônio Garcia em artigo sobre "usanças baianas", intitulado "A festa dos jangadeiros", D. Raimunda Porcina de Jesus organizara sua banda em moldes realmente tão profissionais, que já em meados de 1880 podia concorrer inclusive com ternos de barbeiros até fora da área urbana, como aconteceu na festa de Nossa Senhora de Santana no Rio Vermelho:

"A bizarra esquadrilha de jangadas, pompeando vistosas descortivas, em que eram aproveitados até lenços de rapé e em grandes chales de ramagens, movimentavam-se ao se aproximarem os 'chefes da terra e de mar' entrajados de branco, largas faixas a tiracolo — insígnias de seu posto./ Procedidos de um terno de 'barbeiros' e mais tarde da banda da Chapadista, estes figurantes obrigados pela tradição, passavam envaidecidos sob os arcos triunfais em direção à capitânea da flotilha indígena."[37]

---

[36] José Eduardo Freire de Carvalho Filho, *A devoção do Senhor J. do Bonfim e sua história*, Salvador, Tip. de S. Francisco, 1923, p. 138.

[37] Antônio Garcia, "A festa dos jangadeiros (usanças baianas)", *Revista do Instituto Geográfico e Histórico da Bahia*, nº 48, 1923, p. 285.

Assim, a partir daí, podia considerar-se encerrado com o ciclo da música de barbeiros a primeira experiência de música instrumental como nova espécie de serviço urbano: a de fornecimento de música para festividades públicas e diversões citadinas em geral. Fim de uma experiência cultural que ficaria marcada, nos dois centros em que o fenômeno documentadamente se produziu, por uma diferença sociologicamente curiosa. Enquanto no Rio, a corte, os barbeiros, iriam transmitir sua tradição musical aos mestiços da nascente baixa classe média urbana da era pré-industrial que iriam criar o choro, em Salvador o atraso no processo de desenvolvimento econômico-social deixava sua arte sem herdeiros. A partir dos últimos vinte anos do século que a vira nascer, passaria a existir agora acima da música de barbeiros da Bahia a das bandas militares (que no Rio fariam aparecer o maxixe, e no Recife o frevo carnavalesco) e, logo abaixo, a dos brincadores de capoeira e batedores de atabaques do povo miúdo, que com seus estribilhos marcados por palmas acabariam produzindo o samba. O barbeiro liberal da velha sociedade do Brasil colônia e do Brasil império, esse perdia definitivamente o privilégio do lazer que havia permitido a concretização de sua vocação artística, guardava sua flauta no baú, e empregava-se numa barbearia como simples assalariado, sem qualquer compensação de arte em seu ofício.

3.
BANDAS NOS CORETOS, MARCHAS E FREVOS NAS RUAS

A continuidade da tradição no campo da produção de música instrumental ao gosto das amplas camadas das cidades, iniciada em meados de Setecentos pelos ternos de barbeiros com a chamada música de porta de igreja, ia ser garantida a partir da segunda metade do século XIX pelas bandas de corporações militares nos grandes centros urbanos, e pelas pequenas bandas municipais ou liras formadas por mestres interioranos, nas cidades menores.

Formadas a partir do século XIX em alguns regimentos de Primeira Linha, em substituição da confusa formação de músicos tocadores de charamelas, caixas e trombetas vindos dos primeiros séculos da colonização, as bandas militares tiveram organização e vida precárias até à chegada do príncipe D. João com a corte portuguesa em 1808.

Na verdade, quando o príncipe regente desembarcou no dia 6 de março de 1808 no Rio de Janeiro, vindo da Bahia, o cronista Luís Gonçalves dos Santos, o padre Perereca — que relataria todos os lances da chegada em sua *Memória para Servir à História do Brasil* —, não encontrou bandas para citar, declarando apenas ter ouvido "alegres repiques de sinos, e os sons dos tambores, e dos instrumentos músicos, misturados com o estrondo das salvas, estrépitos de foguetes, e aplausos do povo".[1]

---

[1] Padre Luís Gonçalves dos Santos ("Padre Perereca"), *Memórias para servir à história do Brasil*, Rio de Janeiro, Livraria Editora Zélio Valverde, 1943, vol. 1, p. 211.

A existência de uma banda naquele dia festivo não teria escapado ao minucioso *padre Perereca* pois, dez anos mais tarde, em 1818, quando o mesmo príncipe D. João foi aclamado rei com o título de D. João VI, não esqueceria de anotar a presença de "uma numerosa banda de música dos regimentos da guarnição da Corte". Assunto a que voltava adiante, ao descrever o desfile militar realizado na ocasião: "Outra banda de música fechava esta cavalcata, após a qual se seguia uma companhia de cavalaria da real guarda da polícia, comandada por um capitão, e dois subalternos, igualmente em grande uniforme".[2]

A formação de bandas militares durante o período colonial deve ter esbarrado na dificuldade em incorporar instrumentistas de sopro num tempo em que seriam raros, dificuldade que logo explicaria, aliás, a posição especial que gozariam os músicos fardados quando se iniciou a sua profissionalização. Atraídos aos quadros militares por sua rara qualificação, músicos civis vestiam a farda e passavam a fazer parte dos corpos de tropa muitas vezes conservando seus próprios instrumentos, o que os levava a comportarem-se não como militares, mas como funcionários contratados, com equiparação a oficiais, para efeito de soldo. Após a Independência de 1822, quando esse problema de preenchimento dos quadros de músicos militares se tornou mais grave (a luta contra a resistência das tropas portuguesas multiplicava os batalhões), a única forma de contar com músicos foi o recrutamento, o que encheu os quartéis de amadores. E o resultado dessa improvisada formação da Música dos Regimentos era quase cômico. Em sua descrição do Rio de Janeiro de 1823, por exemplo, o alemão ao serviço da marinha russa Otto Von Kotzebue, referindo-se às festas do primeiro aniversário da coroação de D. Pedro I (o futuro Pedro IV de Portugal), depois de registrar que os soldados formados fumavam, além de "fazer outras coisas inconvenientes", anotava:

---

[2] Padre Luís Gonçalves dos Santos, *op. cit.*, vol. II, p. 617.

"A música atraiu, sobretudo, a minha atenção. Cada coronel tem direito de dar aos músicos de seu regimento o uniforme que lhe apraz; e por um efeito de diversidade de gostos, esses uniformes são muito diferentes, posto que geralmente no gosto asiático."[3]

Conclui-se, pois, que só no período posterior à Independência as bandas dos regimentos de Primeira Linha começaram a merecer maior atenção das autoridades, passando a ocupar a condição de instituição isolada na produção de música oficial até ao aparecimento das bandas da Guarda Nacional, a partir da década de 1830.

As bandas de música da Guarda Nacional — organização paramilitar criada pelos grandes proprietários por Lei de 18 de agosto de 1831 — foram as primeiras a incluir em seu repertório, além dos hinos, marchas e dobrados, peças de música clássica e popular. A iniciativa marcava, pois, o início da competição da música institucionalmente organizada com a criação espontânea da música de barbeiros, até então dominando com exclusividade pelo menos o setor das festas de adro.

Formadas quase simultaneamente em vários pontos do Brasil, o que conferia ao seu repertório uma repercussão nacional (desde 1840 havia notícia dessas bandas no Rio, Minas, São Paulo e Goiás), as bandas da Guarda Nacional vinham contribuir para a valorização da profissão de músico, através da guerra de prestígio que estabeleceriam desde meados do século XIX com as bandas dos regimentos de Primeira Linha.

---

[3] Otto Von Kotzebue, *Neue Reise Um Die Welt, In Den Jahren 1823-1826, c'est-à-dire Nouveau voyage autour du monde, fait par... dans les années 1823 à 1826*, Saint-Pétersbourg, 1830, 2 vols. A citação é da parte referente ao Rio de Janeiro, segundo tradução de Rodolfo Garcia publicada no tomo 80, de 1916, da *Revista do Instituto Histórico e Geográfico Brasileiro*, Rio de Janeiro, Imprensa Nacional, 1917, pp. 507-25.

Esta particularidade, aliás, chegaria mesmo a interferir na distribuição da própria disciplina, pois o fato de ser músico, além de garantir dispensa de todos os serviços militares, ainda servia para desculpar até mesmo infrações graves. Em pesquisa sobre a música da Guarda Nacional publicada em 1968, Joanne Berrance de Castro cita ofício do comando da Guarda Nacional de São Paulo dirigido ao presidente da província, no qual o comandante, ao referir-se à música do 1º Batalhão, lamenta a prisão do tocador de clarinete Manuel Eufrásio, "solicitando então a soltura do preso, o que lhe foi concedido".[4]

Além de todas essas circunstâncias decorrentes da dificuldade em encontrar músicos suficientes, a vida das bandas militares, principalmente as da Guarda Nacional, iria ser favorecida pelo sistema de financiamento de suas atividades na base de doações.

Enquanto nos regimentos de Primeira Linha a "sustentação" da música ficava a cargo dos oficiais (o que os levava a conceder privilégios aos músicos para garantir sua boa vontade e disposição), na Guarda Nacional as despesas com a banda eram cobertas pelas contribuições dos componentes da corporação. "Pagar para a música", como se chamava então essa forma interesseira de contribuição, livrava os doadores de suas obrigações, constituindo às vezes problema reunir uma companhia no momento necessário, tal a quantidade dos oficiais que alegava a desculpa de "pagar para a música". O cômico das situações criadas com tal precedente seria por sinal explorado pelo teatrólogo carioca Martins Pena na primeira versão de sua comédia em um ato *O Judas em Sábado de Aleluia*, ambientado no Rio de Janeiro de 1844, e onde fazia o personagem capitão Ambrósio recuar ante os comentários maldosos sobre a falta de gente para sua companhia, pois mais da metade "pagava para a música":

---

[4] Jeanne Berrance de Castro, "A música na Guarda Nacional", in Suplemento Literário de *O Estado de S. Paulo*, de 31 de maio de 1969.

"Homem, isto é o diabo! Sabe que mais? Avise a alguns dos que pagam para entrarem de novo para o serviço. Diga-lhes que [é] ordem que tivemos do comandante superior. Basta que fiquem pagando aí uns vinte e cinco ou trinta... Chega! Lá mais para diante os dispensaremos de novo, e mesmo pode-se aumentar a prestação. Vamos ao sargento; é preciso entendermo-nos com ele."[5]

O fato é que, com essa valorização das bandas de tropas da Primeira Linha e da Guarda Nacional, centenas de músicos de origem popular encontravam oportunidade de viver de suas habilidades e do seu talento, contribuindo para identificar com o povo, através da música de coreto e de festas cívicas, um tipo de formação instrumental muito próxima das orquestras das elites. E a prova de que a ação das bandas militares extrapolava realmente suas funções estritas é que os próprios civis imitavam sua formação, criando bandas semelhantes para tocar música de baile ou de coreto de praça e, já no início do século XX, para a gravação dos primeiros discos, como foi o caso da Banda da Casa Edison, fundada em fins do século anterior, ainda no tempo dos gramofones de cilindros.

No que se refere à música popular brasileira, a maior contribuição das bandas militares foi, inegavelmente, as criações do maxixe no Rio de Janeiro e do frevo em Pernambuco.

---

[5] Luís Carlos Martins Pena, "Judas em Sábado de Aleluia", comédia em um ato, in *Teatro de Martins Pena — vol. I: Comédias*, cit. A fala é uma variante do texto-base (edição de 1873 do acervo da Biblioteca Nacional do Rio de Janeiro), e que o responsável pela edição, Prof. Darcy Damasceno, dá como constando do manuscrito de 1844, do próprio Martins Pena. No texto de 1873 o autor reduziria a fala do Capitão para: "É o diabo: É preciso cautela. Vamos à casa do sargento, que lá temos que conversar. Uma demissão me faria desarranjo. Vamos".

Embora discordando em vários pontos quanto a pormenores da sua história, os estudiosos do frevo pernambucano são unânimes em concordar que as origens do *passo* (nome atribuído às figurações improvisadas pelos dançarinos ao som daquela música) está na presença de arruaceiros e valentões chamados de *capoeiras* que saíam gingando e aplicando rasteiras durante os desfiles das duas mais famosas bandas militares do Recife de fins do século XIX: a do 4º Batalhão de Artilharia (chamada "do Quarto"), e da Guarda Nacional, conhecida por Espanha, por ter como mestre o músico espanhol Pedro Garrido.

O costume de valentões abrirem caminho de desfiles de bandas fora comum em outros centros urbanos, como o Rio de Janeiro e Salvador, principalmente nas saídas de procissões. No caso especial do Recife, porém, a existência de duas bandas rivais em importância serviu para dividir os capoeiras em partidos. E estabelecida essa emulação, os grupos de capoeiras passaram a demonstrar sua agilidade aproveitando a *musga* do Quarto e do Espanha em verdadeiras competições coreográficas facilitadas pela multiplicação das síncopas, que os músicos entraram a providenciar para lhes incentivar o virtuosismo. Segundo o historiador pernambucano Mário Melo, aliás, tal ligação do frevo com as bandas militares não se teria reduzido a essa colaboração espontânea dos músicos, durante as execuções das marchas, mas contou com o talento de um regente da Banda do Quarto, o capitão José Lourenço da Silva, o *Zuzinha*, na fixação do novo estilo:

> "Por esse tempo [início do século XX] vindo de Paudalho, onde era mestre de música, estava aqui como regente da banda do 40º Batalhão de Infantaria aquartelado nas Cinco Pontas o Zuzinha, hoje [escrevia em 1938] capitão José Lourenço da Silva, ensaiador da Brigada Militar do Estado. Foi ele quem estabeleceu a linha divisória entre o que depois passou a chamar-se de frevo e a marcha-polca, com uma com-

posição que fez época e pertencia ao repertório da minha gaitinha dos tempos acadêmicos."[6]

No Rio de Janeiro, tais relações entre as bandas militares e a música popular iriam ser favorecidas pelo advento do Carnaval à europeia, em 1855, por iniciativa do escritor José de Alencar numa tentativa de superpor ao Entrudo popular um estilo de divertimento mais ao agrado da classe média. A ideia era a da realização de desfiles de carros alegóricos e, logo no primeiro, realizado naquele mesmo ano (conforme informação do próprio escritor), os foliões puderam contar com a música da mesma banda que, aos domingos, tocava para as famílias no interior do Jardim do Passeio Público:

"Na tarde de segunda-feira", escrevia José de Alencar no jornal *Correio Mercantil* do Rio de Janeiro de 14 de janeiro de 1855, anunciando o desfile dos carros do Congresso das Sumidades Carnavalescas, "em vez do passeio pelas ruas da cidade, os máscaras se reunirão no Passeio Público e aí passarão a tarde como se passa uma tarde de carnaval na Itália, distribuindo flores, confete e intrigando os conhecidos e amigos". Ao que acrescentava, revelando a origem das bandas convocadas para a animação de tão delicado Carnaval, em contraste com a violenta explosão popular do Entrudo do povo miúdo: "Naturalmente, logo que a autoridade competente souber, ordenará que a banda de música que costuma tocar aos domingos, guarde-se para a segunda, e que, em vez de uma, sejam três".

Na verdade, uma das poucas oportunidades que a maioria da população das principais cidades brasileiras tinha de ouvir qualquer espécie de música instrumental, nessa segunda metade do século XIX, era de fato a música domingueira dos coretos das praças ou jardins, proporcionada pelas bandas marciais. Pois foi

---

[6] Mário Melo, "Origem e significado do frevo", in *Anuário do Carnaval Pernambucano*, Recife, 1938.

exatamente pela necessidade de entremear as marchas militares e dobrados com músicas do agrado do público de gosto popular que essas bandas de corporações fardadas começaram a incluir em seus repertórios os gêneros mais em voga àquele tempo ou seja, as valsas, polcas, *schottisches* e mazurcas importadas da Europa para atender aos propósitos de modernidade das novas camadas da pequena burguesia.

Eram esses ritmos urbanos, afinal de contas, que algumas dessas bandas já estavam tocando nos bailes de mascaras realizados nos teatros, durante o Carnaval, e que logo passariam às sedes das chamadas Sociedades — os tais clubes promotores dos desfiles com carros alegóricos — e, a partir da década de 1880, aos bailes realizados em seus salões para os sócios, durante todo o ano.

Em seu anúncio conclamando o público a comparecer a seus "três grandes bailes mascarados" das noites de 2, 3 e 4 de março de 1862, os responsáveis pela promoção já anunciavam, de fato, que a música estaria a cargo de "duas superiores bandas militares (Fuzileiros e Artífices de Guerra)". Do repertório dessas bandas, aliás, fazia parte nas três noites, além da valsa "Maxambomba", duas polcas e oito quadrilhas. Uma destas, a intitulada "Mal das Vinhas" (nome de um personagem popular carioca), incluiria o som de "repiques de sinos, castanholas, matracas, ticos, etc.".

Nada havia mesmo a estranhar nesse progressivo envolvimento das bandas marciais com a música popular uma vez que, na década de 1880, a própria origem predominantemente urbana dos militares, em geral, levava-os a desejar a participação no Carnaval. Os alunos das escolas militares, principalmente, quase todos saídos da nascente classe média citadina prejudicada pelo predomínio do mundo rural que sustentava o II Império, encontravam nos desfiles carnavalescos a oportunidade ideal para manifestar, através dos "carros de crítica", o seu pensamento político de oposição. Em 1886, por exemplo, enquanto no Carnaval de Porto Alegre um clube formado por oficiais e alunos da Escola Militar desfilava exibindo "três montagens cenográficas razoáveis", no Rio de Janeiro outro clube de igual formação militar, o irônico Escravocratas Carnavalescos, apresentava-se com um carro de crítica sob a forma de um grande barco ornado com cebolas, e dentro do qual um militar vestido de fazendeiro imitava o político conservador Martinho de Campos (natural de Cebolas, no estado do Rio) fazendo discursos escravagistas para o público, tendo ao lado uma grande faixa de pano em que se lia a frase de Martinho, na Câmara: "Eu não embarco nessa canoa...".[7]

Assim empregados regularmente como conjuntos instrumentais para animar bailes carnavalescos e tocar em coretos, procissões e festas de adro de igreja, as bandas de corporações fardadas iriam encontrar afinal, em 1896, o mais alto momento da sua vocação democrática e da qualidade da sua música com a criação do maior e mais duradouro núcleo de formação de instrumentistas já criado no Brasil: a Banda do Corpo de Bombeiros do Rio de Janeiro.

A nova instituição, organizada pelo grande compositor e músico de choro Anacleto de Medeiros (1866-1907), surgia no momento em que a então capital do país se orgulhava de possuir o mais numeroso conjunto de bandas militares de todo o Brasil, o que garantia desde logo o título de principal centro formador de músicos profissionais. De fato, quando Anacleto de Medeiros (até então regente da Banda do Recreio Musical Paquetaense e de orquestras de baile de Carnaval) recebeu a incumbência de criar uma banda para o Corpo de Bombeiros carioca, existiam no Rio de Janeiro, além das bandas normais dos vários regimentos do Exército, a antiga Banda dos Fuzileiros, criada em 1808, após a chegada do Príncipe D. João, a Banda do Corpo de Marinheiros, a Banda da Guarda Nacional, a Banda do Corpo Policial da Província do Rio de Janeiro, a Banda do Batalhão Municipal, a Ban-

---

[7] Informação colhida no artigo "O Carnaval de outrora: de 65-75 a 80-90. O que foi. Os antigos clubes e grupos", publicado na revista *Fon-Fon*, do Rio de Janeiro.

da do Corpo Militar da Polícia e a Banda da Escola Militar da Praia Vermelha.

Essas bandas colaboravam com sua música durante concentrações públicas, desde a Festa de Nossa Senhora da Glória, tão frequentada pela elite do tempo, até as da Festa da Penha e as de datas importantes para a massa do povo, como a de 13 de maio, em que se comemorava a abolição do regime escravo. Esta, aliás, iniciada no dia mesmo da assinatura do decreto no Campo de São Cristóvão, quando o desfile de tropas com sua música marcial oferecendo tema para uma cançoneta em que o autor narrava — entre imitações de toques de corneta — as divertidas peripécias de um casal, filho e sogra a caminho da festa no Campo de São Cristóvão:

> Bem contentes
> e diligentes
> prá São Cristóvão íamos nós afinal,
> os quatro a rir
> para assistir
> ao desfilar das tropas e à missa
> campal.

O aparecimento da Banda do V Corpo de Bombeiros, no entanto, coincidindo praticamente com o advento das gravações (de início em cilindros de cera e, a partir de 1902, em discos de setenta e seis voltas por minuto), iria permitir a esses agrupamentos musicais, em que predominavam os instrumentos de sopro, darem sua maior contribuição à música popular, através da recriação, às vezes com caráter quase orquestral, do variado repertório europeu de música de dança, devidamente nacionalizado pelos conjuntos de choro da baixa classe média.

Iria ser, aliás, da forma característica com que essas bandas executavam principalmente as polcas influenciadas pelo lundu, que iria marcar o som tão próprio para os movimentos de corpo dos dançarinos dos bailes de pobres, ao que tudo indica chamados de *maxixes*. Musicalmente, segundo observou com propriedade o estudioso maestro Guerra Peixe, o que se viria a conhecer por maxixe (e desde logo visto mais como forma de execução do que como gênero musical, a exemplo do que acontecia com o próprio choro) nada mais era do que a transposição para os instrumentos de registro grave das bandas — tuba, bombardino e trombone — do efeito de baixaria dos violões do choro, ou seja, "o contracanto na parte grave do instrumento".[8]

Ao lado da Banda do Corpo de Bombeiros do Rio de Janeiro, que conseguiria manter seu renome mesmo após a morte de seu criador em 1907 (o sucessor de Anacleto de Medeiros iria ser, aliás, um antigo músico de choro, o pistonista Albertino Inácio Pimentel, o *Carramona*), a música popular brasileira pôde contar com o prestígio de uma série de outras bandas militares, até mesmo em episódios cuja repercussão não se revelaria muito lisonjeira para a rigidez da disciplina das instituições fardadas.

O mais antigo desses episódios algo escandalosos provocados pela intimidade entre a música popular e as bandas marciais ocorreu em 1906, no Rio de Janeiro, envolvendo — muito a propósito — a atuante Banda do Corpo de Bombeiros e a pioneira Banda do Corpo dos Fuzileiros Navais, vinda do tempo de D. João.

Desde o início do século, o vigário da Igreja de Santa Rita, fronteira à praça do mesmo nome, na zona central do Rio, costumava solicitar a presença de bandas militares para animar a festa de arraial organizada em homenagem à santa, no mês de maio.

Postadas as bandas sobre os coretos armados com frente para a igreja, era costume, após a execução do primeiro número musical de cada banda, receber o mestre os cumprimentos do regente da outra. Nesse ano de 1906, entretanto, sem que se viesse a saber a causa, o regente da Banda dos Fuzileiros deixou de cum-

---

[8] Guerra Peixe, "Variações sobre o maxixe", in jornal *O Tempo*, São Paulo, 26 de setembro de 1954, p. 18.

prir sua parte no ritual de elegância após a exibição dos músicos de Anacleto Medeiros. Tal atitude, traduzindo por certo alguma rixa surda entre as duas corporações, foi seguida imediatamente de um conflito em que voaram bombos e trombones, e que só teve fim com a chegada de uma patrulha chamada às pressas pelo vigário de Santa Rita. E o resultado foi que, no ano seguinte, o precavido vigário fez construir apenas um coreto, passando a convidar desde então, para animar as festas anuais, uma banda de cada vez.

Mais escandaloso, no entanto, seria o caso criado um ano depois por uma banda do exército, ao tocar na cerimônia de encerramento das manobras militares em Santa Cruz, diante do próprio ministro da Guerra e dos oficiais estrangeiros convidados, o buliçoso maxixe carnavalesco "Vem cá, Mulata!". Reiniciada em 1905 pelo então comandante do 4º Distrito Militar, general Hermes da Fonseca, a prática das manobras militares (interrompida durante quase vinte anos), o movimento de tropas pelos subúrbios cariocas, na direção do Campo dos Cajueiros, no Curato de Santa Cruz, transformou-se numa grande festa popular, com os soldados cantando em marcha pelas estradas, e suas famílias seguindo em superlotados trens da Central para visitá-los aos domingos no simulado campo de batalha, entre comedorias, frutas e refrescos. Pois em setembro de 1906, já convidado para ministro da Guerra do governo Afonso Pena, inaugurado a 15 de novembro daquele ano, o recém-promovido marechal Hermes da Fonseca comandava sua segunda grande manobra em Santa Cruz quando o ministro alemão, barão Von Reichau, presente aos exercícios na qualidade de adido militar da Alemanha, pediu a banda militar do exército para tocar alguma música brasileira. Para os músicos saídos do povo o pedido era certamente o mais fácil e mais agradável de atender: a um sinal do mestre, atacaram, cheio de remelexos, o tango-chula de Arquimedes de Oliveira que se revelara o maior sucesso durante o Carnaval daquele ano, dançado como maxixe nas ruas, nos clubes, e no palco do Palace-Teatro desde um mês antes, numa revista sob aquele mesmo título nada protocolar de "Vem cá, Mulata!". Dias depois, por aviso do ministro da Guerra, marechal Hermes da Fonseca, ficavam as bandas militares proibidas de incluir maxixes em seus repertórios.

O papel das bandas como divulgadoras de música popular não se restringiu ao Rio de Janeiro. Em São Paulo, segundo o pesquisador Aluísio de Almeida em seu estudo *Folclore da Banda de Música*, "a Banda da Polícia já era boa quando, no Império, a Força Pública se chamava Corpo dos Permanentes". E acrescentava: "Nos primeiros anos da República, a banda de música da polícia ou da Força Pública de São Paulo tornou-se a melhor do Estado, sob a regência do maestro Antão".[9]

Ao que tudo indica, a música dessa banda paulistana gozava mesmo de grande popularidade entre o público da capital do estado que comparecia para ouvi-la tocar nas noites de quinta-feira no coreto do Jardim da Luz, e aos domingos no palácio do Governador, pois logo no início do século a Casa Edison, do Rio de Janeiro, começa a lançar no mercado uma série de discos da Banda da Força Policial de São Paulo, levando por vezes no selo do disco a indicação expressa: "Dirigido pelo maestro Antão".[10]

O curioso é que, ao contrário dos músicos de Anacleto de Medeiros, muitos deles oriundos dos meios do choro carioca, os da Banda da Força Policial de São Paulo não conseguiam ultrapassar sob a batuta do maestro Antão Fernandes a rigidez do som

---

[9] Aluísio Almeida, "Folclore da banda de música", *Revista do Arquivo Municipal de São Paulo*, vol. CLXXVI, 1960, p. 56.

[10] A existência da mazurca "Sonho de Amor" gravada no disco Odeon de nº 40.709, sob a indicação "1º Reg. da Força Policial", faria remontar as primeiras gravações sob a regência de Antão Fernandes a meados do primeiro decênio do século. O nome do maestro só começa porém a aparecer expressamente nos selos dos discos a partir da série 108.000, o que situa seu período de maior atividade pela altura de 1910. De fato, um desses discos é o da valsa da opereta *A Viúva Alegre*, cujo pico de sucesso no Rio de Janeiro é alcançado em 1909, quando nada menos de cinco companhias a encenaram com bom público.

marcial que constituía a base do seu repertório, mesmo nas peças populares mais alegres como a marcha carnavalesca "A Vassourinha", que em disco de 1915 apareceria com uma introdução típica de dobrado militar.

Na Bahia, finalmente, era a Banda do 1º Batalhão da Polícia que, por volta de 1917, iria começar também a gravar discos para a Casa Edison, revelando o alto nível dos músicos baianos e a excelência dos arranjos de seus mestres em dobrados como o "Duzentos e Vinte" e o "Inglezinha".

Tal importância nacional assumida pelas bandas militares, ao serem democraticamente postas ao serviço da divulgação da música popular em discos e apresentações em lugares públicos, acabaria por traduzir-se, inclusive, na dignidade conferida a seus músicos. Uma prova disso seria oferecida no Rio de Janeiro pelo maestro Jesus, do Batalhão Naval que, após gravar durante anos à frente da banda não apenas dobrados e marchas, mas valsas e tangos brasileiros — como o "Matuto", de Marcelo Tupinambá —, fazia depois constar dos selos dos discos por ele gravados a partir de 1920 com os músicos do conjunto particular que formara: "Grupo do Jesus Batalhão Naval".

Às vésperas da década de 1930 outra dessas indicações da importância das bandas populares para a divulgação de música popular revelar-se-ia na criação, em 1927, pela fábrica de discos Odeon, de uma Orquestra Militar Parlophon, especialmente para gravar discos sob seu novo selo Parlophon. E em 1931, em artigo para a revista *Weco*, da Casa Carlos Wehers (editora de música e vendedora de instrumentos musicais), o funcionário da editora Djalma De Vincenzi, viria referendar definitivamente o prestígio popular das bandas militares, ao sugerir que passassem a incluir em seus repertórios peças de músicos eruditos brasileiros da então florescente escola nacionalista:

> "Certamente que seria de muita conveniência ir
> aos poucos habituando essa gente [referia-se ao povo
> das praças públicas, reunido para ouvir música de co-

reto] a apreciar também boas melodias, e assim modificar o juízo de que os concertos públicos são unicamente para os que têm pelos sambas e maxixes restrita preferência; e não compreendem a beleza e valores artísticos das obras musicais de Miguez, Delgado de Carvalho, Barroso Neto, Nepomuceno, Fróes, Francisco Braga, Francisco Mignone, Lorenzo Fernandes, Assis Republicano, e outros tantos inspirados compositores patrícios."[11]

Segundo ainda o autor do artigo, por esse início da década de 1930 os jornais costumavam publicar aos sábados os programas das audições dominicais das bandas militares programadas para as praças públicas do Rio — como as da Harmonia, Saenz Peña e da Glória — e, quando isso não acontecia, era aos mestres que cabia a escolha das músicas, dominando então o gosto popular:

"Geralmente, quando não é fornecido programa à imprensa, o mestre faz executar em maioria músicas populares, sejam os sambas e marchas em maior evidência, ou *fox-trots* conhecidos, de filmes americanos, sincronizados, para os quais conta com a simpatia dos ouvintes, estes na quase totalidade compostos de gente modesta e de cultivo rudimentar."[12]

Com o advento do Estado Novo instituído em 1937 por Getúlio Vargas — que governaria o país como ditador até ao ano de 1945 —, as bandas militares foram retiradas dos coretos e das praças, recomeçando, porém, a partir de 1943, a comparecer nos

---

[11] Djalma De Vincenzi, "Nacionalizando o repertório das bandas militares", revista *Wecco*, da Casa Carlos Wehrs, nº 2, Rio de Janeiro, 1931.

[12] *Ibidem*.

estúdios para gravar inicialmente hinos patrióticos e dobrados, e logo, em inícios da década de 1950, a retomar a tradição do cultivo do repertório de música popular. O que ia permitir, inclusive, em 1960, a volta da velha Banda do Corpo de Bombeiros do Rio de Janeiro com a gravação, já na era do *long-playing*, de um disco que se transformaria num clássico, e cujo título, aproveitando o nome de uma das músicas, parecia uma promessa afinal não cumprida: *Estão Voltando as Flores*.

4.
A NACIONALIZAÇÃO SONORA PELO CHORO

O desaparecimento dos grupos de música de barbeiros, substituídos em sua função de fornecedores de música para festas públicas pelas bandas militares nos grandes centros, e pelas liras e bandinhas municipais nas pequenas cidades, marcará pelos meados de Oitocentos o fim da primeira experiência de produção de um som instrumental posto ao alcance das grandes camadas urbanas por representantes dessas mesmas maiorias.

É bem verdade que os instrumentos usados pelos barbeiros negros e mestiços, e a maioria das peças escolhidas para o seu repertório, tinham mais a ver com a realidade cultural dos brancos das classes altas da colônia do que com a do próprio público a que tais músicas se dirigiam mas, pelo próprio tom irônico usado pelos visitantes estrangeiros para descrever-lhe o som, já nele devia haver algo que justificava o nome de "ritmo de senzala".[1]

---

[1] A expressão foi divulgada por Mariza Lira no artigo "A glória do Outeiro na história da cidade", publicado dentro da série mantida pela autora em sua coluna "Brasil Sonoro" do jornal *Diário de Notícias*, do Rio de Janeiro, a 4 de agosto de 1957. Mariza Lira afirmava que os músicos barbeiros "imprimiam a tudo o que tocavam, um ritmo estranho, chamado 'ritmo de senzala', que mais não era que o ritmo afro-negro". Como de seu estilo, porém, a autora deixava de indicar a fonte de onde retirava a expressão citada entre aspas. De qualquer forma, em seu livro *Francisco Manuel e seu tempo, 1808-1865* (Rio de Janeiro, Edição Tempo Brasileiro, vol. I, 1967) o crítico e musicólogo Ayres de Andrade parece concordar com a existência desse *quid* musical brasileiro das bandas de barbeiros, ao citá-los como "grupos instrumentais que pareciam profetizar os futuros e inconfundíveis choros cariocas" (*op. cit.*, p. 10).

Tivessem ou não os músicos barbeiros chegado a desenvolver até aos anos de 1860 um estilo de tocar facilmente reconhecível aos ouvidos do público, o certo é que isso iria acontecer a partir da década seguinte com a entrada em cena, no Rio de Janeiro, de tocadores saídos da baixa classe média contemporâneos do surto de desenvolvimento proporcionado pela riqueza do café no Vale do Paraíba. Liberado desde 1844 das obrigações do tratado de comércio arrancado pela Inglaterra em troca do reconhecimento da Independência do Brasil (tarifa máxima para mercadorias inglesas era de 15% *ad valorem*), o governo imperial de D. Pedro II, após vencer o déficit público com a melhoria da arrecadação (cem mil contos em 1858), e ver duplicadas as exportações (12 milhões de libras ouro entre 1841-1842, 27 milhões em 1856-1857), passou a adotar taxas protecionistas que serviram para estimular a multiplicação das manufaturas e os primeiros ensaios de industrialização. E quando a exportação do café passou a garantir quase a metade das divisas do país em 1860, Sua Majestade Magnânima pôde iniciar, afinal, uma série de melhoramentos urbanos na capital do império. Após as novidades do telégrafo em 1852, das comunicações por cabo submarino em 1855, e das primeiras linhas de estrada de ferro do Rio para Petrópolis em 1854, e no caminho de São Paulo em 1855, inaugura-se o sistema de *tramways* (bondes puxados a burros) em 1859, o gasômetro para iluminação da cidade a gás em 1860, dá-se início as obras de canalização dos esgotos em 1864, vem-se a saber pelo primeiro censo geral que a corte tem duzentos e setenta e quatro mil novecentos e quarenta e dois habitantes em 1872 e, finalmente, após falar-se por telefone desde 1877, pode assistir-se em 1879 — prova definitiva de modernidade — à primeira experiência com a luz elétrica.

Como não podia deixar de ser, essa multiplicação de obras e negócios (favorecidos estes, aliás, pela liberação de capitais com a extinção do tráfico em 1850, e pelos fornecimentos ao governo durante a guerra contra o Paraguai, até 1870), ao implicar na divisão do trabalho, iria alterar a simplicidade do quadro social herdado da colônia e do primeiro reinado. E isso se traduziria no aparecimento, ao lado da moderna figura do operário industrial (as velhas fábricas de chapéus e calçados vinham somar-se outras, como a primeira fábrica de chocolate em 1864 e a de fumos e cigarros em 1874), das camadas algo difusas dos pequenos funcionários de serviços públicos — repartições civis e militares, Correios e Telégrafos, Alfândega, Casa da Moeda, Arsenal da Marinha, Estrada de Ferro Central do Brasil —, e de empresas particulares (inglesas, belgas e norte-americanas) da área dos transportes urbanos, da produção de gás e da iluminação pública.

Ora, como tal gente que logo se espalharia pelas casas de porta e janela da Cidade Nova (o bairro construído sobre os antigos mangues estendidos até ao Rocio Pequeno, próximo da estação da Central do Brasil), e pelas casas de vila do centro antigo da cidade até aos bairros do Estácio e da Tijuca, não contava com espaço próprio no acanhado quadro social delineado pela antiga divisão entre senhores e escravos, foi-lhes preciso criar formas próprias de participação. Assim, enquanto os melhor situados na distribuição dos empregos procuravam equiparar-se à pequena burguesia europeia frequentando os espetáculos das *lorettes* francesas do Alcazar Lyrique da Rua da Vala (hoje Uruguaiana) — o que levaria o romancista Joaquim Manuel de Macedo a datar de 1864 "a dissolução dos costumes do Rio de Janeiro" —, a camada mais ampla dos pequenos burocratas passava a cultivar a diversão familiar das reuniões e bailes nas salas de visita, ao som da música agora mais comodamente posta ao seu alcance: a dos tocadores de valsas, polcas, *schottisches* e mazurcas à base de flauta, violão e cavaquinho. E por serem bailes modestos, "que a sociedade elegante olha com desdém", receberiam logo o nome depreciativo de forrobodó, maxixe ou chinfrim, como revelava em sua crônica no jornal *O País*, ainda na década de 1870, o teatrólogo França Júnior:

> "Não há habitação modesta onde, no dia seguinte ao de um forrobodó, maxixe ou chinfrim, como se

diz na gíria, não se veja a dona da casa a mandar a negrinha empastar de barro as manchas de gordura que sujam o soalho."[2]

Festa de gente simples, aliás, que o próprio França Júnior descreveria em outra crônica intitulada "Bailes", no mesmo jornal, mostrando existir uma sutil gradação social entre as camadas médias, pois admitiam uma "terceira classe": a dos mestiços situados na linha divisória com os trabalhadores nacionais e os imigrantes, e que forçavam sua ascensão através do apadrinhamento político:

> "Os bailes de terceira classe não reúnem a flor da sociedade, mas sim, a flor da gente, que é a flor da política ['flor da gente' eram os capoeiras e valentões ao serviço dos políticos].
> Têm por teatro uma casa térrea, de rótula e janela, em cujos peitoris há sempre uma fila de espectadores, que aprovam e reprovam, comentam e ampliam o que veem lá dentro; sendo necessária muitas vezes a intervenção policial para impedir conflitos.
> A sala recende a água florida, e a essência de canela e alfazema.
> Escusado é dizer que não há etiquetas.
> A música, que compõe-se de flauta, violão e rabeca, é executada por amadores.
> Os cavalheiros trajam calça flor de alecrim e paletó alvadio; as damas, cores tão fortes como os perfumes que usam."[3]

---

[2] França Júnior, *Folhetins*, Rio de Janeiro, Jacinto Ribeiro dos Santos, Editor, 1926, p. 395.

[3] *Ibidem*, p. 38.

A compreensão de como atuavam os músicos chamados a animar tais festas e bailes populares, e a identificação social dos integrantes desses grupos de choro, seria proporcionada pelo aparecimento, em 1936, do livro de memórias de um desses "chorões antigos", o já então veterano tocador de violão e carteiro aposentado Alexandre Gonçalves Pinto, o *Animal* (alcunha que lhe adviera do fato de participar dos ranchos pastoris organizados por Melo Moraes Filho fazendo a burrinha).

Nesse seu livro intitulado *O choro: reminiscências dos chorões antigos*, "lembrando fatos de 1870 para cá", ou seja, cobrindo um período de mais de sessenta anos (considerando que escrevia em 1935), o simplório carteiro faz desabrochar velhas lembranças em que recorda os "chorões ao luar, os bailes das casas de família, aquelas festas simples onde imperava a sinceridade, a alegria espontânea, a hospitalidade, a comunhão de ideias e a uniformidade da vida". Depois de rasgados elogios ao lendário flautista Calado, que "tornou-se um Deus para todos que tinham a felicidade de ouvi-lo", Alexandre Gonçalves Pinto inicia o desfile dos nomes dos antigos companheiros músicos, sempre citando — em boa hora — as ruas em que moravam, os bairros em que se davam as principais festas e quase sempre as suas profissões. De um Gedeão (morto já ao tempo em que escrevia) dizia, por exemplo, em sua escrita falada e sem pontuação certa: "Morava numa pequena casa na Rua Machado Coelho perto do Estácio, esta casa era reunião dos chorões, sendo portanto uma grande escola de musicistas, onde o autor deste livro ia ali beber naquela fonte sua aprendizagem de Violão e Cavaquinho".[4]

---

[4] Alexandre Gonçalves Pinto, *O choro: reminiscências dos chorões antigos*, Rio de Janeiro, s/e, 1936. Todas as citações de Alexandre Gonçalves Pinto são deste livro, que teve reprodução fac-similar no Rio de Janeiro — Edição Funarte, 1978 — abrindo a série "MPB Reedições" daquele órgão do Ministério de Educação e Cultura.

E assim por esse precioso livro — "pobre de literatura, porém, rico de recordações", como o próprio Alexandre admitia — que se sabe desde logo que o choro não constituía um gênero, mas uma maneira de tocar, tendo-se estendido o nome sugerido pela forma chorosa da execução também às festas em que se reuniam os pequenos conjuntos à base do trio de flauta, violão e cavaquinho. Era o que ensinava o velho carteiro ao escrever:

> "Juca Flauta, como era conhecido, morava em uma avenida [vila de casas] na Rua Dona Feliciana, já naquele tempo bem velho, não era também um grande flautista naquele tempo, porém, tocava os choros fáceis como se fosse polca, valsa, quadrilha, chotes, mazurca, etc."

Onde, porém, o livro *O choro: reminiscências dos chorões antigos* do bom Animal se revelava mais importante era na indicação da condição social dos velhos componentes dos choros — funcionários dos Correios (o próprio Alexandre fora carteiro da 2ª Seção), soldados de polícia e outros componentes de bandas de corporações fardadas, feitores de obras, pequenos empregados do comércio e burocratas —, e na descrição dos ambientes em que se moviam.

Alexandre Gonçalves Pinto, para quem as lembranças eram "transmissores de saudades", recordava, por exemplo, os nomes de vários dos mais constantes promotores de reuniões musicais em seu tempo de moço, na segunda metade do século XIX, "como eram as festas da casa do Machado Breguedim, na Estação do Rocha". Machadinho esse, como era conhecido, que "era um flauta de nomeada", e cujos "choros organizados em sua residência eram fartos de excelentes iguarias e regados de bebidas finas". Abastança que Alexandre explicava pelo fato de o Machadinho ser "um alto funcionário da Alfândega" e pela circunstância de, sendo um bom "financeiro" (queria dizer um bom financista), possuir o talento de economizar em todos os itens da economia doméstica "para gastar em suas festas, onde reunia os músicos seus amigos". E lembrava:

> "As festas em casa do Machadinho se prolongavam por muitos dias, sempre na maior harmonia de intimidade e entusiasmo e eram dignos de grande admiração os conjuntos dos chorões que se sucediam uns aos outros querendo cada qual mostrar as suas composições e o valor de suas agilidades mecânicas e sopro aprimorado."

O que Alexandre Gonçalves Pinto dá a perceber é que, à falta de bailes públicos, onde os melhores instrumentistas pudessem ficar conhecidos do público nas orquestras (ou, como futuramente seria possível com o disco e a rádio, mesmo sem a presença física), os chorões mais bem dotados firmavam desde o século XIX a sua fama nessas festas particulares de maior nomeada correndo a notícia do seu virtuosismo de boca em boca, até firmar-se no consenso da população o seu conceito de grandes tocadores.

Na casa de Adalto, por exemplo, que o velho carteiro citava como "pessoa grata e de confiança do Marechal Floriano Peixoto" (o que situa suas festas no fim do século passado), as "brincadeiras eram realizadas com chorões escolhidos, tomando parte Anacleto de Medeiros, Luís de Souza, Lica, Gonzaga da Hora, José Cavaquinho, Mário, Irineu Batina, Carramona, Neco, José Conceição, Luís Brandão, Horácio Teberge, e muitos outros daquela época".

Através dessa sucessão de nomes recordados por Alexandre Gonçalves Pinto, obtém-se informações diretas ou indiretas para identificação das habilidades de pelo menos duzentos e oitenta e cinco chorões, entre os quais oitenta como tocadores de violão, sessenta e nove de flauta, dezesseis de cavaquinho, exclusivamente (isto porque grande parte dos violonistas também eventualmente tocava cavaquinho), e quinze sopradores de oficlide (o quarto instrumento mais usado no choro carioca antes do advento do saxofone, já por influência dos *jazz bands*, no início do século XX). De entre todos os cento e vinte e oito músicos cujas profissões o velho carteiro tornava possível determinar, cento e vinte e dois funcionários públicos (militares componentes de bandas do exército ou de corporações locais, e civis empregados em repartições federais e municipais), entrando os Correios e Telégrafos com o maior contingente, ou seja, com quarenta e quatro daquele total de cento e vinte e oito pequenos funcionários. Assim, depois dos Correios, a instituição de onde mais saíam músicos para os choros cariocas eram as bandas militares, o que facilmente se compreendia: como o recrutamento de músicos para as bandas era feito nas camadas mais baixas do povo, bastava tirar a farda a um músico militar para encontrar nele um autêntico chorão. E, realmente, o levantamento dos nomes citados por Alexandre Gonçalves Pinto permite identificar vinte e sete seus contemporâneos ligados ao choro como músicos militares, e isso sem contar como banda militar a do Arsenal de Guerra, integrada pelos operários daquela repartição da marinha.

Eram tais tipos de músicos, pois, que França Júnior mostrava em suas crônicas animando bailes da gente da classe média para baixo, e a importância que assumiam entre o seu público seria fácil de entender, considerado o papel sociocultural que — tal como os músicos barbeiros em seu tempo — lhes cabia representar.

O Rio de Janeiro de 1870 (que é até quando recuam as memórias do velho carteiro e a história do próprio choro) até cerca de 1930 (quando começam a desaparecer os últimos "chorões antigos" e os mais novos já se profissionalizam tocando na rádio e para gravações em discos) era, apesar de todas as mudanças durante o II Império, uma cidade ainda provinciana. As diversões públicas — como os cafés-cantantes dos remediados e os chamados chopes-berrantes dos mais pobres — só começariam a proliferar praticamente no início do século XX, quando após a abolição da escravidão e a multiplicação das indústrias provocou nova mudança brusca na fisionomia social da cidade. E tais diversões, aliás, vinham atender exatamente a esse público novo, que não mais se conformava apenas com a violência anual do Entrudo ou com as corridas eventuais de touros no Campo de Santana. Assim, é fácil compreender que as festas em casas de família tenham servido durante muito tempo para suprir essa falta de diversões públicas. É ainda o próprio carteiro autor das "crônicas do que se respirava no Rio de Janeiro neste período desde o tempo do João Minhoca, da Lanterna Mágica do Chafariz do Lagarto, dos Guardas Urbanos, dos pedestres, até hoje, com as polícias mais adiantadas", quem põe em relevo a importância das ruidosas comemorações de casamentos, aniversários e batizados, ao escrever, referindo-se aos choros que os animavam: "Quem não conhece este nome? Só mesmo quem nunca deu naqueles tempos uma festa em casa".

Ora, quem dava festas em casa "naquele tempo", ou seja, nos últimos anos do século passado e inícios do atual? A própria lembrança das crônicas de França Júnior mostra ser os que moravam em casas, isto é, os que não eram tão pobres a ponto de precisar viver nos barracos do Morro de Santo Antônio ou em quartos abafados de cortiços. Ou seja, eram as famílias da área da classe média, em geral, que viviam na cidade em casinhas de vila (as antigas "vilas operárias" construídas pelo governo ou pelos próprios donos das fábricas) ou nos bairros mais distantes ou subúrbios em chalés com horta e criação de galinhas no quintal. As festas — chamadas então de pagodes — compreendiam como ponto de honra para o dono da casa o fornecimento de comedorias, inclusive para os componentes dos choros, citando Alexandre Pinto o caso do carteiro flautista Salvador Martins que, quando convidado para tocar, "perguntava logo se tinha pirão, nome que se dava nos pagodes, quando tinha boa mesa e bebida com fartura".

Em um tempo em que ainda não aparecera, nem o disco nem o rádio, os conjuntos de tocadores de flauta, violão e cavaquinho constituíam, pois, as orquestras dos pobres que podiam

A nacionalização sonora pelo choro

contar com um mínimo de disponibilidade financeira para encarar as despesas das festas.

Pelas memórias do chorão Alexandre pode perceber-se que os componentes dos grupos de choro se sentiam perfeitamente à vontade nessas festas, onde eram recebidos como iguais. Realmente, apenas o fato de possuir um instrumento musical — um violão, um cavaquinho, um oficlide, uma flauta ou um clarinete — representava prova de um poder aquisitivo que as maiorias (onde a pobreza confrontava às vezes com a miséria) estavam longe de alcançar. E nem podiam de fato os mais pobres pensar em tais divertimentos porque, sendo então as profissões populares meramente braçais representadas por atividades como as dos assentadores de trilhos da Central, carregadores de fardos, sacas de café no Cais do Porto, cavouqueiros, etc., tornava-se fisicamente impossível acompanhar o ritmo de vida de tais boêmios, que após as tocatas noturnas voltavam à casa pela madrugada, fiados na relativa suavidade de seus misteres e horários de servidores públicos e pequenos burocratas.

Essa igualdade de condições econômicas, em uma camada em que o mestiçamento aparecia em larga escala, explica também o fato de não existir qualquer preconceito de cor entre os chorões. A circunstância de a sua maioria ser constituída por brancos e mulatos claros não resultava de qualquer incompatibilidade com os negros, mas resultava do fato de os negros — até 1888 escravos, em sua maioria — formarem o grosso das camadas populares mais baixas, em sua condição de trabalhadores não qualificados ou subempregados. E uma prova disso seria oferecida pelo próprio Alexandre Gonçalves Pinto quando, ao referir-se em seu livro a um antigo músico negro, se falasse em pormenor da cor da pele, com o evidente propósito de acrescentar apenas mais um dado à figura do biografado:

> "João da Harmônica era de cor preta, conheci-o em 1880 morando na Rua de Santana nos fundos de uma rinha de galos de briga [sic]. Exercia a arte culi-

nária, bom chefe de família e excelente amigo e grande artista musical, conhecido chorão pela facilidade com que executava as músicas daquele tempo em sua harmônica".

Assim, pode depreender-se que a época de esplendor dos conjuntos de música de choro vindos do século XIX se estendeu até ao período em que a atração das revistas de teatro, em primeiro lugar, e o disco e o rádio, depois, vieram já no século XX oferecer à gente da moderna classe média das cidades novas e mais variadas formas de diversão. E inclusive levando-a a romper com a velha tradição da reclusão das famílias através da sua participação no Carnaval de rua, quando o abrandamento das brincadeiras do Entrudo conferiram à festa um mínimo de boas maneiras capazes de permitir a presença de "pessoas de respeito".

A partir da década de 1920, quando o impacto da Primeira Grande Guerra e as imagens do cinema mudo tornaram acessível às grandes camadas das cidades a visão de um novo mundo (que era a do capitalismo industrial em sua moderna fase de rápidos avanços tecnológicos), os músicos chorões puderam perceber que o seu tempo tinha passado. De fato, após o maxixe ter suplantado polcas e mazurcas (porque as quadrilhas já se haviam transformado apenas em dança pitoresca, exclusiva de festas de São João), viria logo a emergir o samba como a primeira e mais avassaladora contribuição das camadas mais baixas, enquanto a classe média já dividia seu interesse com a música dos *jazz-bands* imitados dos norte-americanos. Quando esse momento chegou, às vésperas da revolução de 1930, a maioria dos músicos chorões, já velhos, ensacou seus violões ou meteu suas flautas nos baús. Alguns, para sobreviver, profissionalizaram-se como músicos tocando em orquestras de cinema ou nas orquestras dos teatros de revistas. Outros, tentando salvar-se aderindo à moda, incorporaram-se a novidade dos *jazz-bands*, trocando o oficlide pelo saxofone, num primeiro sinal de alienação forçada pela realidade da dominação econômico-cultural que se instaurava no país.

Nem tudo, porém, havia sido em vão porque, afinal, de meio século de experiência com solos e contracantos à base de flautas, violões e cavaquinhos salvava-se uma forma nova de música popular: o choro, que cristalizava aquela maneira lânguida de tocar vinda talvez do tempo dos músicos barbeiros, e que tão harmoniosamente se casara com a maneira piegas com que as camadas médias do Rio de Janeiro do século XIX interpretaram os transbordamentos do romantismo europeu.

Séculos XIX e XX

Parte IV

BRASIL REPÚBLICA

*Classe média: da moda francesa
à música americana*

1.
VIDA NOTURNA, TANGOS E CANÇONETAS

A passagem da monarquia para a república de 1889, anunciando o advento político das camadas urbanas ligadas ao movimento do Partido Republicano de 1870, iria marcar coincidentemente, no plano econômico, igual passagem do Brasil da esfera de dependência dos capitais ingleses [inclusive o financeiro da Casa Rothschild, desde 1824[1]], para a dos capitais norte-americanos, através de um silencioso processo que se consolida durante a Primeira Guerra Mundial, e se torna ostensivo em 1921 com o primeiro empréstimo oficial de 50 milhões de dólares pedido pelo governo brasileiro aos banqueiros Dillon, Read & Co., de Nova York.[2]

Assim, ao período de predomínio dos capitais ingleses iniciado em 1808 com a vinda do príncipe D. João [uma parte de cujas dívidas, feitas em nome de Portugal, passaria ao Brasil como condição imposta pela Inglaterra para o reconhecimento da independência[3]], iriam corresponder, no plano cultural do I e II

---

[1] A notícia em pormenor desse primeiro empréstimo pedido pelo governo brasileiro, aceitando condições escorchantes, é fornecida por Valentim F. Bouças no volume XIX da série "Finanças do Brasil", editado em 1955 sob o título *Dívida externa, 1824-1945* no Rio de Janeiro pela Secretaria do Conselho Técnico de Economia e Finanças do Ministério da Fazenda.

[2] Sobre o aumento progressivo da participação de capitais americanos no Brasil (fato pouco levado em conta nos estudos sobre a economia brasileira do século XIX), dados esclarecedores podem ser encontrados no livro *As empresas estrangeiras no Brasil, 1860-1913*, de Ana Célia Castro, Rio de Janeiro, Zahar Editores, 1979.

[3] Esta herança brasileira de dependência financeira de Portugal em

Impérios, às modas francesas — representadas na música popular pela valsa, a polca, a *schottisch*, a mazurca e as quadrilhas divulgadas via-Paris. E ao período de crescimento dos capitais norte-americanos, a partir da I República, a importação sucessiva das modas musicais do *ragtime*, do *cake-walk*, do *one step*, do *two step* e do *blackbottom* no início do século, do *fox-trot* e do *charleston* desde a Primeira Guerra Mundial, do *shimmy*, *swing*, *boogie-woogie* e *bebop* até à Segunda Guerra (quando a Política de Boa Vizinhança do governo Roosevelt patrocinou ainda a exportação de rumbas, congas, mambos, chá-chá-chás e calipsos vagamente latino-americanos) e, finalmente, a partir de inícios da década de 1950, *do rock'n roll* até hoje dominante.

No plano social, essa nítida transição de uma economia rural de monoculturas regionais em áreas de latifúndio para um novo modelo de produção diversificada, no campo, e de avanço lento, mas contínuo, da industrialização nos grandes centros urbanos (primeiro o Rio de Janeiro, e depois São Paulo, Rio Grande do Sul, Minas Gerais e Santa Catarina), seria representada por uma delimitação muito mais clara entre as classes e os grupos que as formavam. Com as principais cidades deixando, finalmente, de voltar-se para o campo, para viver seu próprio sistema de relações, as novas camadas sociais originadas pela maior diversificação do trabalho (ante o aumento das atividades industriais) e dos serviços (efeito das grandes obras urbanas — águas, esgotos, iluminação, gás, transportes, etc.), passavam a estruturar-se em classes conforme o modelo dos demais países europeus ou da América do Norte.

---

relação à Inglaterra forneceu material para um livro do historiador-documentarista Alexandre José de Melo Moraes intitulado *A Independência e Império do Brasil, ou A Independência comprada por dois milhões de libras esterlinas, e o Império do Brasil com dois imperadores e seção, seguida da história do patriarcado e da corrupção governamental, provado com documentos*, Rio de Janeiro, Tipografia do Globo, 1877.

Assim, enquanto no campo, apesar dos progressos da policultura e do fim da escravidão, a divisão de classes continuava marcada pela oposição entre proprietários de terras e fazendeiros e a massa dos colonos e roceiros pobres (com pequenos grupos de comerciantes e burocratas isolados em vilas e cidades encravadas na região), nos grandes centros o enquadramento viria a ser o mesmo dos países capitalistas. Isso significava uma classe alta formada pela minoria dos ricos (chamados "capitalistas") e "gente de prestígio"; uma classe média dividida pelo menos em duas camadas — a dos profissionais liberais, militares de patente, funcionários graduados e "boas famílias" com alguma aproximação com a classe alta, e a dos comerciantes, pequenos proprietários, funcionários públicos civis e militares e trabalhadores especializados com desejos de ascensão social — e, finalmente, uma classe baixa, englobando os trabalhadores não especializados e a vasta massa heterogênea dos biscateiros e subempregados em geral.

Pois seriam as expectativas de tais classes, assim estruturadas, que iriam explicar, a partir do fim da monarquia e pelas várias repúblicas que a sucederam, o gosto por este ou aquele gênero de música popular, que agora começaria a ser produzida com caráter de artigo destinado ao consumo cultural da sociedade urbana.

O característico da cultura das camadas mais altas, no Brasil — e nisso acompanhando, aliás, a tendência da economia desde os tempos da colônia — foi sempre o de permanecer voltado para a Europa. Poetas e prosadores imitavam o arcadismo e o neoclassicismo português (até a troca pelo romantismo francês), os músicos a ópera italiana, os revolucionários o ideal republicano da Grande Revolução de 1789, e mesmo quando em 1816 D. João VI resolveu organizar o estudo das artes (que incluía a arquitetura, o paisagismo e a mecânica) começou por contratar em Paris uma Missão Artística Francesa.

No plano da moda, como as mulheres portuguesas que chegaram na comitiva do príncipe regente D. João se vestiam à inglesa, toda a originalidade das senhoras brasileiras da elite branca do início do século XIX consistiu em preferir acompanhar as tendências da costura francesa.[4]

A adoção geral das modas francesas num país dominado economicamente pelos capitais financeiros e do grande comércio inglês explicava-se pelo fato de, após a queda definitiva de Napoleão, em 1815, a violenta reação da nobreza regressada com Luís XVIII ter provocado uma onda de imigração da pequena burguesia ligada ao comércio lojista de Paris e às atividades artesanais mais sofisticadas. As costureiras francesas, por exemplo, começaram a convergir para a Rua do Ouvidor — que o pintor Debret compararia à Rua Vivienne, de Paris — pela época da Independência, e de forma tão repentina, que o romancista Joaquim Manuel de Macedo comparou o fenômeno a um movimento de hégira:

> "As *francesas* eram *modistas*; falava-se com louvor de uma ou outra; elas porém viviam separadas, não tinham *autonomia*, eram elementos díspares, emigrantes de Paris, sem colônia organizada, parisienses sem Paris, enfim.
>
> De súbito, e como de plano, mas sem que o tivesse consertado, pronunciou-se, de 1821 a 1822, a hégira

---

[4] O fato foi observado por um dos próprios integrantes dessa Missão Francesa de 1816, o pintor Jean Baptiste Debret, que após descrever como viu numa igreja mulheres "vestidas de um modo estranhamente rebuscado, com as cores mais alegres e brilhantes, porém obedecendo a uma moda anglo-portuguesa muito pouco graciosa, importada pela Corte de Lisboa", declara ter rasgado o *croquis* que fizera da cena por não exprimir "o caráter e o temperamento brasileiros". E acrescentava: "pois o habitante do Brasil tem-se mostrado, desde então [1808], tão entusiástico apreciador da elegância e da moda francesas, que por ocasião de minha partida, em fins de 1831, a rua do Ouvidor (rua Vivienne de Paris, no Rio) era quase inteiramente constituída de seu comércio" (Jean Baptiste Debret, *Viagem pitoresca e histórica através do Brasil*, cit., tomo I, vol. II, p. 126: explicação do desenho da Prancha 5 — "Um funcionário a passeio com sua família").

das modistas francesas para a Rua do Ouvidor. Quem foi a primeira a tomar ali seu posto?... Não sei ao certo; creio, porém, que foi Mlle. Josephine, de quem me ocuparei oportunamente."[5]

E como os ingleses dominavam o alto comércio exportador com seus grandes armazéns situados próximo, na Rua Direita, desenhou-se então no Brasil recém-independente de Portugal daquela primeira metade do século XIX um quadro que, sob a capa da moda feminina, retratava bem a realidade socioeconômica do país como um todo. Isto porque, ao fazer-se um vestido, o tecido era inglês, a modista francesa e o cliente brasileiro. Quer dizer: os ingleses produziam a riqueza industrial do pano, os franceses davam-lhe a forma estética do modelo e os brasileiros consumiam o produto final, pagando naturalmente aos dois fornecedores estrangeiros o preço de parecerem europeus.

Ora, se se considera que, por essa mesma época, as camadas mais baixas se aplicavam vigorosamente pelos terreiros retumbantes umbigadas nacionais, enquanto nas festas de adro a música dos negros barbeiros baianos e cariocas anunciava com seu "ritmo de senzala" o futuro "estilo choro" com que brancos e mulatos da baixa classe média da segunda metade daqueles mesmos anos de Oitocentos nacionalizariam valsas, polcas e mazurcas, pode compreender-se que a cultura popular urbana — assim dividida em classes — reservava para o povo miúdo as criações autênticas, e para as classes média e alta o mero consumo das modas importadas.

---

[5] Joaquim Manuel de Macedo, *Memórias da Rua do Ouvidor*, São Paulo, Saraiva, s/d (1968), nº 186 da Coleção Saraiva, p. 89. O depoimento do autor — que neste livro tentava uma mistura de crônica-histórica e literatura — tem credibilidade por reproduzir o testemunho de contemporâneos ainda vivos em 1878 ("Dizem-me septuagenários e octogenários informantes [...]", *op. cit.*, p. 86).

Essa falta de originalidade histórica dos grupos situados na faixa da classe média, no Brasil, aliás, pode ser explicada em parte pela sua modernidade (nos países que inauguraram a Revolução Industrial essas camadas surgiram na segunda metade do século XVIII), em parte pelo desejo de superar a realidade desagradável da sua pobreza de origem, que sempre procuraram ocultar.[6]

Assim, como ascendiam ao novo patamar da divisão social sem experiência anterior, sua tendência seria sempre adotar os modelos criados para o equivalente de sua classe nos países mais desenvolvidos, os quais tomavam invariavelmente pelo lado da aparência: o modo de vestir (o que levava ao uso de tecidos de algodão e casimira escura a temperaturas de 38 a 40 graus centígrados), de divertir-se — bailes de teatro desde 1845, café-cantante em 1847 e café-concerto e teatro de *vaudeville* a partir de 1857 — e, naturalmente, de assumir como próprios os gêneros de música criados para o público de tais ambientes em seus países de origem.

Ora, na década de 1830, o rápido crescimento dos grandes centros europeus, como Londres e Paris, havia levado à criação espontânea de locais públicos de diversão para a massa urbana que não podia dispor, como as elites, de salões e teatros próprios para convivência social e divertimento durante suas horas de lazer. Em tavernas de Londres e em cafés de Paris frequentados por um público heterogêneo em que se misturavam, por vezes, trabalhadores, prostitutas e cavalheiros (que lá iam *s'encanailler*, como definiria o poeta Bruant), começaram a surgir clientes músicos ou cantores dispostos a animar as noitadas. Em pouco tempo, o sucesso desses amadores levou muitos profissionais de teatro a entrarem para tal tipo de comércio, em que se tornavam conhecidos como patrões e artistas, servindo os clientes e divertindo-os

---

[6] Uma frase típica dos país de família de origem humilde que ascendem à classe média no Brasil define à maravilha este desejo de superação: "Graças a Deus, o meu filho não precisará passar pelo que eu passei".

com suas habilidades histriônicas e musicais.[7] Esses primeiros ensaios de locais públicos de diversão surgidos nos meios de gente urbana das modernas cidades da era industrial chamaram-se *tavern music-halls* na Inglaterra e cafés-cantantes na França. Com o passar dos anos, aos números de canto foram sendo acrescentadas danças e outros tipos de exibições — como os de nu artístico, chamados de "quadros vivos" ou "poses plásticas" — o que levou a exigir maiores espaços e conduziu ao novo estágio do café-concerto onde o público continuaria a ser servido em mesas, mas as apresentações já se faziam sobre um palco (inclusive com *sketches* quando os diálogos foram permitidos em 1867, vencendo a oposição da gente do teatro), e tudo no melhor estilo depois englobado no que viria a ser internacionalmente conhecido como *music-hall*.

Do ponto de vista musical, o novo gênero de diversão posto ao alcance dos citadinos viria a provocar o aparecimento de um tipo de canção cuja característica iria ser a de seus versos se dirigirem pela primeira vez ao público presente em sua própria linguagem, através de um coloquialismo que lhe imitava até mesmo a forma de falar. Essa comunicação entre iguais configurava um tal clima de intimidade entre o cantor-ator e seus ouvintes, que esses intérpretes se transformariam em figuras mais importantes do que os próprios autores dos versos e das músicas, como aliás comprovaria o uso do nome *créateur* para designar o lançador de qualquer canção de sucesso. E como cada interpretação,

---

[7] Em seu graficamente primoroso livro *British Music Hall* (Londres, Gentry Books, 1974, 1ª ed., 1965), os ex-atores e colecionadores de documentos e pertences do teatro inglês, Raymond Mander e Joe Mitchenson, após contar que muitos donos de estabelecimentos animavam os fregueses a contribuir para os divertimentos, acrescentavam que muitos deles "demonstravam tão grande talento que se tornavam muito solicitados, tornando-se profissionais a serviço da casa" (*op. cit.*, p. 10). Ao lado desses amadores figuravam muitas vezes atores e cantores de teatro atraídos pela oportunidade de um dinheiro extra.

por seu tipo de mensagem ou intenção, sugeria clima diferente — sentimental, grandiloquente, dramático, cômico, etc. —, o ato de cantar profissionalmente para um público pagante como que passou também a obedecer ao princípio da divisão do trabalho industrial, entrando os intérpretes a ser classificados em categorias, conforme sua especialidade em *mimer une chanson*. E, assim, apareceram, sucessivamente, cantores dos tipos *à voix*, *gommeuses* ou *dramatiques*, e cantores de *genre*, *paysan* ou *l'excentrique*, aos quais se somavam ainda os que, por se especializarem em canções de letras humorísticas, se agrupavam a parte como cantores cômicos *spécialistes*: *troupier*, *idiot* ou *ivrogne*. De uma forma geral, o gênero mais geral de canção composto para tais cafés-cantantes (depois tornado número obrigatório não apenas no *music-hall*, mas nas revistas de teatro) seria a chamada *chansonette*. Um tipo de canção de palco que, pelo próprio diminutivo, demonstrava a intenção de não se confundir com o antigo estilo de canção dos velhos cantores tradicionais dos cafés parisienses ainda presos à respeitabilidade da arte poética das elites, como Beranger, vindo do início do século XIX, ou Aristides Bruant, que entraria pelo século XX. A cançoneta, cujos versos exploravam geralmente temas de atualidade (tal como os antigos romances dos trovadores, agora reescritos em gíria da cidade), era feita apenas para uma temporada, como seria bem a norma da música popular depois produzida para o mercado da era dos discos e do rádio.

No Brasil, o café-cantante, e, de par com tal novidade, a voga da cançoneta, surgiu com a instalação, a 17 de fevereiro de 1859, na Rua da Vala (a rua central do velho Rio de Janeiro, hoje Rua Uruguaiana) do Alcazar Lyrique, por iniciativa do francês Joseph Arnaud. Um ano antes, também em fevereiro, já se havia inaugurado na Rua dos Inválidos o café-concerto do Salão do Paraíso (depois Folies Parisiennes), mas do café-cantante com suas cançonetas e verdadeiro espírito de *vaudeville* só aconteceu no Rio de Janeiro realmente quando da transformação dos três prédios de números 47, 49 e 51 da Rua da Vala no "teatrinho, barracão ou coisa que o valha, a que se chama Alcazar Lírico", conforme definiria seu então jovem frequentador, o escritor Machado de Assis.[8]

Nesse Alcazar Lyrique —"teatro dos trocadilhos obscenos, dos cancãs e das exibições de mulheres seminuas", segundo Joaquim Manuel de Macedo — já o programa da récita inaugural anunciava entre as atrações, além do "vaudeville en un acte, de Marc Michel e Labiche" intitulado "La Perle de la Cannebière", pelo menos duas cançonetas: "Adieux, M. Lamoureux", *chansonette par Mlle. Adeline* e "Le vieux braconier", *chansonette par M. Amédee*.

Assim, se a novidade chegada da França "corrompeu os costumes e atiçou a imoralidade", e ainda "determinou a decadência da arte dramática, e a depravação do gosto", como escreveria em 1878 Joaquim Manuel de Macedo em suas *Memórias da Rua do Ouvidor*, não há dúvida também, conforme iria notar com menos rancor vinte anos depois, em 1895, o romancista Machado de Assis, que "a cançoneta, como gênero, nasceu no antigo Alcazar".[9]

Transformada por força do gosto do público carioca quase exclusivamente em canção humorística, a cançoneta — que não chegaria a constituir gênero musical determinado, mas teria o nome usado como rótulo para qualquer cantiga engraçada ou maliciosa pelo duplo sentido — permaneceu por mais de meio século como especialidade de artistas-cantores não apenas daqueles cafés-cantantes e cafés-concerto (e logo das "revistas do ano"), um dos novos locais de diversão que se abriam para atender às camadas mais baixas na capital. A cançoneta chegava, assim, à arena dos circos e aos estrados que faziam de palco nos chopes-berrantes, estes já anunciando pela própria ironia da oposição

---

[8] Machado de Assis, *Crônicas*, Rio de Janeiro, W. M. Jackson, 1938, vol. 1, p. 308.

[9] *Ibidem*, vol. 2, p. 411.

entre "cantante" e "berrante" a definitiva proletarização do estilo que descia ao nível do público dos tomadores de chope.

Embora os escritores Joaquim Manuel de Macedo e Machado de Assis, um mais severo, o outro mais compreensivo, concordassem afinal ao apontar como resultado da introdução da novidade parisiense a "depravação do gosto" (como recordava o primeiro em 1878) e a perda das "tradições e do bom gosto" (como em crônica de 1867 lamentava o segundo), tal observação só vinha revelar a projeção cultural de um fenômeno ligado à evolução da sociedade de classes no Brasil: a adoção de formas estéticas capazes de representar os novos padrões de gosto e expectativas de camadas médias da cidade sem a informação necessária para compreender a arte erudita (a "música séria" da ópera italiana contrapunha-se à "música leve" da opereta austríaca ou alemã), mas já preocupada em recusar como vulgar, brutal e "sem arte" a música dos negros e da "gente baixa".

Quanto ao desprezo ou perda das tradições, tal particularidade expressava do mesmo modo o fato de aqueles grupos sociais, ao não encontrarem padrões próprios, locais, em que se pudessem enquadrar (o que aparecia como descaso pelos modelos preexistentes), terem preferido simplesmente adotar os modelos culturais válidos para o equivalente da sua classe nos países mais desenvolvidos. E era isso mesmo o que iria explicar, desde logo, a internacionalização do gosto de tais camadas contemporâneas do processo de urbanização concentrado da era industrial, bem assim como sua aberta tendência à aceitação das "novidades" transformadas em mito da modernidade desejada.

De fato, tão logo as francesas do Alcazar Lyrique, renovado por Joseph Arnaud em 1864, começaram a ter imitadores nacionais pelos palcos da corte após o término da Guerra do Paraguai (os dez teatros do Rio até ao início da guerra, em 1864, passaram a vinte desde o fim do conflito em 1870, até aos primeiros anos da República, na década de 1890), as cançonetas mais populares tinham a mais variada procedência. Como as companhias espanholas de *zarzuela* (cujos tangos e *habaneras*, aliás, fariam nascer em 1871 o tango brasileiro, numa adaptação do maestro Henrique Alves de Mesquita),[10] e de revistas e mágicas portuguesas (revistas e operetas de Sousa Bastos fizeram furor de 1881 a inícios de 1900), além de *troupes* parisienses (que continuavam a alimentar o francesismo não apenas do Alcazar, mas do antigo Salão do Paraíso transformado em Folies Parisiennes, do Teatro Casino Franco-Brésilien, de 1872, e do Teatro Vaudeville, de 1874), monopolizavam a vida teatral carioca, eram elas que ditavam o que devia ser sucesso. Assim, o que se adotaria no país para seguir esse modelo, tanto podiam ser meras adaptações de peças espanholas ou francesas como imitações das próprias cançonetas portuguesas (importadas ou produzidas por maestros radicados no Rio, como Francisco Sá Noronha ou Francisco Alvarenga), o que levaria em pouco tempo à criação, por compositores brasileiros, de um equivalente nacional, muitas vezes com declarado ritmo de lundu.

Embora em 1886, na revista de Moreira Sampaio *Há Alguma Novidade?*, esse título já fosse tirado da "cançoneta cômica" composta por Chiquinha Gonzaga aproveitando a voga de expressão popular da época, a primeira cançoneta realmente de estilo francês a ganhar notoriedade e passar a voz anônima das ruas no Brasil foi, em 1888, a intitulada "A Missa Campal". Seu autor ostensivo era Oscar Pederneiras, responsável pela própria revista *1888* estreada a 27 de dezembro do ano-título no Teatro Variedades (depois Recreio Fluminense), mas constituía, na verda-

---

[10] A informação é do maestro Baptista Siqueira em seu livro *Três vultos históricos da música brasileira* (Rio de Janeiro, Sociedade Cultural e Artística Uirapuru/MEC, 1970), que em seu estudo sobre o compositor e maestro Henrique Alves de Mesquita (1830-1906) escreve: "Em novembro de 1871, saiu o primeiro *tango brasileiro* criação de Mesquita; tinha o sugestivo nome de "Olhos Matadores". Esse tipo de música ligeira, um pouco diferente da *habanera espanhola* apareceu no Brasil com a obra denominada "Dama das flores", trazida do sul, ao terminar a guerra. No Rio de Janeiro a peça foi editada como *habanera paraguaya* (1841)" (*op. cit.*, pp. 80-1).

de, a simples adaptação, com modificação da letra, de uma *chanson* "criada" no Alcazar d'Eté de Paris por Paulus: a cançoneta "En revenant de la revue", com letra de Delorme e Garnier, e música do regente de cafés (Café de l'Horloge e *Ambassadeurs*) e do Folies Bergère, Louis César Desormes.

Como um dos fatos a ser focalizado na revista do ano 1888 seriam as comemorações festivas realizadas no Campo de São Cristóvão em louvor da abolição da escravidão pela princesa Isabel, a 13 de maio, Oscar Pederneiras (que naquele mesmo ano imitaria a revista espanhola *La Gran Via* com a paródia *O Boulevard da Imprensa*) lembrou-se espertamente da cançoneta francesa que contava com humor as atribulações de uma família parisiense em dia de desfile em honra do 14 de julho:

> Je suis l'chef d'un joyeux famille
> D'puis longtemps j'avais fait projet
> D'amner ma femm', ma soeur, ma fille
> Voir la r'vu du quatorz' juillet.[11]

Numa demonstração de como a moderna sociedade urbana viria a uniformizar a vida das grandes camadas (assim como a divisão do trabalho segundo o modo de produção industrial capitalista uniformizava o trabalho dos operários das fábricas), Oscar

---

[11] Versos transcritos conforme constam da parte de piano de "En Revenant de la Revue", edição francesa da época (2/4 em "movimento de marcha"), que confirma não haver música específica para as cançonetas. A grande contribuição da cançoneta estaria na preocupação de seus autores de fixar na grafia a fala apocopada da gente das classes baixas e médias de Paris, e no aproveitamento de temas do quotidiano desse próprio público. Todas essas considerações, bem como a descoberta da espertaza de Oscar Pederneiras há um século, deve-se ao feliz acaso de o autor deste livro possuir em sua coleção de partituras, um exemplar da mesma edição da música certamente usada pelo velho autor brasileiro, em 1888, para apropriação (que, aliás, se revelaria futuramente uma constante na produção de música popular para o comércio).

Pederneiras só teve que transpor para o campo de manobras e praça pública do bairro carioca de São Cristóvão a cena parisiense, para reproduzir com igual humor a história igual da típica família da pequena burguesia citadina à procura de diversão barata:

> Tendo um gênio vivo e pagodista
> para a bela pândega descaio...
> Fui com a família p'rá revista
> em honra do Treze de maio.
> Ai! que prazer calmo e jocundo!
> Íamos quatro, a dois de fundo:
> a mãe à filha a frente guarda,
> e eu com a sogra a rectaguarda...
>
> E cada um para a viagem
> levou matalotagem,
> cá o degas todo o pão levou,
> e a esposa um queijo nada mau,
>   e a sogra preparou
>   bolos de bacalhau,
> e a menina um belo angu
> de quingombós [*quiabos*] e caruru... [*bredo, verdura*]
>
>   Bem contentes
>   e diligentes
> p'rá São Cristóvão íamos nós afinal
>   os quatro a rir
>   para assistir
> ao desfile das tropas e à missa campal.[12]

---

[12] Letra de "A Missa Campal", cançoneta, conforme publicada no folheto *Monólogos e cançonetas*, São Paulo, Óscar Monteiro, Editor, 1º volume, série "Biblioteca do Amador Dramático: coleção de poesias dramáticas, monólogos, cançonetas, lundus, duetos, tangos, etc.", 1899, p. 28.

A cançoneta, interpretada na revista pelo famoso cômico Machado Careca (o português de Guimarães José Machado Pinheiro e Costa, que chegara ao Brasil em 1861 com onze anos, para alcançar sucesso nos palcos até sua morte no Rio de Janeiro em 1920), estava destinada a tal popularidade que, um quarto de século depois, às vésperas da Primeira Guerra Mundial, mereceria duas gravações em disco: uma em 1912 na Casa Edison, do Rio de Janeiro, com o cantor Baiano (Odeon n° 108.717), outra na Alemanha, para a Beka-Grand-Record, de Berlim (disco n° 48.463) com o cantor Artur Budd acompanhado ao violão por Josué de Barros, coroando aí uma viagem de aventura que terminaria com a entrega do violão a uma casa de penhores de Lisboa.[13]

O sucesso popular das cançonetas saídas dos palcos dos cafés-cantantes, dos cafés-concerto, das revistas e, logo, das casas de chope e dos circos, levaria no fim do século XIX ao aparecimento de dezenas de cançonetistas, como os palhaços-cantores Veludo, Júlio Assunção e o Gadanha (que não chegaram a ter as vozes gravadas), Eduardo das Neves, Mário Pinheiro, Campos e Benjamin de Oliveira (que gravaram discos), e os artistas surgidos do próprio meio do teatro musicado, como os famosos Ge-

---

[13] As peripécias em torno dessa viagem a Portugal e Alemanha pelos dois artistas brasileiros em 1913 seriam contadas por um dos personagens, o violonista baiano Josué de Barros, ao biógrafo da cantora Carmen Miranda, jornalista Queiroz Júnior, que transcreveria a entrevista em seu livro *Carmen Miranda, vida, glória, amor e morte* (Rio de Janeiro, Companhia Brasileira de Artes Gráficas, 1955, pp. 29-40). O curioso é que, quinze anos depois de sua volta ao Brasil com passagem caritativamente cedida por uma sociedade beneficente de Portugal, o mesmo baiano Josué de Barros seria o responsável pelo lançamento artístico, em 1928, de uma mocinha portuguesa de Marco de Canavases, região do Douro, chamada Maria do Carmo Miranda da Cunha. A mesma mocinha aprendiz de chapeleira que se transformaria na "Embaixatriz da Música Popular Brasileira", após seu sucesso internacional a partir de 1939 nos palcos da Broadway, de Nova York e no cinema de Hollywood vestida de "baiana", sob o nome artístico de Carmen Miranda.

raldo (o gaúcho Geraldo Magalhães das duplas com a espanhola Margarita, a mulata Nina Teixeira e a portuguesa Alda Soares, ao lado de quem morreria com noventa e dois anos em Lisboa, em 1970), Manuel Pedro dos Santos, o Baiano, César Nunes e Alfredo Albuquerque (que, tal como Geraldo, atuaram também em Lisboa, e jamais perderam o sotaque português), e ainda outros conhecidos apenas no meio boêmio como o mulato baiano Souza (Manuel B. Thomaz de Souza) e Domingos Correia, o Boneco, que em 1912 se suicidou no próprio chope em que trabalhava no Rio de Janeiro.

As carreiras de todos esses artistas-cantores populares especialistas na interpretação de cançonetas do fim do século XIX até ao período da Primeira Guerra Mundial traduziam na verdade o verdadeiro processo de democratização a que a instituição dos cafés-cantantes e cafés-concerto de modelo francês, iniciada com o Alcazar Lyrique, se submeteu ao longo de meio século, para poder adaptar-se à realidade brasileira. Nessa descida até ao público das camadas mais baixas da então capital brasileira do Rio, e graças a esses artistas cujas habilidades espontâneas encaminhavam ao desempenho de um papel circunscrito ao gosto exclusivamente popular, essa fórmula cultural produzida para a geração de classe média da era pré-industrial acabaria por originar um inesperado patamar no quadro da cultura citadina brasileira. Um estágio a meio caminho entre a cultura popular das classes mais baixas (herdeiras das tradições rurais alimentadas pelos migrantes do campo à procura de trabalho nas cidades) e a importada do exterior para o consumo dos eufóricos imitadores da alegre irresponsabilidade burguesa europeia, anterior ao desencanto que sucederia à Primeira Guerra Mundial.

No Brasil, em verdade (e particularmente no Rio de Janeiro, onde se concentrava o maior foco de vida noturna do país), a novidade dos cafés-cantantes jamais chegara a evoluir para dimensão mais luxuosa dos cafés-concerto e *music-hall* europeu ou norte-americano, mas, pelo contrário, tendeu a projetar socialmente sua influência para baixo, fazendo nascer com os chopes centralizados na Rua do Lavradio — e depois na Av. Gomes Freire, em pleno centro da cidade — o mais democrático gênero de diversão popular urbana dos tempos modernos.

Em crônica intitulada exatamente "Os cafés-cantantes", publicada na revista *Fon-Fon* em 1924, quando as últimas casas desse tipo já agonizavam em velhos casarões da Av. Gomes Freire, o colunista Álvaro Sodré descrevia essas salas de arte plebeia urbana com rara precisão:

> "Todos os cafés-cantantes se parecem. Uma sala, quase sempre pequena, um balcão de mármore, um caixeirinho magro de pastinhas, um senhor gordo em mangas de camisa e bigodes muito grandes na caixa. A um canto, um piano muito velho e muito fanhoso espancado furiosamente pelos dedos calejados de um pianista de alta escola; no fundo um palco, sem arte, sem gosto, sem forma definida. Palco sem bastidores [...]."[14]

Sobre esse palco tosco, o cronista revelava haver sempre, além da "bailarina de pernas gordas que toca castanholas", "a mulata de colo nu que se requebra nos maxixes sobre dois tamancos barulhentos" e, ainda, "a cançonetista romântica, o fado, a canção, a modinha, o fandango, a copla, tudo aparece, à luz da ribalta, aos acordes do piano que geme, e chora e soluça, e se lamenta, e range e estoura [...]".[15]

Nesses cafés-cantantes dominava no início do século XX, como lembraria o memorialista carioca Luís Edmundo, "a cançoneta *montmartroise*, sobretudo a que se acomodava à tendência patrícia pelo *double sens*, chula, maliciosa ou pornográfica":

---

[14] Álvaro Sodré, "O café-cantante", revista *Fon-Fon*, Rio de Janeiro, 26 de julho de 1924.

[15] *Ibidem*.

"Cantoras do gênero lírico, vindas embora da Inglaterra ou da Alemanha, da Espanha e sobretudo da Itália [recordava ainda Luís Edmundo], no Rio de Janeiro não conseguem fazer grande sucesso. O canto lírico não se fez para o café-concerto do Brasil. O que nele se ama com fervor é a cançoneta brejeira e leve. Nada mais."[16]

Ia ser essa, por sinal, a mesma cançoneta que passaria a dominar também nos palcos do teatro musicado, pois, no dizer de desolado comentarista da seção "O Teatro" da revista carioca *O Malho*, de 1902, o teatro das revistas e burletas encontrava-se em tal decadência por aquela época que, afirmava-se, "em matéria de arte teatral temos apenas os cafés-cantantes".

Em artigo de 1938 para o *Jornal dos Teatros, Casinos e Dancings*, o caricaturista e boêmio da *belle époque* carioca, Raul Pederneiras (irmão do esperto Oscar Pederneiras de "A Missa Campal"), afirmava que já naquela época ninguém mais se lembrava do tempo dos monólogos e das cançonetas:

"Em outros tempos ditosos, quase sempre aos domingos, os teatros improvisavam *matinées* em que colaboravam artistas do elenco e de fora, com seus repertórios. Muitos atores tinham na bagagem teatral uma série de monólogos e cançonetas para essas ocasiões e, da coleção, cada um destacava o de maior êxito."[17]

Segundo lembrava então Raul Pederneiras, a cançoneta infalível de Machado Careca era aquela mesma "A Missa Campal",

---

[16] Luís Edmundo, O *Rio de Janeiro do meu tempo*, Rio de Janeiro, Editora Conquista, 1957, 2ª ed., vol. 3, p. 471.

[17] Raul Pederneiras, "Monólogos e cançonetas", *Jornal dos Teatros, Casinos e Dancings*, ano I, nº 3, Rio de Janeiro, 2 de maio de 1938, p. 2.

de 1888; a do ator Leonardo era o maxixe "Fandanguaçu" ("até hoje não superado") e a da atriz Ana Manarezzi o tango "As Laranjas da Sabina", que vinha da revista *A República*, com letra de Artur Azevedo. Havia, como se vê, decidida tendência para a acomodação da "cançoneta *montmartroise*" ao gosto nacional, levando-a à confusão com tangos (que muitas vezes não passavam de lundus disfarçados), modinhas e maxixes. Quem melhor iria explicar essa transição da cançoneta francesa para a modinha nacional no âmbito das casas de chope — e por sinal escrevendo ainda antes da segunda década do século atual — seria o repórter e cronista da vida carioca Paulo Barreto, o "João do Rio":

> "As primeiras casas [de chope] apareceram na rua da Assembleia e na rua da Carioca. Na primeira, sempre extremamente concorrida, predominava a nota popular e pândega. Houve logo a rivalidade entre os proprietários. No desespero da concorrência os estabelecimentos inventaram chamarizes inéditos. A princípio apareceram num pequeno estrado ao fundo, acompanhados de piano, os imitadores de Pepa [a atriz Pepa Delgado] cantando em falsete a 'Estação das Flores', e alguns tenores gringos, de colarinho sujo e luva na mão. Depois surgiu o chope enorme, em forma de *hall* com orquestra, tocando trechos de óperas e valsas perturbadoras, depois o chope sugestivo, com sanduíches de caviar, acompanhados de árias italianas. Certa vez uma das casas apresentou uma harpista capenga, mas formosa como as fidalgas florentinas das oleografias. No dia seguinte um empresário genial fez estrear um cantador de modinhas. Foi uma coisa louca. A modinha absorveu o público."[18]

---

[18] João do Rio, *Cinematógrafo (cenas cariocas)*, Porto, Livraria Chardron de Lello & Irmão, 1909, pp. 130-1.

Na verdade, porém, nos poucos cafés-cantantes com pretensões a café-concerto, como o Maison Moderne, da esquina da Rua do Espírito Santo (hoje D. Pedro I) com a Praça Tiradentes, o Palace-Teatro, e o High-Life, deviam predominar mesmo as cançonetas vaudevilescas trazidas por artistas internacionais, como a francesa Fanny Latarin, a italiana Lina de Lorenzo, a húngara Boriska, a espanhola Guerrerito ou a inglesa Janny Cock, ficando as modinhas e cançonetas nacionais compostas sobre fatos do dia — como as do ex-palhaço Eduardo das Neves — para os chopes-berrantes, de público certamente mais popular.

A essa conclusão chegaria também um contemporâneo da fase áurea dos cafés-cantantes e dos chopes berrantes, o historiador-memorialista carioca Luís Edmundo (1878-1961), ao escrever em seu *O Rio de Janeiro do meu tempo* que "o chope-berrante das ruas do Lavradio, Visconde de Rio Branco, Lapa e adjacências, supre para o homem de pequena bolsa, entre nós, o *music-hall* de espavento, o que pode dar-se ao luxo de exibir cançonetistas francesas, malabaristas japoneses ou números de pantomima americana ou alemã".[19]

Nesse tipo de "centro de diversão modesto, onde o *ticket* de entrada é substituído pela obrigatoriedade de uma consumação qualquer",[20] quase sempre improvisado numa loja estreita e funda de um prédio antigo, a figura indispensável era a do pianista de fraque e gravata borboleta, acompanhando cantores como o famoso Eduardo das Neves que, segundo lembrança de Luís Edmundo, "quando foi número de *music-hall* perdeu a tramontana e andava de *smoking* azul e chapeu de seda".

Aliás, segundo outro testemunho do também contemporâneo João do Rio, "o chope tornou-se um concurso permanente", onde "os modinheiros célebres iam ouvir os outros contratados", que por sinal se contavam por dezenas ao início do século XX,

---

[19] Luís Edmundo, *O Rio de Janeiro do meu tempo*, cit., vol. 3, p. 482.

[20] *Ibidem*.

tal a profusão de chopes-cantantes: "Onde não havia um chope?", perguntava João do Rio, para esclarecer:

> "Na rua da Carioca contei uma vez dez. Na rua do Lavradio era de um lado e do outro, às vezes a seguir um estabelecimento atrás do outro, e a praga invadira pela rua do Riachuelo e Cidade Nova, Catumbi, o Estácio, a Praça Onze de junho [...]"[21]

Quinze anos depois dessa observação, embora João do Rio achasse a instituição dos chopes em decadência, o já citado cronista Álvaro Sodre mostrava em 1925, em nova crônica intitulada "O Café-Cantante", que aqueles centros de arte popular continuavam a expandir-se, mas passando já agora aos bairros mais pobres, enquanto as casas do gênero capazes de maior luxo recebiam uma clientela elegante, sob o nome novo de *cabarets*.

> "O mais interessante deles [escrevia Álvaro Sodré, referindo-se aos cafés dos pobres] é um na rua do Livramento, na Saúde. É o café dos marinheiros, estivadores, serventes de pedreiro, dos profissionais da vadiagem. Todas as noites ali se reúne a flor da Saúde. Meia dúzia de mesas, um choro, um balcão de mármore e uma lâmpada elétrica — eis tudo./ Lá dentro um bafio de álcool./ Não tem orquestras, mas possuem o violão. E o Destino ainda lhes deu a mulata [...]."[22]

Ao reviver os dias áureos dos chopes-berrantes em verdadeira reportagem retrospectiva publicada em 1904, João do Rio já descrevera quadro semelhante, ao registrar em tom comovido:

---

[21] João do Rio, *op. cit.*, p. 132.

[22] Álvaro Sodré, crônica "O café-cantante", revista *Fon-Fon*, de 14 de fevereiro de 1925.

> "Oh! o chope! Quanta observação da alma sempre cambiante desta estranha cidade! Eram espanholas arrepanhando os farrapos da beleza em olés roufenhos, eram cantores em decadência, agarrados ao velho repertório, ganindo a celeste Aída, e principalmente os modinheiros nacionais, cantando maxixes e a poesia dos trovadores cariocas — essa poesia feita de rebolados excitantes e de imensas tristezas, enquanto as plateias aplaudiam rufiões valentes, biraias medrosas de pancada, marinheiros a gastar em bebida todo o cobre, fascinados por esse vestígio de bambolina grátis."[23]

Um retrato ainda mais vivo desse clima barulhento, acanalhado, algo triste, mas vigorosamente popular dos chopes-berrantes cariocas da virada do século, seria fornecido pela pioneira gravadora Casa Edison, num disco de intenções cômicas intitulado *Em Um Café-Concerto* (Odeon Record nº 108.172).

Nesse disco, gravado por Eduardo das Neves quase certamente em 1910, com o concurso de outros artistas contratados da Casa Edison, e o própio som dos chopes-berrantes que ressurge maravilhosamente, anunciado pela voz que abre a cena cômica dizendo: "Espetáculo em um café-concerto da rua do Lavradio. Arranjo para a Casa Edison, Rio de Janeiro".

Ao abrir-se a representação gravada em estúdio, a primeira voz que se ouve é a do garçom gritando para a copa, no sonoro tom de comando que constituía um dos encantos da musicalidade ambiental dos velhos cafés: "Olha um chope à direita... Uma mulher bonita...". E, logo a seguir, outra voz anuncia: "Vai cantar agora o primeiro barítono do mundo. O Sr. Lagartixa, que acaba de chegar de Sacra Família do Tinguá neste momento".

Novamente o garçom se faz ouvir no pedido cantante: "Uma garrafa de cerveja Munchen, sem gelo!..." e, em meio ao som de

---

[23] João do Rio, *op. cit.*, p. 133.

uma campânula e dos gritos de "bravo, bravos ao barítono, bravo!", partidos do público, o artista começa agradecendo: "Obrigado, obrigado meu povo, obrigado!", porém sem chegar a iniciar sua canção ante o vozerio que se levanta, e em meio ao qual a voz de um freguês mais exaltado brada: "É isso o tal barítono? Ah! É esse que é o tal barítono? Que veio de tão longe... lá de Sacra Família do Tinguá? Não presta não, moço... Tem paciência...".

O responsável pela programação artística da casa tenta acomodar a situação anunciando novos números ("outro barítono que veio também de Sacra Família do Tinguá, mas este é um pouco melhor..."), mas o clima de confusão e de protestos continua, até ao final do disco à base de gritaria dos presentes e apitos do guarda civil que chega para restabelecer a ordem do recinto.[24]

Apesar das raras informações sobre a vida popular de outras cidades brasileiras, sabe-se que esses cafés-cantantes e chopes-berrantes chegaram a constituir fenômeno nacional nos primeiros anos do século XX. Como a indicar a importância adquirida pelos principais artistas populares do Rio de Janeiro, por exemplo, a seção "Bastidores" do jornal humorístico *O Rio Nu*, de 3 de setembro de 1902, anunciava ter o cançonetista Geraldo Magalhães viajado sob contrato para inaugurar um café-concerto na cidade de Santos: "Veio despedir-se desta redação, por ter de partir para Santos, como partiu, o engraçado tenor e preclaro cidadão Geraldo de Magalhães, uma das glórias do Gênero, nesta terra de fumo em rolo e café em grão".

E o redator de *O Rio Nu* acrescentava, levando adiante o jogo de palavras que consistia em chamar de *preclaro* o mulato Geraldo: "Em sua companhia, por conta de outro, já se vê, se-

---

[24] Além desse disco *Em Um Café-Concerto*, que figura em sua discoteca, o autor tem conhecimento, através de catálogos da Casa A Elétrica, de Porto Alegre, Rio Grande do Sul, de um "arranjo cômico com artistas da Casa Elétrica" sobre o mesmo tema: o intitulado "Desordem num Café-Cantante", gravado no Disco *Gaúcho* nº 730.

guiram algumas francesas, que vão inaugurar um café-concerto naquela cidade".

No Rio Grande do Sul, conforme revelaram as pesquisas de Atos Damasceno para seu livro *Palco, salão e picadeiro*, a "macaqueação dos cafés-cantantes, de larga cotação em Paris, e por nós macaqueados desde o tempo dos teatrinhos de saguão de hotel, com seus conjuntos alcazarinos [...]", não chegou a constituir uma instituição durável, mas em meados de 1900 teve durante dois meses pelo menos uma casa cheia: O Odeon Variedades, do empresário Marcelino Dias Herrera.

> "A sua inauguração [conta Atos Damasceno], foi um sucesso em toda a linha. O popular e querido ator Manuel Ponto, trazendo de Montevidéu um bem ensaiado grupo de artistas ligeiros, se encarrega de dar início às atividades do Odeon. E apresenta ao assanhado e impaciente público porto-alegrense um autêntico... ramalhete de rosas — senhorita Sanchez, senhoritas Carmensita e Angelita Tezeda, senhorita Diamantina e senhora Gonzalez — a que se juntam três cravos — o próprio Ponte, o ator Sanchez e o cançonetista Girandur d'Ortoli... A esse ramalhete virão associar-se mais tarde a triple [*sic*] Maria Salinas, a cantora Elvira Delamare, a dançarina Pepita Avelaneda, a cançonetista parisiense Mlle. Lídia e, ao cabo, o apreciado Gadanho — lacrimejador de modinhas ao violão [...]."[25]

---

[25] Atos Damasceno Ferreira, *Palco, salão e picadeiro em Porto Alegre no século XIX*, Porto Alegre, Globo, 1956, p. 330. O "lacrimejador Gadanho" era o palhaço-cantor e violonista Francisco Rosa, *O Gadanha* (que, tal como Eduardo das Neves, fora soldado do Corpo de Bombeiros do Rio de Janeiro), e que viria a terminar melancolicamente como *garçon* de uma casa de pasto carioca nos anos 1930, usando agora a voz para "cantar a lista", como era costume nos restaurantes modestos, onde os "pratos do dia" tinham seus nomes enunciados perante a mesa do cliente, com voz cantada.

Uma briga entre os frequentadores, em pleno salão, forçou porém o empresário Herrera a encerrar na Rua dos Andradas a carreira mal começada do Odeon de Porto Alegre, privando os gaúchos do gozo "das pequenas zarzuelas, das cançonetas saltitantes, dos sainetes apimentados" e, naturalmente, das "lacrimejantes" modinhas com que o "apreciado Gadanho" contribuía para conferir um toque nacional a tão cosmopolita repertório.

Aliás, em Manaus, capital do estado do Amazonas, uma briga ocorrida em 1910 entre frequentadores do Teatro Julieta, "anunciado como o mais importante centro de diversões da capital" levou o chefe da polícia da cidade, Martinho de Duna, a proibir as cançonetas nos teatros da cidade.[26]

Em Pernambuco, ao que dá a entender Guilherme de Araújo numa pequena crônica de memórias recifenses publicada no vol. XL da *Revista do Instituto Arqueológico Histórico e Geográfico Pernambucano*, o equivalente dos chopes-berrantes cariocas funcionou em cafés frequentados por jovens das grandes famílias e por valentões, os mesmos que, abrindo caminho com passos de capoeiragem para as muitas bandas de música do Recife, desde meados do século XIX, acabariam por fazer surgir na virada dos anos 1900 o passo da dança chamada de frevo:

"Como eram diferentes os cafés existentes naqueles tempos!", lembra o memorialista sobre o "Recife dos primeiros anos do século XX... dos pastoris e dos maxixes", acrescentando: "Ao fundo do salão, lá estava o piano. Um trio composto do velho piano, flauta e clarinete executava um repertório variado, no qual as polcas tinham o seu lugar de destaque".[27]

---

[26] A notícia da proibição foi publicada em um jornal carioca, e com base nesse telegrama enviado de Manaus o jornalista Jota Efegê (João Ferreira Gomes) publicou no jornal *O Globo*, de 8 de maio de 1973, o artigo intitulado "Proibidas as cançonetas nos teatros de Manaus".

[27] Guilherme de Araújo, artigo "Capoeiras e valentões do Recife", *Revista do Instituto Arqueológico, Histórico e Geográfico Pernambucano*, nº 145, vol. XL, Recife, 1946, p. 118.

Quando esses tipos de salão permitiam danças, o equivalente recifense dos cafés-cantantes e das casas de chope cariocas chamava-se maxixe, e servia de ponto de reunião de rapazes boêmios e brabos conhecidos por *espantalhos*, "classe de gente", no dizer de Guilherme de Araújo, "poderosa e educada, desviada para as farras noturnas e cenas tristes, com desgostos profundos para a família e afronta à sociedade e ao meio em que viviam, chegando muitas vezes ao crime".[28]

Em todo o Brasil a era dos cafés-cantantes, dos chopes e dos maxixes, iniciada com o novo século, não durou mais de vinte anos. Ao escrever em seu livro de 1909 a crônica que valia por um necrológico antecipado dos chopes cariocas, João do Rio, após dizer que seu pensamento se voltava nostalgicamente para o "fim de todos os números sensacionais dos defuntos cabarés", perguntava comovidamente: "Onde se perde a esta hora o turbilhão das cançonetistas e dos modinheiros?".

O cronista não sabia responder, mas o tempo se encarregaria de mostrar onde viriam a ser encontrados: reconhecidos os seus dotes artísticos pelos pretensiosos cafés-cantantes e pelas humildes casas de chopes, os trovadores do povo iriam passar aos palcos do teatro de revista, que a partir de 1911 definitivamente se popularizariam com a criação do sistema chamado por "sessões". Com o fim dos últimos chopes, seus mais típicos artistas continuariam a brilhar como atrações desse teatro musicado da Praça Tiradentes, passando a exibir seu talento espontâneo para as novas gerações de famílias da classe média afinal libertadas, ante o advento da estrutura industrial moderna, dos velhos preconceitos patriarcais que haviam feito das diversões em público um privilégio masculino.

A música popular encarada como artigo criado com a finalidade expressa de atender às expectativas do público consumidor de produções culturais destinadas ao lazer urbano, e com isso

---

[28] *Ibidem*, p. 122.

possível de transformar-se em objeto de comércio através de venda sob a forma de partituras para piano e, depois, de discos de gramofone e rolos de pianola, surgiu de fato com o chamado teatro de variedades, a partir da década de 1880.

Como, a exemplo das operetas e óperas-cômicas, burletas e do *vaudeville*, as revistas viviam em grande parte da música — além das *ouvertures*, cortinas e apoteoses orquestrais, a necessidade de produzir melodias tornou-se um quase trabalho forçado para os maestros.

O gênero das revistas do ano, ou seja, dos espetáculos com sentido de crítica pequeno-burguesa aos principais fatos ocorridos no ano precedente, estreara no Brasil em 1859 — no mesmo ano em que o Alcazar Lyrique, aliás focalizado na peça —, mas nessa estreia de Justino Alves de Figueiredo Novais intitulada *As Surpresas do Sr. José da Piedade* a ênfase ainda recaía exclusivamente sobre o texto. E embora o filão tenha sido retomado em 1875 por Joaquim Serra em duas novas produções, somente em 1878, com a estreia de Artur Azevedo no gênero (ao lado de Lino de Assunção) com sua "revista satírica e burlesca" *O Rio de Janeiro em 1877*, aparece no elenco a figura do responsável pela parte musical, no caso o maestro português Gomes Cardim.

A presença constante de maestros portugueses à frente dos espetáculos de revista a partir da década de 1880 (depois de Gomes Cardim viriam Francisco Alvarenga e Sá Noronha e, já no século XX, Antônio Lopes), e mesmo espanhóis (como J. Cristobal e Bernardo Vivas), tinha sua explicação. É que, como a frequência dos cafés-cantantes e cafés-concerto e logo dos *cabarets* — era exclusivamente masculina (as exceções eram sempre para as mulheres de "má vida"), o teatro de revista ficou sendo o único tipo de diversão pública de palco capaz de atrair as famílias das heterogêneas camadas da classe média de gosto ainda muito próximo da baixa origem de onde provinham. Ora, como o grosso dessas pessoas culturalmente pouco exigentes era formado pelas famílias dos comerciantes e pequenos proprietários urbanos, e entre elas predominavam os portugueses donos de bares, tendinhas, padarias, açougues e restaurantes (às vezes dividindo algumas dessas atividades com espanhóis, que aliás dominavam a exploração de pequenos hotéis), era de tal grupo e de seus iguais brasileiros (incluída aí a massa dos pequenos funcionários públicos) que saía o público responsável pelo sucesso das companhias nacionais e internacionais de teatro musicado.

Essa democrática intimidade étnica entre os componentes das classes baixas do Rio de Janeiro (onde brancos, negros e mulatos conviviam nos bairros pobres com imigrantes recém-chegados) e em certos estratos da classe média emergente (em que brancos e mestiços vindos do povo miúdo se alinhavam com os imigrantes bem-sucedidos) iria explicar desde logo o fenômeno de não apenas as primeiras músicas populares brasileiras terem saído do teatro vestidas musicalmente por maestros portugueses, mas o fato de o primeiro gênero criado especialmente para a massa urbana — o das marchinhas carnavalescas — ter resultado do abrasileiramento de marchas portuguesas divulgadas por companhias de revistas lisboetas.

Na verdade, o mais antigo exemplo de música tornada popular no meio urbano brasileiro após seu lançamento como número musical em revista de teatro seria o tango "Araúna", ou "Chô, Araúna", encaixado em 1883 na revista do português Sousa Bastos *Do Inferno a Paris* pelo maestro Francisco Alvarenga (Francisco Xavier de Matos Pereira Alvarenga, Lisboa, 1844-Rio de Janeiro, 1883). Chegado ao Brasil disposto a renovar o sucesso alcançado pela peça em Lisboa em 1882, Sousa Bastos deve ter encomendado a seu maestro Alvarenga a inclusão de algum número musical brasileiro em nome da "cor local" (o que constituía praxe no intercâmbio revisteiro entre Brasil e Portugal), e este teve a sorte de encontrar o tema certo: o lundu popular baseado no estribilho de ritmo sapecado do "Chô, chô, araúna/ Não deixa ninguém te pegar, araúna", que soube arranjar para orquestra com grande fidelidade, não se sabe se aproveitando na totalidade os versos com que corria entre as camadas baixas brasileiras, ou colaborando com outros. Francisco Alvarenga — que, segundo Sousa Bastos em sua *Carteira do Artista*, ainda lançaria na sua peça *O Periquito* uma música que "causou no Brasil um verdadeiro delírio, e se tornou ali popularíssima, em especialidade em célebre tango" iria pagar, aliás, um alto preço por sua tentativa de adaptação demasiado rápida ao meio brasileiro: conforme informa Sousa Bastos, ao voltar bêbado à casa, na noite de 8 de março de 1883, "foi assassinado por um francês amante de uma mulata que ele requestava e que o esperou, abrindo-lhe a cabeça com forte bengala".[29]

A bem dizer, o arranjo do português Francisco Alvarenga para o lundu de autor anônimo "Araúna" não foi a primeira contribuição europeia à música popular urbana do Brasil. Já em 1869, após a estreia no Alcazar Lyrique da "excentricité burlesque" *Les Pompiers de Nanterre*, por uma Troupe Parisienne, o famoso comediante carioca Francisco Correia Vasques (1839-1892) aproveitara no mesmo ano em sua paródia a essa peça, intitulada O *Zé Pereira Carnavalesco*, a fanfarra original de abertura do espetáculo francês para vestir os versos que estavam destinados a transformar a composição daí resultante no verdadeiro hino do Carnaval brasileiro:

> E viva o Zé Pereira,
> Pois que a ninguém faz mal.
> E viva a bebedeira
> Nos dias de Carnaval.

---

[29] Sousa Bastos, *Carteira do Artista*, Lisboa, Antiga Casa Bertrand-José Bastos, 1898, pp. 490-1. Por ironia uma das quadrinhas do tango ou lundu "Araúna" dizia: "Tenho dinheiro de prata/ quizomba/ para gastar com as mulatas/ quizomba". A cantiga terminava com os versos: "Ora meu Deus, ora meu Deus/ estas mulatinhas são pecados meus…". A partitura de piano do "Chô, Araúna" foi publicada com a indicação de "Tango da ópera 'Do Inferno a Paris'" sem indicação de autor e sem data (provavelmente o próprio ano de 1882), pelo Depósito de Pianos e Instrumentos de Henrique L. Levy, de São Paulo. O autor possui exemplar dessa edição (quase certamente a original) em sua coleção de partituras de música popular brasileira.

>   Zim, balalá! Zim, balalá!
>   E viva o Carnaval![30]

Essa contribuição europeia não ficaria como exceção pois, em 1886, outro brasileiro, o autor Artur Azevedo, aproveitaria na sua revista *O Carioca* a ária "La donna è mobile", da ópera *Rigoletto*, de Verdi, para seu irônico perfil cantado do comerciante português comendador Joaquim José Oliveira, enganado por um escroque a quem entregara três contos de réis em troca da promessa da obtenção de um título de barão.

Assim, se a esses exemplos se somar o caso da cançoneta da revista *1888*, "A missa campal", que do suposto autor Oscar Pederneiras praticamente só tinha a adaptação do tema, a primeira composição de música popular inteiramente brasileira lançada pelo teatro de revista foi o tango "As Laranjas da Sabina", que em 1890 contava humoristicamente o episódio da proibição policial à preta Sabina de vender laranjas aos estudantes da Escola de Medicina, por serem seus jovens fregueses agressivamente republicanos (haviam apupado a passagem do coche da princesa imperial regente em frente à escola e ao tabuleiro da vendedora, em fins de 1888). O tango foi incluído na revista *A República*, de Artur Azevedo e seu irmão, o romancista Aluísio Azevedo, estreada no Teatro Variedades Dramáticas, do Rio, a 26 de março de 1890, na cena em que a atriz italiana Ana Manarezzi, no papel da Sabina, cantava em linguagem arrevesada:

>   Sou a Sabina
>   sou encontrada
>   todos os dias

---

[30] *O Zé Pereira Carnavalesco. Coisa Cômica Que Se Deve Parecer muito com Les Pompiers de Nanterre Arranjada pelo Artista F. C. Vasques*, Rio de Janeiro, Tip. e Litografia Popular de Azeredo Leite, 1869. O texto da paródia de Vasques foi reproduzido pelo ator Procópio Ferreira em seu livro *O autor Vasques: o homem e a obra*, São Paulo, s/e, 1939, pp. 454-62.

lá na carçada
da Academia
de Medicina

Um senhor subdelegado
home muito resingueiro
me mandou por dois sordado
retirá meu tabuleiro
Ai!...

Sem banana macaco se arranja
E bem passa o monarca sem canja,
mas estudante de Medicina
nunca pode
passar sem laranja da Sabina!

Os rapazes arranjaram
uma grande passeata
e, deste modo, mostraram
como o ridículo mata
Ai!...

Sem banana macaco se arranja
e bem passa o monarca sem canja,
mas estudante de Medicina
nunca pode
passar sem laranja da Sabina!

Sem o saber, Artur Azevedo estava introduzindo com esse quadro da Sabina a personagem que mais longa vida teria nos palcos brasileiros: a figura da "baiana", que com seu traje típico iria ser responsável desde o sucesso da atriz espanhola Pepa Ruiz cantando o "lundu baiano" "Mugunzá" no segundo ato da revista portuguesa *Tim-tim por tim-tim*, de agosto de 1892, até à esfuziante Carmen Miranda no samba "O Que É Que a Baiana

Tem?", de Dorival Caymmi, no Casino da Urca do Rio de Janeiro, em 1938, quase cinquenta anos depois.[31]

Além da repercussão alcançada pelo lundu "Mugunzá" (o qual, aliás, repetia o êxito obtido três anos antes por outra "receita cantada", a do tango "Moqueca Sinhá", de J. V. Pinto, da revista O Bendegó, de 1889), o século não terminaria sem o lançamento de pelo menos um novo sucesso popular: o "Dueto do Saco do Alferes e da Cidade Nova", cantado por Afonso de Oliveira e Estefânia Louro na revista Rio Nu, com que Moreira Sampaio e o escritor Antônio Quintiliano experimentaram pela primeira vez em 1896 o regime de três sessões diárias.[32]

Apesar desses exemplos de números cantados das revistas do século XIX, posteriormente transformados em sucessos da música popular, por todo o país, o que viria a ligar de uma vez por todas os palcos revisteiros à produção de música de massa no Brasil seria a grande festa do Carnaval. E isto porque, ao iniciar-se com os anos 1900 a voga da música gravada em discos — que a Casa Edison, representante da Fábrica Odeon no país, se encar-

---

[31] Posteriormente a vedeta Josephine Baker se encarregaria de levar a fantasia de baiana à Europa no início da década de 1940 e, ainda no Carnaval carioca de 1968, o grande sucesso individual no desfile das escolas de samba seria o da passista branca Gigi da Mangueira imitando Carmen Miranda e seu traje típico. Tudo para culminar no Carnaval de 1972 com a Escola de Samba Império Serrano sagrando-se vencedora do desfile na Av. Presidente Vargas com o enredo "Alô alô, aí Carmen Miranda", enquanto a atriz Marília Pera alcançava sucesso na boîte Night and Day com o show intitulado A Pequena Notável, sobre a vida de Carmen Miranda e suas fantasias de baiana.

[32] O regime de três sessões só seria institucionalizado a partir de 1911, quando o empresário Pascoal Segreto lançou "a Companhia do Teatro São José, com espetáculos em três sessões por noite, e aos domingos mais uma, em vesperal, cobrando preços popularíssimos: entrada geral 500 réis, cadeira dois mil réis e camarote dez mil réis", conforme informação de Mello Barreto Filho à p. 83 de seu livro Onde o mundo se diverte..., Rio de Janeiro, Edição Casa dos Artistas, 1940.

regava de difundir de norte a sul —, o mercado da música popular ganha tal amplitude ao tornar-se nacional que não poderá dispensar o teatro de revista como fornecedor de músicas para suas gravações.

E, de fato, quando a partir de 1906 Bastos Tigre, então com vinte e quatro anos de idade, obtém sucesso com o quadro em que Maria Lino lança o logo famoso "Vem cá, Mulata", em número de apoteose do terceiro ato da revista *Maxixe*, as músicas saídas das revistas da Praça Tiradentes passam a incorporar-se definitivamente no repertório das cidades de todo o país, levadas em chapas de gramofone.[33]

---

[33] No caso do "Vem cá, Mulata", embora Bastos Tigre se tivesse ocultado sob o pseudônimo de D. Xiquote, a repercussão da música foi tamanha que, no Recife, o pai do revistógrafo tomou conhecimento da nova atividade do filho, o que o levou a chamá-lo a Pernambuco e a fazê-lo viajar para a Europa. Segundo Raimundo de Menezes em seu livro *Bastos Tigre e La Belle Époque* (São Paulo, Edart, 1966, p. 244), Bastos Tigre teria sido recebido pelo pai com a frase: "Mandei-te ao Rio para estudar e não para desperdiçares teu tempo em noitadas alegres e no convívio com artistas e cômicos! Irás para o estrangeiro. Lá, pelo menos, verás como se trabalha...". No livro *O Rio de Janeiro do meu tempo*, Luís Edmundo dá o "Vem cá, Mulata" como sucesso do Carnaval de 1902, o que, como se verifica, só pode ser uma traição de memória: se a canção estivesse popularizada desde 1902 não haveria como espalhar-se pelo Brasil, reconhecida a autoria de Bastos Tigre, somente após a revista *Maxixe*, quatro anos mais tarde.

2.
LUNDUS, MAXIXES E SAMBAS EM REVISTA

Essa identificação com o gosto das demais comunidades urbanas do Brasil era compreensível, pois desde a segunda metade do século XIX o teatro de revista da Praça Tiradentes, com suas cinco famosas casas, somadas a outras fora de sua área — o Apolo e o Teatro da Exposição de Aparelhos de Álcool, na Rua do Lavradio, o Rio Branco e o Chantecler, na Av. Visconde de Rio Branco, e o Palace Theatre, da Rua do Passeio —, já atraíam todo um público flutuante de provincianos fascinados pelas "novidades" do Rio de Janeiro.

Assim, nada mais evidente do que, a partir da primeira década do novo século em diante, a preocupação demonstrada pelos compositores populares em procurar incluir suas músicas em números de revistas, como primeiro passo para torná-las nacionalmente conhecidas. Paralelamente, os novos revistógrafos surgidos com o moderno espírito de *show* — que viria substituir a tendência de crítica política das primeiras "revistas do ano" — começaram a perceber também a oportunidade de aproveitar o agrado popular de determinadas músicas lançadas em disco. O resultado disso foi que se pôde datar de então a alternância de relações entre a música popular e o teatro de revista: ora a revista lançava a música para o sucesso em todo o país ora o sucesso nacional de uma música era aproveitado para atrair público para o teatro.

Essa estreita ligação com o gosto de camadas cada vez mais amplas da população — o que o empresário Pascoal Segreto iria estimular a partir de 1911, cobrando apenas quinhentos réis por lugar na geral — deu origem a duas importantes consequências:

conferiu uma característica brasileira ao gênero, na base do aproveitamento de tipos populares como o matuto, o coronel fazendeiro, o português, a mulata, o guarda, o capadócio (o fadista português depois chamado de malandro no Brasil), o funcionário público, o camelô, etc., e fez essa pequena humanidade dançar e cantar durante meio século ao som das maiores criações musicais e coreográficas das grandes camadas do povo — o lundu, o maxixe e o samba.

As possibilidades abertas para os compositores pela comunicação direta entre a revista e o povo, principalmente no que se referia ao aproveitamento do tema do Carnaval, começaram a aparecer de forma clara inclusive através de fatos imprevistos, como aconteceu no Carnaval de 1911, quando um fado composto pelo brasileiro Nicolino Milano para a revista portuguesa *ABC* encenada no Rio em 1909, o "Fado Liró", apareceu cantado pelo povo, nas ruas, com ritmo de marcha. E o mais curioso é que, no ano seguinte ao desse Carnaval em que o fado português de um brasileiro se transformara em marchinha foliona de rua, uma marcha composta pelo português Filipe Duarte para a revista *O País do Vinho* — estreada no Teatro Recreio em junho de 1910 e aí reprisada em 1911 — transformar-se-ia, abrasileirada, em um dos mais constantes sucessos do Carnaval no Brasil a partir daquele ano de 1912: "A Vassourinha".

Um dos primeiros compositores ligados ao teatro de revista carioca a aproveitar essa tendência para produzir, com intenção deliberada, músicas que pudessem sair do palco para as ruas, foi o maestro João José da Costa Júnior. Animado pelo sucesso do tango-chula "Vem cá, Mulata", que virá em 1906 partir para a popularidade lançado na "revista de costumes, tipos e fatos cariocas" *O Maxixe*, de João Foca e Bastos Tigre (para a qual aliás colaborara ao lado do maestro Paulino Sacramento e Luís Moreira), Costa Júnior aproveitou em 1909 a voga do verbo chaleirar como designação de adulação política, e sob o precavido anagrama de Juca Storoni lançou a "polca de motivos populares" "No Bico da Chaleira". A composição seria por demais representativa do intercâmbio entre o Carnaval de rua e o teatro, pois, ao aproveitar os versos populares de crítica aos aduladores do senador Pinheiro Machado "Iaiá me deixa subir nessa ladeira/ Que eu sou do grupo do pega na chaleira" (o senador, gaúcho, tomava chimarrão e, na pressa de servi-lo, dizia-se que havia político que não hesitava em pegar a chaleira pelo bico), o maestro Costa Júnior iria expressar em vários versos aquela vinculação:

> Quem vem de lá
> bela iaiá,
> ó abre alas
> que eu quero passar.
> Sou Democrata
> Águia de Prata
> Vem cá, mulata,
> que me faz chorar.

Na verdade, tal letra constituía um encadeamento de citações, em que o autor citava estribilho de um rancho da época, o "Iaiá, me deixe"; lembrava o cordão carnavalesco Águia de Prata; encaixava passagens da marcha de Chiquinha Gonzaga "Ó Abre Alas", e de seu próprio tango-chula "Vem cá, Mulata", para finalizar com a quadrinha muito popular em vários Carnavais de 1900, e que o jornalista Brício de Abreu afirmava na década de 1950 ser obra brincalhona do poeta Olavo Bilac:

> Há duas coisa
> que me faz chorá
> é nó nas tripa
> e Batalhão Navá...

A maior prova, entretanto, de que Costa Júnior havia compreendido a importância que a música popular urbana estava para assumir, como produto cultural capaz de ser intencionalmente fabricado, estava no fato de, ao voltar quatro anos depois ao sucesso com a polca "Dengo-Dengo" (lançada pela revista desse nome, de Frederico Cardoso de Meneses, estreada no Teatro São José em janeiro de 1913), já o fazer usando sem a menor cerimônia a melodia de um estribilho do folclore baiano que cantava:

> Eu bem dizia, baiana,
> dois metros sobrava,
> saia de balão,
> babadão,
> metro e meio dava.

Além de Costa Júnior, outro compositor de músicas para revistas, a maestrina Chiquinha Gonzaga — muito respeitada desde o sucesso do tango "Gaúcho", lançado no número de dança do corta-jaca da revista *Zizinha Maxixe*, que Machado Careca levara no Éden Lavradio em 1897[1] — perceberia também por esse tempo o novo caminho aberto pelo aproveitamento de temas populares, e estiliza para o palco os ritmos colhidos nas ruas e entre os grupos de músicos populares tocadores do estilo choro. Ainda sem intenção de incluir a música em peça determinada, Chiquinha Gonzaga compõe na virada do século XIX uma marcha com andamento adaptado à evolução dos cordões de Carnaval, e que logo se transforma em um dos maiores sucessos da história da música de Carnaval em todo o Brasil: a marcha "Ó Abre Alas".[2]

---

[1] Incluído sete anos depois como número da revista luso-brasileira *Cá e Lá*, levada à cena no Rio de Janeiro, o tango "Gaúcho" — já mais conhecido como "Corta-Jaca" — é depois levado para a Europa pela dançarina Maria Lino, chegando a ser plagiado na Alemanha, segundo informação da pesquisadora Mariza Lira.

[2] D. Mariza Lira divulgou em sua biografia de Chiquinha Gonzaga (*Chiquinha Gonzaga, grande compositora popular brasileira*, Rio de Janeiro, Livraria Jacinto, 1939) e em artigos de imprensa, versão segundo a qual

A aceitação da marchinha — que é a primeira de ritmo realmente carnavalesco composta por músico da classe média capaz de ler e escrever na pauta — foi tão imediata que, por volta de 1905, a Casa Edison, querendo documentar com espírito cômico a visita de um cordão carnavalesco à redação de um jornal, reproduz em estúdio a chegada do cordão ao som do "Abre Alas", cantado em coro por todos seus componentes.[3]

De início, nem mesmo a própria Chiquinha Gonzaga terá percebido talvez o alcance do sucesso popular da sua marchinha. Quando, porém, na burleta *Forrobodó*, de Carlos Bitencourt e Luís Peixoto, estreada no Teatro São José a 11 de junho de 1912, a mulatinha Júlia Martins levantou o público cantando o tango "Não Se Impressione" — logo conhecido apenas por "Forrobodó" —, sua autora Chiquinha Gonzaga compreendeu rapidamente a oportunidade de explorar a popularidade de sua antiga marchinha junto à massa, e em janeiro de 1913 estreava com Arman-

---

a maestrina compôs a marcha "Ó Abre Alas" em 1899 a pedido dos integrantes do cordão carnavalesco Rosa de Ouro, do subúrbio carioca de Olaria. O jornalista Jota Efegê, entretanto, descobriu que o cordão Rosa de Ouro foi criado a 9 de março de 1898, mas na Rua Abaeté, nº 8, no Bairro de Laranjeiras, da zona sul carioca. E acompanhando as notícias sobre visitas do Rosa de Ouro a redações de jornais — o que constituía tradição entre os grupos de foliões durante o Carnaval — não descobriu qualquer indicação no sentido de ter o cordão cantado a marcha "Ó Abre Alas" em seus dois primeiros anos de existência. Só em 1901 Jota Efegê encontra referência à marcha de Chiquinha Gonzaga, e assim mesmo indireta: "Sim, abram alas/ eu quero passá/ Sou da Rosa de Ouro/ Não posso negá". A esta altura, porém, a marcha já constituía patrimônio popular, sendo cantada indiferentemente por blocos e cordões anônimos nas ruas, durante o Carnaval.

[3] Esta gravação, preciosa como documento de época, por reproduzir em estúdio, com intuito de fazer graça, o vozerio e o ritmo de percussão característico de um cordão das ruas do início do século, é certamente a mais antiga gravação da marcha "Ó Abre Alas". O disco Odeon, selo amarelo, tem o número 108.188 e traz a indicação no selo: "Cordão Carnavalesco-Cômico".

do Rego e Rego Barros no Teatro Apolo uma nova revista cujo título dizia tudo: *Ó Abre Alas*.

Descoberta a fórmula, Chiquinha Gonzaga não terminaria o ano de 1913 sem tentar comercializar já agora o sucesso do seu maxixe disfarçado de tango "Não Se Impressione", aparecendo em outubro como autora das músicas de revista de Carlos Bitencourt *Depois do Forrobodó*. A partir daí, animada pela voga das estilizações de ritmos populares — que tomou seu nome ainda mais conhecido quando em 1914 a mulher do presidente marechal Hermes da Fonseca, D. Nair de Teffé (Mme. Nair Hermes), tocou ao violão em récita no palácio seu tango "Gaúcho", com o nome de "Corta-jaca" —, Chiquinha Gonzaga compôs ainda uma série de músicas para revistas como "É Ele", de Álvaro Colás, em 1915, e "A Avozinha", de Mário Monteiro, e "Ordem e Progresso", de Avelino Andrade, ambas de 1917, embora já sem conseguir novos sucessos.

Ao lado de Costa Júnior e de Chiquinha Gonzaga, outros músicos de teatro dessa fase pioneira, anterior à ascensão de compositores da própria camada popular, tentaram esforçadamente adaptar sua formação semierudita ao gosto das camadas mais amplas da cidade. Maestros como Paulino Sacramento (ligado aos velhos chorões), Assis Pacheco, José Nunes, Luz Júnior, Bento Moçurunga, Sá Pereira, Roberto Soriano e o espanhol Bernardo Vivas, além de muitos outros de menor produção, tentaram conciliar durante mais de trinta anos centenas de partituras em que esgotavam a imaginação em *ouvertures* e apoteoses, com essa nova exigência de criar tangos e maxixes para atender a fome de ritmo das primeiras gerações de cariocas sugestionadas pela trepidação dos bondes, dos automóveis e das novas formas de diversões de massa, como o futebol e o cinema.

Assim, enquanto não entraram em ação os compositores da geração voltada para a produção de consumo, e por isso logo absorvidos pelo disco e pelo rádio — como Freire Júnior (1917), José Francisco de Freitas (1918), Eduardo Souto (1920), Sinhô (1920), Henrique Vogeler (1925), Hekel Tavares (1926), Sebastião Cirino (1926), Pixinguinha (1926), Lamartine Babo (1926), Donga (1928), Ari Barroso (1928) e Augusto Vasseur (1930) —, muitas músicas continuaram a sair dos palcos da Praça Tiradentes para o sucesso popular, amparadas apenas na repercussão dessa produção para as revistas.

A força do teatro de revista no campo das sugestões musicais revelava-se, de fato, tão marcante, que nem mesmo a criação no âmbito do próprio povo deixou de sofrer sua influência. Em 1910, com a verdadeira explosão da opereta *A Viúva Alegre*, confirmando o sucesso alcançado no Teatro Avenida de Lisboa em 1909, a música de Franz Lehar estava destinada a tal divulgação popular que um rancho de Carnaval carioca, o Filhos da Primavera, não hesitaria em sair as ruas, no Carnaval, aproveitando a melodia do compositor húngaro para cantar:

>   Primavera
>   quando sai a passeá
>   é um anúncio
>   que sai no jorná.
>   É um vaso cercado de flores,
>   um cartão-postal de amores,
>   as estrelas do céu a correr
>   numa noite de belo luar.

Ao lado dessas músicas de opereta — para a divulgação das quais muito contribuía, no Rio de Janeiro, uma banda de imigrantes de língua germânica conhecida popularmente como Banda Alemã —, o teatro de revista iria servir de ponte à invasão não apenas dos gêneros que se criavam na Europa para o gosto da massa (ao sucesso da marcha "A Vassourinha", de Filipe Duarte, a partir de 1911, somar-se-ia em 1918 o da "A Baratinha", do igualmente português Mário de São João Rabelo), mas dos novos ritmos negro-americanos que os Estados Unidos começavam a exportar.

A partir de 1915, entretanto, a existência de um público certo e crescente para o tipo de espetáculo representado pelas revistas musicadas estava destinado a acabar com essa fase dos sucessos musicais fortuitos. O teatro de revista chegava ao estágio de instituição com estrutura tipicamente brasileira e carioca, e que o levaria à busca desenfreada de revistógrafos e compositores mais atualizados e capazes de fazerem frente ao dinamismo do "teatro por sessões", agora responsável por um número sem precedentes de revistas, *revuettes*, mágicas e burletas de uma hora e quinze minutos de duração.

Esse processo de dinamização dos espetáculos, agrupados sob a denominação de "teatro com música", iria sofrer ainda nova aceleração pelos meados dos anos 20, quando o cinema norte-americano, assenhoreando-se definitivamente do mercado brasileiro, levou os proprietários de cine-teatros a formarem ou abrigarem pequenas companhias de revistas e burletas para rápidos espetáculos de cinquenta minutos, destinados a atrair público para os filmes. Tais espetáculos mistos com filmes, estruturados a partir da *revuette Comme à Paris*, de Patrocínio Filho e George Botgan, passavam a funcionar segundo um esquema rotulado com o nome de "espetáculo misto do palco e tela"[4].

Com essa conquista final das últimas camadas da população do Rio de Janeiro (cidade que alcançava seu primeiro milhão de habitantes ao fim da Primeira Guerra Mundial[5]), o espírito dos novos espetáculos teria de seguir mesmo o caminho aberto em

---

[4] A *revuette Comme à Paris* estreou no cine-teatro Capitólio a 1º de junho de 1925 e, segundo Mário Nunes em seu *Quarenta anos de teatro*, "lançava o espetáculo misto de palco e tela". Mário Nunes, aliás, comentando as atividades do ano de 1925 na área do teatro musicado carioca lembra que, nesse ano, a categoria teve que enfrentar "duas forças temerosas: o cinema, que cada vez mais se impunha à atenção do povo — preço barato e diversão satisfatória — e as *troupes* estrangeiras, voltando a preponderar as importadas de Portugal".

[5] O Censo Geral de 1920 deu para o Rio de Janeiro 1.147.599 habitantes, 800 mil concentrados no perímetro urbano e os restantes 300 mil nos subúrbios.

1912 por Luís Peixoto com sua burleta *Forrobodó*, e por ele mesmo retomada em 1918 com as revistas *Flor de Catumbi* e *Saco do Alferes*: o do aproveitamento dos tipos populares, que inclusive subiriam ao palco na figura de artistas saídos do picadeiro (como Araci Côrtes e Francisco Alves), ou se fariam representar por suas músicas nos espetáculos, como seriam os casos dos compositores negros e mulatos Sinhô, Caninha, João da Gente, Donga, Ismael Silva, Heitor dos Prazeres, Alcebíades Barcelos e tantos outros.

Eis como se poderia explicar que a partir de 1917, quando Henrique Júnior aproveita o sucesso do primeiro samba lançado em disco, o "Pelo Telefone", para sob esse nome estrear sua revista no Teatro Carlos Gomes, não viesse a passar mais um único ano sem que a música popular — agora produzida para gravação em disco — deixasse de figurar como atração nos palcos da Praça Tiradentes.

3.
A MÚSICA "PRODUTO":
O ADVENTO DA MÚSICA AMERICANA

A história da criação e da produção do moderno artigo sonoro industrial-comercial chamado de música popular passou a acompanhar no Brasil, desde o início do século XX o mesmo jogo de contradições que iria caracterizar a tentativa de lançamento, no mercado, de produtos nacionais destinados à concorrência com similares oferecidos pela indústria internacional.

Até ao fim do século XIX, a única forma de comercializar a música popular era através da venda de partituras para piano, o que envolvia um complexo de interesses limitado: o do autor (isoladamente ou com parceiros, geralmente letristas), o do editor-impressor da música (reduzida a símbolos reproduzidos no papel) e o dos fabricantes de instrumentos musicais, cujas vendas aumentavam à maneira que a música destinada ao lazer urbano se popularizava.

Com o aparecimento das gravações — primeiro em cilindros, e logo também em discos —, a produção de música popular iria ter ampliadas tanto sua base artística quanto industrial: a primeira, através da profissionalização dos cantores (solistas ou dos coros), da participação mais ampla de instrumentistas (de orquestras, bandas e conjuntos em geral) e do surgimento de figuras novas (o maestro-arranjador e o diretor artístico); a segunda, através do aparecimento das fábricas que exigiam capital, técnica e matéria-prima.

Como, porém, a música assim produzida para reprodução mecânica (gramofones de cilindro ou discos e, logo, programação para pianos nos "rolos de pianola") acelerou grandemente a pesquisa tecnológica, a parte material da produção musical tendeu a crescer (o cinema mudo ganhou som ótico, o rádio fez ouvir a música dos discos à distância, a televisão juntou o som à imagem, e a gravação em fitas — inclusive de *videotape* — aumentou-lhe as possibilidades com o advento do transístor), enquanto a parte artística estacionou em seus elementos iniciais: o autor da música e seus intérpretes.

O resultado dessa expansão da base industrial-comercial do produto "música popular" em medida muito maior do que o de sua parte artístico-criativa foi que, em poucos anos, os critérios da produção em tal campo passaram da qualidade artística do produto para suas possibilidades comerciais. Isto queria dizer que, embora enquanto criação artística devesse reger-se por padrões estéticos, a música popular passou em sua produção a reger-se pelas leis do mercado.

Essa subordinação do artístico ao comercial iria explicar, afinal, não apenas a crescente transformação da música popular em fórmulas fabricadas para a venda (depois de obtida a massificação, basta produzir "o que o povo gosta"), mas a progressiva dominação do mercado brasileiro pela música importada dos grandes centros europeus e da América do Norte, sedes também das gravadoras internacionais e da moderna indústria de aparelhos eletroeletrônicos e de instrumentos de alta tecnologia. Transformada, pois, em produto industrial-comercial pela necessidade de uma base material para sua reprodução — disco, fita, filme de cinema ou de videoteipe —, a música popular brasileira passou, de fato, a partir do século XX, a situar-se dentro do mercado no mesmo plano dos demais produtos nacionais. E, assim, tal como o crescente domínio econômico-financeiro do país pelos capitais e tecnologias estrangeiros reduziu as possibilidades de competição da indústria local em seu próprio mercado, também a música popular brasileira veria reduzida sua possibilidade de divulgação junto às camadas mesmas cujas características e cultura procuravam reproduzir.

A grande virada nos destinos da criação da música dirigida à diversão do público das cidades começou em fins do século XIX com o desenvolvimento quase simultâneo, nos Estados Unidos e na Europa, da possibilidade inicialmente julgada quase mágica de reduzir os sons a uma trilha gravada sobre uma base material capaz de fazê-los voltar a soar mediante a ação de uma agulha ligada a um diafragma e a uma concha acústica destinada a amplificar-lhe as vibrações. Esse princípio baseado no mecanismo do ouvido humano (o francês Charles Cross, autor do pedido de registro para o gramofone que chamou de *paleophon* em abril de 1877 — oito meses antes do pedido igual do americano Thomas Edison —, inspirou-se para a criação do diafragma em dados do *Traité de Physiologie*, de Longuet, de 1853), tornou-se realidade em 1887. Foi quando o alemão emigrado para os Estados Unidos Emile Berliner, ressuscitou a ideia da gravação lateral do sulco usada pelo pioneiro inglês Thomas Young em seu *fonautógrafo* de 1857, e aplicou-a ao disco, em vez do cilindro de Edison. Tal iniciativa garantia a Berliner, aliás, uma grande vantagem industrial: a possibilidade da fabricação em série, através de prensagem, como qualquer outro artigo produzido por máquinas para o consumo massificado. Seis anos depois da apresentação desse seu gramofone ao Instituto Franklin, de Filadélfia, Berliner começaria a produzir e vender os primeiros discos de música popular através da United States Gramophone Company e, logo, a partir de 1899, através da Gramophone Co., de Londres, que nesse ano adquiriu os direitos de patente para venda dos discos sob a marca Angel — a figura até hoje conhecida do anjinho a desenhar com uma grande pena de pato um círculo a sua volta.

Como em seus primeiros anos — de fins do século XIX a inícios do século XX — as gravações, tanto em cilindros quanto em discos, constituíam mais uma curiosidade da era industrial do que uma produção dirigida a um público determinado, a escolha das músicas a serem gravadas era a mais livre possível, orientando os fabricantes seu espírito competitivo à vigilância em torno do respeito às patentes que lhes garantiam direitos sobre marcas ou particularidades técnicas dos aparelhos neste ou naquele país (tal como faria no Rio de Janeiro o tcheco-americano Frederico

Figner, concessionário de patentes sob a marca Odeon, ao entrar na Justiça contra a Columbia em nome do privilégio de gravar os discos dos dois lados).

Além de não estabelecer inicialmente concorrência com a música popular do país (os maestros do teatro continuavam a rechear as revistas com maxixes e cançonetas, e os cantores pioneiros das gravações em cilindros e discos, como o Baiano, Eduardo das Neves, Mário Pinheiro e os Geraldos inundavam os catálogos da Casa Edison de modinhas, lundus, chulas, tangos, duetos e canções), os novos gêneros que começavam a chegar, agora dos Estados Unidos — o *Cake-Walk do Malandro* em 1903, em cilindro, e em disco ainda o *Cake-Walk Colored Coquette*, em 1908, pela Victor, o *two-step* em 1913 com *Caraboo*, e o *one-step* e o *fox-trot* entre 1913 e 1914 em discos Phoenix e *Gaúcho* —, praticamente não atingiam as camadas mais baixas. Os discos ou cilindros, e os aparelhos de gramofone de corda indispensáveis para ouvi-los, constituíam um luxo fora do alcance das maiorias: um cilindro gravado custava na primeira década do século entre 2 e 5 mil réis, um disco de 3 a 6 mil réis, e uma "máquina falante", em 1902, entre 75 e 450 mil réis.[1] Esses preços, muito altos para a bolsa comum, levavam os fabricantes a agir com cautela

---

[1] Dados interessantes sobre o início das gravações no Brasil são encontrados no livro graficamente primoroso de Humberto Franceschi *Registro sonoro por meios mecânicos no Brasil*, Rio de Janeiro, Studio HMF, s/d [1984]. Para bem se avaliar o luxo que consistia em dispor de aparelho de gramofone e discos em casa na primeira década do século, basta saber que em 1906 um operário tecelão de São Caetano, São Paulo, trabalhando doze horas por dia, recebia o salário médio de noventa mil réis, dos quais entre vinte e trinta mil réis destinavam-se ao pagamento do aluguel de uma casa com dois cômodos e cozinha. Os melhores salários dos trabalhadores urbanos, de qualquer forma, raras vezes passavam de cento e cinquenta mil réis (*apud* Edgar Rodrigues in *Trabalho e conflito: pesquisa, 1906-1937*, Rio de Janeiro, s/e, 1978, p. 76).

em seus lançamentos, não passando as tiragens iniciais dos discos no Brasil de 200 a 250 discos em sua primeira prensagem.[2]

Afastada a maioria da população urbana, por sua pobreza, do gozo de tais novidades da nova era tecnológica das "invenções" americanas — pois logo chegariam os "relógios americanos" Keystone-Elgin, os "fumos de Virgínia", os "botões americanos" Krementz para colarinhos e camisas, as máquinas de escrever Olivier, Fox e Remington, as "navalhas de segurança" Gillette, etc.[3] —, a influência dos gêneros de música importados dos Estados Unidos circunscrevia-se, afinal, às mesmas minorias que desde o século anterior possuíam pianos em suas salas, e de há muito conheciam através de partituras as valsas Boston, o *cakewalk*, o *two-step* e as marchas de John Philip Souza.

Essa realidade iria mudar, porém, a partir da Primeira Grande Guerra Mundial, quando, após crescentes investidas no mercado (participação de trinta por cento do total de investimento estrangeiro de 190 milhões de libras no Brasil de 1903 a 1913),[4] os Estados Unidos se transformaram — na qualidade de "maior parceiro comercial", graças às compras de café — no virtual se-

---

[2] O número é fornecido por Humberto M. Franceschi em seu livro *Registro sonoro por meios mecânicos no Brasil*, cit., p. 63.

[3] Os nomes foram tirados de anúncios da revista *Fon-Fon* lançada no Rio de Janeiro em inícios de 1907, de seu primeiro número até 1910, ano em que, aliás, sua editora começaria a publicar em folhetins as histórias de Nick Carter, "o mais célebre polícia da América".

[4] No quadro de "Investimento estrangeiro por país de origem dos capitais, para os períodos de 1860-1902 e 1903-1913" organizado por Ana Célia Castro para seu estudo *As empresas estrangeiras no Brasil*, cit., os Estados Unidos figuram no período 1903-1913 com 19,9% do total, mas — como a própria autora observa — a esse percentual deve juntar-se os 11,1% referentes ao Canadá, pois a Light & Power nada mais era do que uma empresa de capital americano reincorporada em 1904 em Toronto "dadas as maiores condições de financiamento que o grupo [do americano Percival Farquhar] encontrou nessa praça" (Ana Célia Castro, *op. cit.*, p. 110).

nhor da economia do país, passando com a ajuda já agora do cinema de Hollywood a influenciar inclusive o gosto da nova classe média brasileira.

Essa mudança do eixo econômico-financeiro da Europa — que tivera na Inglaterra seu carro-chefe — para a América do Norte, em plena fase de seu avanço imperialista, não seria sentida apenas no Brasil, mas em todo o mundo, o que muitas vezes se revelava até no plano ideológico, com o *jazz* assumindo o símbolo da Liberdade através do uso de suas dissonâncias por músicos como Stravinsky e Darius Milhaud, na França, e do próprio Futuro, pela comparação de seu som vertiginoso à trepidação das máquinas, como faria o português Antônio Ferro, por sinal autor de um livro significativamente intitulado *A Idade do Jazz-Band*.[5]

No Brasil, onde, à população local que crescia rapidamente (de 687.699 habitantes em 1900, para 1.077.000 ao final da guerra de 1918, apenas no Rio de Janeiro), se juntavam agora no centro-sul-sudeste as famílias dos imigrantes europeus e asiáticos — principalmente portugueses, espanhóis, italianos, poloneses, alemães e japoneses —, essa penetração das novidades americanas iria ser facilitada pela ausência de identidade nacional das novas camadas de classe média, que se formavam ao influxo das modernas condições econômicas. De fato, como a antiga classe média formada pelos burocratas contemporâneos da instalação dos modernos serviços urbanos, particulares e do Estado, vinham somar-se os novos grupos gerados pela verdadeira explosão do

---

[5] No mesmo ano de 1922 em que Antônio Ferro realizava no Teatro Lírico do Rio de Janeiro (noite de 30 de julho) — e depois repetido em São Paulo (12 de setembro), Santos (10 de novembro) e Belo Horizonte (8 de fevereiro de 1923) — sua conferência depois transformada no livro *A Idade do Jazz-Band* (Lisboa, Portugália Livraria-Editora, 1923, 2ª ed., 1924), nos Estados Unidos o escritor Scott Fitzgerald lançava seu *Tales of the Jazz Age*, dentro da mesma linha ideológica: identificação da "modernidade" do mundo (representada, afinal, pela alegre alienação da burguesia industrial americana e europeia) com o irrequieto estilo musical do *jazz*.

setor de bens de consumo não duráveis (que faziam o sucesso das montras dos primeiros grandes magazines), as antigas criações musicais ligadas à cultura das classes baixas não apenas perdiam seu significado aos ouvidos dessas camadas emergentes, mas passavam a ser olhadas como desprezíveis e atrasadas. Para essa gente que começava a frequentar cinemas, confeitarias, a exibir-se nas *pelouses* dos hipódromos e nos palanques de regatas, a fazer *footing* nas avenidas, a ter aventuras amorosas em *garçonières* e a cultivar o "vício elegante" do ópio e da cocaína, bom era sinônimo de novo. E tais novidades — anunciadas quase sempre pelo cinema — vinham naturalmente dos Estados Unidos.

Na área da música popular, essa tendência à aceitação dos gêneros criados pelos editores e produtores de Nova York para as mais amplas camadas da classe média americana — que começavam a ser pensadas como massa — tornou-se evidente no Brasil a partir do período da Primeira Grande Guerra. De fato, enquanto entre o primeiro cilindro com o *cake-walk* de 1903, até 1914, a Casa Edison em selos Odeon, e a Victor, no Rio de Janeiro, mais a Casa A Elétrica do selo Gaúcho em Porto Alegre, e a Casa Edison de Gustavo Figner de São Paulo sob o selo Phoenix, lançaram um total de sete discos com música americana (dois *cake-walks*, três *two-steps*, um *one-step* e um *fox-trot*), as mesmas produtoras e gravadoras, acrescidas de mais duas nacionais, a Popular, do Rio de Janeiro, e Imperador, de São Paulo, lançariam de 1915 a 1927 — quando termina a fase das gravações pelo primitivo sistema mecânico — nada menos de cento e trinta e nove *fox-trots*, vinte e três *one-steps*, sete *ragtimes*, seis *two-steps*, três *fox-blues*, dois *shimmies*, um *charleston* e um *blue*, num total de 182 gravações, ou seja, 2.500 por cento mais música americana do que no decênio anterior.[6]

---

[6] A pesquisa foi feita com base no levantamento intitulado *Discografia brasileira 78 rpm, vol. I: 1902-1964*, Rio de Janeiro, Edição Funarte, 1982, e engloba dados sobre 35 mil discos gravados entre 1902 e 1964, o final das

Para reproduzir tais gêneros musicais da forma mais próxima com que soavam em seu país de origem, os músicos brasileiros foram levados a adotar o tipo de formação orquestral a eles ligado, o chamado *jazz-band*, o que obrigava a importar o instrumento básico: a bateria compacta inventada pelos negros do Sul dos Estados Unidos, à base de caixa, surdo, pratos e bumbo com pedal, o que permitia diferentes efeitos sonoros conforme o emprego de baquetas ou vassourinhas metálicas na percussão.

Responsável pelo estilo de ritmo livre comunicado horizontalmente aos demais instrumentos (o que subvertia a tradição europeia do ritmo vertical, por acordes), essa forma negro-americana de usar o instrumental convencional recebera a partir do início da Primeira Guerra, em Chicago, o nome de *jazz*, fazendo nascer assim para os conjuntos que praticavam tal tipo de música a denominação de *jazz-band*. E como pelo fim da guerra, em 1918, o tipo de música produzido originalmente por tais grupos de negros de Nova Orleans já havia sido apropriado pelos brancos nos maiores centros urbanos do mundo, foi um desses representantes da nova música de consumo norte-americana, o alvíssimo baterista e pianista euro-americano Harry Kosarin, quem daria a conhecer aos cariocas e paulistas, a partir de meados de 1919, com as exibições do seu Harry Kosarin Jazz Band (ou Rag-Time Band de Harry Kosarin), a novidade da "bateria americana".[7]

---

gravações em "discos de cera" (substituídos definitivamente pelos LPs de 33 rotações). O fato de constar entre os discos pelo sistema mecânico que vigorou até 1927 apenas um *charleston* — ritmo de dança que tal influência exerceria sobre as marchas carnavalescas — explica-se por tal novidade ter sido lançada naquele ano de transição. O sucesso do *charleston*, porém, seria imediato junto ao público carioca, pois o distribuidor do filme *Mosca Negra*, em que a atriz Ann Penington o dançava, ante o agrado da cena, contratou o dançarino de maxixes Bueno Machado para exibir-se no intervalo das sessões imitando os passos da dança no palco do Cinema Império.

[7] As informações sobre Harry Kosarin foram colhidas na comunica-

Talvez pela própria originalidade da bateria, típica da incursão da moderna indústria na área da renovação do instrumental musical (o que retardou a chegada dos primeiros exemplares importados), a imitação do *jazz-band* no Brasil não se fez de pronto, embora os mais apressados — segundo informação de Jorge Guinle em seu *Jazz Panorama* — tenham tentado o recurso de usar "somente a caixa (*snare drum*) sem tripé, amarrada por uma cordinha a uma cadeira".[8]

Na verdade, após a notícia sobre as apresentações de Harry Kosarin no Rio e em São Paulo, já em inícios de 1920, as duas revistas de atualidades da época, *Fon-Fon* e *A Careta*, embora publicando durante esse ano de 1920 e no de 1921 várias charges sobre a invasão das "danças modernas", não voltariam a referir-se à música dos *jazz-bands*. Em 1922, porém, três grupos começariam no Rio de Janeiro a gravar discos sob o selo Odeon da Casa Edison dentro do novo estilo: o Jazz-Band Brasil América (cujo solista se chamava F. W. Brown, o que o faz supor americano), a Orquestra Ideal Jazz-Band e o Jazz-Band do Batalhão Naval (que em seu esforço de imitação dos negros de Nova Orleans chegava a antecipar o ritmo do *boogie-woogie* de fins da

---

ção de Alberto T. Ikeda "Apontamentos históricos sobre o *jazz* no Brasil", publicada em separata da revista *Comunicação e Artes*, da Escola de Comunicações e Artes da Universidade de São Paulo, vol. 13, 1984, pp. 111-24. O autor sugere que a bateria americana já teria integrado o grupo que acompanhava o *American Rag-Time Revue*, espetáculo apresentado em teatros do Rio e de São Paulo em fins de 1917, mas, como ele mesmo cita, as "Notas teatrais" da revista *Fon-Fon*, do Rio de Janeiro, de 1º de dezembro daquele ano, só se referem a "um músico trepidante que, além de batucar em onze instrumentos diversos, ainda por cima sopra um canudo estridente e remexe-se durante todo o espetáculo, numa espécie de *gigue* circunscrita ao lugar que ele ocupa no meio dos seus colegas". Não seria, pois, um baterista típico de *jazz-band*, mas segundo a própria expressão do redator da revista — uma espécie de "homem dos sete instrumentos".

[8] Jorge Guinle, *Jazz panorama*, Rio de Janeiro, Livraria Agir Editora, 1953, p. 89.

década de 1930 na interpretação do *fox-trot* "Home Agem [*sic*] Blues".[9]

Desencadeada, enfim, a onda de americanização (que, no plano econômico-financeiro, se traduzia no empréstimo de cinquenta mil contos ao Brasil pela Casa Dillon, Read & Co. de Nova York, em 1921, e no técnico-político na contratação dos serviços de uma missão naval dos Estados Unidos para modernizar a marinha brasileira em 1922), multiplicaram-se por todo o país a partir de 1923 os adeptos do estilo *jazz*. No Rio de Janeiro apareceram o Jazz-Band Sul-Americano de Romeu Silva, a Apolo Jazz Orchestra, o American Jazz-Band Sílvio de Sousa e o Jazz-Band criado pela gravadora Odeon para alternar música Americana com brasileira na experiência dos disquinhos de 19 cm da marca Odeonette. Em São Paulo surgiriam o Jazz-Band Andreozzi, o Jazz-Band República, o Jazz-Band Caracafu, o Jazz-Band Salvans, a Orquestra Rag-Time Fusellas e o Jazz-Band Imperador, da Fábrica de Discos Brasilphone. E sem contar, nestes exemplos paulistas, os grupos surgidos em centros menores, como no caso de Santos, onde a existência de cassinos em seu balneário estimulava o aparecimento de grupos como o Jazz-Band Mirarar e o Jazz-Band "Scala" do casino do Teatro Coliseu.[10] E, ainda em Porto Alegre, a partir de 1926, o Jazz Espia Só.

---

[9] Este disco da coleção do autor — historicamente importante por marcar a estreia de músicos militares brasileiros a serviço da música norte-americana — não consta da relação levantada pela Funarte em 1982 (Odeon nº 122.545 — "C'est la mode", *rag-time*, Jazz Band do Batalhão Naval, nº 122.545 — "Home Agem [seria *Again*] Blues", *fox-trot*, Jazz Band do Batalhão Naval).

[10] A multiplicação dos grupos de música popular comercial para dançar segundo estilo americano chegou a gerar um clima de competição entre os músicos brasileiros que não escapava ao ridículo: em 1923, quando Romeu Silva obtém sucesso com seu *Jazz-Band Sul Americano* no Cinema Palais, no Rio de Janeiro, um seu rival denominado *Commercial Jazz Band* passa a anunciar-se como *the most animated of the world*.

Para a evolução da música urbana brasileira, a primeira consequência da adoção do estilo jazz-bandístico (como à época se dizia) foi a transformação da marcha carnavalesca carioca — cujo estilo oscilava entre o movimento largo e majestoso dos ranchos imitado por Chiquinha Gonzaga em seu "Ó Abre Alas", de 1899, e a vivacidade das marchas portuguesas trazidas pelas companhias de revistas, como "A Vassourinha", de 1912, e "A Baratinha", de 1918 — na imitação do tempo quebrado e acelerado dos *fox-trots* e *charlestons* americanos. Era agora o tempo das marchas destinadas a partir de 1927 a promover o sucesso de compositores da classe média, como o pianista José Francisco de Freitas (o Freitinhas das marchas "Eu Vi" e "Dondoca"), líder de um *jazz-band* que transportava em seu automóvel para animar vários bailes de Carnaval em uma mesma noite, em diferentes pontos da cidade.[11]

Tal influência sobre a música de Carnaval de maior agrado da classe média e das elites — as marchinhas tornavam-se o ritmo obrigatório dos bailes à fantasia dos grandes clubes sociais, cassinos, balneários e teatros — nada mais fazia, aliás, do que reproduzir o que acontecia no próprio teatro de revista desde inícios da década de 1920. Em 1924, por exemplo, pode acompanhar-se pelas anotações do velho crítico carioca Mário Nunes, em seu *40 Anos de Teatro*, que na revista *A la garçonne* (referência ao corte de cabelo lançado para as moças de todo o mundo pelo cinema de Hollywood) havia um quadro "Jazz-band e arlequinada", e na revista *Olha o Guedes*, estreada também em setembro no Teatro São José, seu maior sucesso seria a "música variada, *rag-times*, *fox-trots*, *shimmies*, choros e maxixes".[12]

---

[11] A história das espertezas empresariais do maestro Freitinhas para melhor "vender" a sua música americanizada é contada pelo autor no livro *Música popular: teatro e cinema*, Petrópolis, Vozes, 1972.

[12] Mário Nunes, *Quarenta anos de teatro*, Rio de Janeiro, Serviço Nacional de Teatro, 1959, vol. 2, p. 135.

A música "produto"

Em paralelo impressionante com o progressivo açambarcamento do mercado pelos artigos industriais norte-americanos (em 1927 o Brasil seria responsável pela compra de dez por cento dos automóveis, ônibus e caminhões exportados pelos Estados Unidos para todo o mundo), a música popular americana ganhava cada vez mais campo na área das classes média e alta brasileiras, graças ao advento das mais variadas novidades: em 1913 os pianos mecânicos chamados de pianolas, em que os tocadores ainda acionavam pedais, foram substituídos pelos pianos autográficos, a eletricidade (o que incentivava as vendas dos rolos programados com música americana) e, nos anos 20, às vésperas do cinema falado, os estúdios de Hollywood passaram a distribuir juntamente com os filmes mudos partituras com as músicas que deveriam ser tocadas em cada cena (o que desde logo impedia os pianeiros de produzir a trilha sonora ao vivo, tocando trechos de músicas brasileiras).

Aos compositores profissionais submetidos a tal concorrência estrangeira dentro do seu próprio mercado (a valsa "Ramona", de Mabel Wayne, saiu do cinema para figurar como maior sucesso musical de 1928), restava o recurso de aproveitar "as sobras" de tais expedientes inventados pela nascente indústria do lazer norte-americano. Quando, em 1929, os primeiros filmes musicados de Hollywood, sonorizados pelos sistemas ótico e vitafone (imagem sincronizada com discos), tais como o Broadway Melody, da Metro Goldwyn-Mayer, *Fox Follies of 1929*, da Fox, e *My Love Parade*, da Paramount, estouraram no Brasil (dando início, aliás, à era das versões e dos arranjos destinados ao público nacional), a ideia da trilha fabricada para filmes mudos foi revivida no Rio de Janeiro. É que, como os últimos filmes mudos já comprados pelos exibidores brasileiros ameaçavam "encalhar" por falta de público, músicos da nova geração de compositores das áreas do disco e do teatro de revista foram convidados a encaixar composições produzidas dentro dos temas das histórias mudas. E, assim, ao despontar da Revolução de 1930 — que devia encerrar esse primeiro ciclo de dominação norte-americana no

Brasil —, quem foi assistir no Rio de Janeiro ao filme mudo *Casanova — O Príncipe dos Amantes*, exibido em cinco diferentes cinemas do empresário Francisco Serrador, pôde ouvir nas cenas de amor do grande aventureiro amoroso o samba do revistógrafo Freire Júnior que dizia: "Não há mulher que resista/ Do Casanova a conquista/ Que olhar fascinador/ Amor! Amor!".[13]

Com seu tradicional bom humor, os cariocas apelidaram o novo sistema de "tapeofone", tirado do verbo tapear, cujo sentido de enganar, iludir, burlar, derivava jocosamente do ato de tapar os olhos aos burros brabos para que se deixassem arrear.

---

[13] Segundo afirma Mariza Lira em seu livro *Brasil sonoro* (Rio de Janeiro, Editora A Noite, s/d, p. 222), o primeiro compositor brasileiro a produzir uma música especialmente para trilha de um filme de Hollywood teria sido Plínio de Brito com a valsa "Mulher Enigma", de 1929, para o filme do mesmo nome, estrelado, aliás, pela brasileira Lia Torá, que viajara para os Estados Unidos em 1928. O autor, porém, possui em seu arquivo duas partituras de músicas do filme (a "Canção do Amor", de William Gordon, e a valsa "Mulher Enigma", de James Harrison), com o poeta brasileiro aparecendo como autor da versão da valsa-lenta "The Veiled Woman" Versão "brasileira" por sinal logo lançada em disco pela Fábrica Odeon sob o disco dessa marca de nº 10.372, e com o selo Parlophon 12.946).

*Classes baixas: som do campo
na música da cidade*

4.
AS CRIAÇÕES DO POVO:
MARCHAS DE RANCHOS BAIANOS,
SAMBAS BAIANO-CARIOCAS

O interessante a observar é que, enquanto o público da nova classe média emergente da fase de transição da economia pré-industral, manufatureira, para a da moderna indústria, se deixava arrear com as novidades importadas, as camadas populares urbanas mais baixas viviam, no mesmo período histórico, um dinâmico processo de grande riqueza criativa.

Levados pela natureza excludente da economia a viver por si, os componentes das camadas mais pobres (trabalhadores não qualificados, biscateiros e subempregados em geral) passaram a organizar-se culturalmente para si. De fato, enquanto os menos de trezentos mil operários qualificados de todo o país oficialmente recenseados em 1920[1] de certa maneira se conseguiam integrar no sistema (lutavam por "melhorias" organizados em sindicatos, associações, caixas de socorros, etc.), a massa de cerca de um milhão de trabalhadores não qualificados e eventuais, situados à margem dessa parte "organizada" da sociedade, precisou criar, nas cidades, as próprias formas de sobrevivência física e cultural.

No Rio de Janeiro esse espírito de sobrevivência levou tais camadas mais pobres desde o fim do século XIX a ocupar progressivamente os mangues da Cidade Nova, a concentrar-se em cômodos e porões de aluguel de casas do centro da cidade (o espaço interno multiplicado por tabiques, o externo por acréscimos

---

[1] Um quadro que relaciona 275.512 operários em 13.336 estabelecimentos industriais no Brasil em 1924 é fornecido por Edgar Rodrigues em seu livro *Novos rumos: pesquisa social, 1922-1946*, Rio de Janeiro, Mundo Livre, s/d, p. 200.

de madeira e lata, chamados de "puxadas"),[2] a subir os morros para armar barracos (primeiro próximo ao centro da cidade, como nos morros de Santo Antônio e da Providência — aqui fazendo surgir o termo *favela* para o conjunto dos casebres — e depois partir para os subúrbios mais distantes). Assim, como a abolição da escravidão, em 1888, havia permitido o início das ondas migratórias de trabalhadores negros do campo para a cidade, o Rio de Janeiro — capital da República do Brasil desde 1889, com o título de Distrito Federal — transforma-se nos últimos anos do século XIX no centro de convergência do maior número dessas migrações internas. E como grande parte dos ex-escravos e seus descendentes trabalhadores do campo — que ajudariam a dobrar

---

[2] O maior e mais desses núcleos de moradia coletiva ("habitações coletivas" também chamadas, conforme o tipo, de casa de cômodos, cortiços ou cabeças de porco), foi, com os seus 2 mil moradores, o que existiu próximo à atual Estação da Estrada de Ferro Central do Brasil, no Rio de Janeiro. O nome "Cabeça de Porco", pelo qual ficaria conhecido, devia-se ao ornamento de seu portal, que tinha essa forma. Em artigo sob o título "Notas sobre o Cabeça de Porco" (*Revista Rio de Janeiro*, n° 2, abril de 1986, pp. 29-35) a especialista em Planejamento Urbano e Regional, professora Lilian Fessler Vaz, escreve sobre esse cortiço destruído pelo prefeito carioca Barata Ribeiro durante a madrugada de 26 de janeiro de 1896: "Na década de 1880 foi, talvez, o maior cortiço do Rio de Janeiro. Era um verdadeiro bairro, constituído por sobrados, térreos e quartos. Os sobrados e térreos subdivididos, por sua vez, em muitos outros quartos. Esse conjunto de construções, verdadeiro 'labirinto arquitetônico', se estendia até a pedreira dos Cajueiros, no Morro da Providência, e 'se alastrava pelos flancos ocupando a retaguarda das casas' da Rua Barão de São Félix. Nas suas muitas ruelas interiores, se encontravam grande número de cocheiras com animais e carroças, galinheiros e um armazém. Dentre os quartos, havia os de pedra e cal, de madeira de lei e de tábuas de caixotes, assim como casebres de sopapo e 'teto de folhas de lata'. A existência desses casebres de sopapo e a ocupação do flanco dos morros sugeriu, posteriormente, a expressão 'semente de favela': as descrições compõem uma imagem intermediária entre o cortiço e as favelas [bairros caracterizados pela construção caótica de casebres nos morros cariocas]", art. cit., p. 30.

a população da capital em vinte e oito anos, fazendo-a passar de 522.651 habitantes em 1890 para 1.077.000 em 1918 — continuavam a ser os baianos antes trazidos para o Vale do Paraíba com a expansão da cultura do café, seria entre tais comunidades (em 1897 acrescidas com a desmobilização de tropas recrutadas pelo exército na Bahia para lutar contra o fanático Antônio Conselheiro) que iriam surgir no Rio as duas maiores criações coletivas do povo miúdo no Brasil: o carnaval de rua dos ranchos e suas marchas, e o ritmo do samba.

Desde a década de 1870 os baianos constituíam, em verdade, a segunda maior colônia de emigrados da capital do país (a maior, de fluminenses, explicada pela proximidade da área de economia açucareira decadente do estado do Rio): eram os baianos 2.120 numa população local de 274.972 em 1870; 10.633 na população de 522.651 em 1890, e 12.926 entre 1.157.873 de habitantes recenseados em 1920.

Nada mais natural, pois, que tanto os baianos trazidos nas primeiras levas como escravos quanto os migrados após a abolição, já no período republicano iniciado em 1889, aproveitassem a riqueza da sua antiga experiência de vida no Recôncavo para assumir na capital uma espécie de liderança espontânea entre as camadas baixas a que se integravam.

O Rio de Janeiro, aliás, figurava desde o século XVIII como um dos maiores redutos de população negra do Brasil. Tal como Salvador, sua condição de porto e de entreposto de escravos africanos transformara a cidade em centro de distribuição de mão de obra, primeiro para a exploração de ouro nas Minas Gerais, depois para o trabalho nas fazendas de café do Vale do Paraíba (que logo progrediriam do estado do Rio na direção de São Paulo).

O refluxo dessa força de trabalho, a partir do fim da escravidão às vésperas da década de 1890, levara os contingentes atraídos pela vida urbana da capital a concentrar-se no Bairro da Saúde, que compreendia então toda a curva da praia do Valongo (onde se dava o desembarque dos que chegavam por mar) até à atual Praça Mauá e Bairro da Gamboa, seguindo a Rua Sacadura Cabral. E era aí nessa orla litorânea — num tempo em que não existia cais acostável para a atracação de navios — que se situavam as dezenas de trapiches através dos quais se escoava, à viva força de milhares de braços, toda a produção de café do Vale do Paraíba. Assim, como o transporte à cabeça dos sacos de setenta e três quilos exigia um tipo de trabalhador rijo e musculoso, a maior parte daqueles ex-escravos e seus descendentes pôde encontrar trabalho no local, levando-os a procurar moradia em pontos próximos, na própria Saúde, no Centro (ruas do Hospício, Alfândega e General Câmara), em cortiços que começavam a formar-se na Rua Senador Pompeu (próximo da Estação da Estrada de Ferro Central do Brasil), em casinhas de porta e janela das ruas do Costa e da Imperatriz e, logo, mais para o norte, nas ruas da América, Providência, Bom Jardim e D. Feliciana.

Reunidos, na qualidade de trabalhadores livres, para a aventura nova da vida urbana na grande cidade de mais de quinhentos mil habitantes na década de 1890, tais contingentes egressos do mundo rural tinham tendência a agrupar-se em núcleos de vizinhos segundo a origem regional: pernambucanos, sergipanos, alagoanos e, logo em maior número, baianos. A consequência cultural da coexistência de tais comunidades regionais iria ser a tentativa de estender suas afinidades de origem às formas de diversão, o que transformaria a cidade do Rio de Janeiro de fins do século XIX e inícios do século XX num verdadeiro laboratório de experiências fragmentadas de usos e costumes de origem rural.

Em dezembro e janeiro, com as festas do ciclo natalino, e em fevereiro, por ocasião do Carnaval, não seria difícil imaginar com que naturalidade todas as revivescências da síntese cultural africano-nordestina viessem a manifestar-se nas ruas, em rica comunhão com as próprias manifestações locais particulares das baixas camadas cariocas. Numa sucessão incontável de personagens, viriam dos pastoris o personagem do velho (que no Carnaval passava à figura líder do "cordão do velho"); dos ranchos de Reis a burrinha, o boi e o "homem do bicho" (o homem vestido de camisolão a carregar sobre a cabeça lagartos, jabotis e até cobras vivas, numa sobrevivência do totemismo africano, segundo propunha Nina Rodrigues), e dos grupos de caboclinhos (ou cabocolinhos) nordestinos os turbulentos caboclos, molecões vestidos de malha com tangas de penas, que abriam caminho para os cordões a golpes de *iri*, espécie de tacape indígena com formato de peixe.

Dessa época de grande riqueza de possibilidades criativas escreveria a jornalista Eneida em sua *História do Carnaval Carioca*, citando uma notícia de jornal de 1891, que "até um 'bumba meu boi' apareceu, recordando as festas tradicionais do Natal e Reis dos estados do Norte e Nordeste".[3]

Em 1908, já agora em testemunho pessoal, o escritor Coelho Neto, referindo-se em palestra depois incluída no livro *Palestras da tarde* ao "carnaval de outrora", que era, para ele, o Carnaval de fins da segunda metade do século XIX, lembrava ter visto de mistura, pelas ruas do Rio, "marujos de cheganças levando barcos em charola", além de verdadeiras "congadas, com maracas, caixas, tambores, e um canto guaiado e banzeiro". Tudo como se o campo tivesse invadido a cidade.

Ao lado dessas contribuições dos migrados nordestinos, os negros que formavam a maioria da classe baixa carioca saíam às ruas com seus grupos de cucumbis, afoxés e embaixadas, exclusivamente masculinos (sobrevivência de antigos autos negros mais desenvolvidos) e, a partir de meados da década de 1880, com seus cordões compostos por valentões e capoeiras, ao lado de brancos e mulatos reunidos em blocos mais bem-comportados, graças à presença de mulheres.

Todos esses grupos tinham música própria, tradicional, que não se confundia, e ainda em inícios da década de 1960 os foliões

---

[3] Eneida, *História do Carnaval Carioca*, Rio de Janeiro, Editora Civilização Brasileira, 1958, p. 11.

mais velhos, como o compositor Getúlio Marinho, o "Amor" (Salvador, 1889-Rio de Janeiro, 1964), se orgulhavam de conhecer as distinções:

> "Havia três tipos de chulas: a chula de palhaço de circo, como o do 'ó raia o sol/ suspende a lua/ viva ao palhaço/ que está na rua'; chula de palhaço de guizos, que saía em cordão de velho cantando ao som de camisão, pandeiro grande e tamborim, a chula raiada, que ia dar o samba raiado, ou samba do partido alto, à base de flauta, violão, cavaquinho e ritmo de prato raspado com faca, pandeiro e palmas."[4]

Tais lembranças seriam confirmadas por outro contemporâneo, João Machado Guedes, o "João da Baiana" (Rio de Janeiro, 1887-1974) — assim chamado por ser filho da quituteira baiana Prisciliana de Santo Amaro —, ao referir-se às origens do que viria a constituir o primeiro gênero de música popular brasileira de âmbito nacional, o samba:

> "Antes de falá samba, a gente falava chula. Chula era qualquer verso cantado. Por exemplo. Os verso que os palhaço cantava era chula de palhaço. Os que saía vestido de palhaço nos cordão de velho tinha as chula de palhaço de guizo. Agora, tinha a chula raiada, que era o samba do partido alto. Podia chamá chula raiada ou samba raiado. Era a mesma coisa. Tudo era samba do partido alto."

---

[4] Entrevista concedida ao autor deste livro em 1962 por Getúlio Marinho da Silva, conhecido por "Amor" (Salvador, 15/11/1889-Rio de Janeiro, 31/1/1964), em seu modesto quarto de aluguel do casarão construído ao tempo do Império, na esquina da Rua dos Inválidos com Rua Riachuelo, no bairro carioca da Lapa.

Ao que acrescentava, esclarecendo em sua fala de "negro velho":

"O partido alto era o rei dos sambas. Podia dançar uma pessoa só de cada vez. O acompanhamento era com palmas, cavaquinho, pandeiro e violão, e não cantava todo o mundo. No samba corrido todo mundo samba e todo mundo canta. Por exemplo: no samba do partido alto eu canto... [João da Baiana canta:]

Minha senhora,
Bela dona chegou na canoa.
Minha senhora,
Bela dona chegou na canoa.
Ô remá
Ô sou de lá
Ô remá
Taparica é beira má
Doná."[5]

---

[5] Entrevista concedida ao autor por João da Baiana, pioneiro do samba transformado em gênero comercial no Rio de Janeiro, e publicada sob o título "João da Baiana: a memória viva do Rio" na revista *Veja*, n° 151, de São Paulo, de 28 de julho de 1971. A expressão partido alto, aparentemente enigmática, serve para evidenciar como novo exemplo a ligação do rural ao urbano no Brasil: partido, aí, não é a agremiação política, mas o nome que na zona açucareira se dava (e em vários pontos do país ainda se dá) à área de terra plantada de cana atribuída a alguém para exploração sob sua responsabilidade, geralmente em terra alheia. Do maior ou menor rendimento dos partidos resultava a maior ou menor prosperidade de seus detentores e, assim, gente do "partido alto" ficava sendo a que melhores resultados conseguia. Entre os pioneiros do samba carioca ligados à época de preeminência dos baianos, a "gente do partido alto" era formada de fato pelos mais experientes e mais conhecedores das coisas populares da comunidade, em geral os mais velhos e, por isso mesmo, mais respeitados.

As criações do povo

João da Baiana completava sua informação mostrando que, ao contrário desse canto a solo do partido alto, no samba corrido "cantava todo mundo" no estilo estrofe-refrão, com a resposta em coro (solo: "Pelo amor da mulata/ quase que o nego me mata". Coro: "Pelo amor da mulata/ quase que o nego me mata". Solo: "Foi ela quem me pediu/ um segredo por favor/ quero um vestido de seda/ um sapato e um mantô [*manteaux*]". Coro: "Pelo amor da mulata/quase que o nego me mata), mas o próprio exemplo inicialmente por ele escolhido esclarecia algo mais: a procedência baiana dos versos. Ao cantar "Taparica é beira má", referia-se à ilha de Itaparica, situada realmente bem à entrada da baía de Todos os Santos, ou seja, à beira-mar.

A posição de liderança dos baianos entre os demais grupos de migrados nordestinos — e mesmo entre a própria classe baixa do Rio de Janeiro, também formada predominantemente por negros e mulatos descendentes de escravos — revelou-se no momento em que se tornou como que necessário organizar essa espécie de caos cultural, em benefício de todos.

Segundo depoimento pessoal da mais influente e ativa figura de baiano migrado dessa época, Hilário Jovino Ferreira (por sinal pernambucano de nascimento, e com preocupações de ascensão social reveladas na compra de patente da Guarda Nacional, no posto de tenente), ao chegar da Bahia em 1872 (?) para morar no Beco João Inácio, 17, no Morro da Saúde — a cavaleiro dos trapiches da Rua São Francisco de Prainha —, descobriu que na casa do vizinho, de número 15, saía um rancho chamado Dois de Ouros "que trazia recordação do meu torrão natal".[6] E

---

[6] Todas as citações das declarações de Hilário Jovino que seguem são tiradas de duas entrevistas suas a jornais do Rio de Janeiro: a primeira ao *Jornal do Brasil* de sábado, 18 de janeiro de 1913, a segunda ao *Diário Carioca*, de 27 de fevereiro de 1931. A data de 1872 para a chegada ao Rio é a fornecida pelo próprio Hilário Jovino Ferreira, mas deve constituir engano: se os ranchos cariocas lhe lembravam os da Bahia, supõe-se que seria jovem àquela época, ou seja, nascido por volta de 1850. Fotografia desse

ainda havia notícia de outro, formado por estivadores nordestinos nas proximidades, o Rancho da Sereia, da escadaria da Pedra do Sal.

A recordação a que se referia Hilário Jovino era, naturalmente, a dos bailes pastoris, ternos e reisados, que tanto nas vilas do Recôncavo baiano quanto no Rio de Janeiro se apresentavam como autos do ciclo natalino, com representações ou jornadas diante dos presépios a partir de 25 de dezembro, para atingir o clímax na véspera do Dia de Reis, 6 de janeiro, quando se fazia a despedida com a solenidade da queima das palhas da lapinha, ao som de loas das pastorinhas. E, de fato, eram assim também os ranchos de pastorinhas cariocas. Acontece que, em Salvador, pela intromissão dos negros crioulos nos autos de origem europeia introduzidos pelos colonizadores brancos, esses pastoris — que entre a classe média evoluiriam para a forma profana dos ternos, com acompanhamento de música de sopro, quase ao nível de filarmônica — iriam chegar em sua versão mais popular aos chamados ranchos. E eram em verdade ranchos, no sentido de farranchos de foliões representando pastores e pastoras em roupas de cores vivas, e que, a caminho da lapinha, dançavam e cantavam carnavalescamente chulas ao som de violão, viola, cavaquinho, ganzá e prato raspado com faca, tendo à frente a figura do bicho de que tiravam o nome — Rancho do Galo, do Cavalo, do Veado, etc. —, mais o mestre-sala, porta-bandeira, porta-machados, balizas "e ainda um ou dois personagens que lutam com a figura principal que dá nome ao rancho".[7]

---

pioneiro que aparece à p. 83 do livro *Na roda do samba*, do jornalista Francisco Guimarães, o "Vagalume", mostra em 1933 um homem de, no máximo, sessenta anos; logo, nascido à volta da época em que afirma ter chegado da Bahia.

[7] A descrição é do redator da "revista literária" *A Renascença* (Salvador, 10 de janeiro de 1895, nº 16, pp. 1-2), Manuel de Souza Brito, que em sua colaboração literária se assinava "Bento Murila", e nas notas redacionais

Como essa extrema carnavalização da festa de origem profano-religiosa certamente chocaria os cariocas (pois seus ranchos de Reis ainda estavam presos à origem ibérica quinhentista e seiscentista dos pastoris e vilancicos), Hilário Jovino resolveu lançar no Rio seu rancho de estilo popular negro-baiano não no período natalino, mas durante o Carnaval, como ele mesmo lembraria em entrevista de 1913 ao *Jornal do Brasil*:

> "Fundei então o Rei de Ouros, que deixou de ser no dia apropriado, isto é, a 6 de janeiro, porque o povo não estava acostumado com isto. Resolvi então transformar a saída para o carnaval. Foi um sucesso! Deixamos longe o Dois de Ouros."

O sucesso da passeata do rancho Rei de Ouros pelas ruas do Rio de Janeiro, onde só se conhecia a solenidade africana dos afoxés e a balbúrdia dos cucumbis e dos cordões de velho (com seus palhaços dando saltos mortais ao som de chulas tipo "O som do meu pandeiro/ faz as menina chorá.../ Olelê... Olalá", suas cabrochas, velhos, reis, rainhas, caramurus, e capoeiras vestidos de diabos e reis dos diabos), deveu-se certamente à sua boa organização e à presença feminina.

Após a reunião de inícios de 1893 ou de 1894 com outros baianos frequentadores do Café Paraíso, na Rua Larga de São Joaquim (hoje Marechal Floriano Peixoto), quando se decidiu a criação do rancho, Hilário Jovino providenciou a compra de tecido de ganga nas cores vermelho e amarelo para a confecção do

---

"Zé da Venta". O artigo, sob o título "A festa de reis", apareceu citado pela primeira vez pelo médico-antropólogo Nina Rodrigues em seu livro *Os africanos no Brasil*, de 1932, 2ª ed. de 1935, mas com a data da revista dada talvez por erro de impressão como 1905. O autor pode fazer recuar o exemplo e corrigir a data por afortunadamente possuir em seu acervo a coleção completa da revista literária *A Renascença*, que circulou apenas um ano, de 27 de setembro de 1894 a 30 de outubro de 1895 (total de 35 números).

estandarte provisório e, depois de alguns ensaios na casa número 17 do Beco de João Inácio, o Rei de Ouros saiu para sua primeira exibição no Carnaval carioca. E a grande novidade do novo grupamento era a participação de oito ou doze moças (entre elas as baianas Noela, Gracinda e Chica do Marinho), tendo à frente Joana do Passarinho a exibir, seguindo o "homem do bicho"[8] belo estandarte definitivo, encomendado por Hilário à Casa Sucena, especializada em paramentos de igreja e artigos religiosos em geral.

As pastoras eram ainda a esse tempo chamadas de saloias, numa clara indicação da origem portuguesa dos pastoris baianos, e marcavam o ritmo vivo das chulas marchadas ao som das quais dançavam, sacudindo castanholas de cabo, semelhantes às usadas em Portugal, no Minho e na Beira Baixa (no formato dos espelhinhos ovais, de toucador, com o baque sendo produzido

---

[8] O médico e antropólogo maranhense Nina Rodrigues (Vargem Grande, MA, 1862-Paris, 1906) em seu livro deixado pronto e postumamente publicado em 1933 sob o título de *Os africanos no Brasil*, defendeu a tese de que nos reisados ou ranchos de Reis se descobre em frisante relevo todas as características essenciais do Totemismo", e lembrou que "cada indivíduo pertence ou se diz do rancho do pavão ou da barata, como nos clãs totêmicos pertenceriam à tribo da tartaruga ou do lobo" (*op. cit.*, p. 265). Embora o fato de os componentes dos ranchos exibirem animais ou vegetais em seus desfiles pareça dar como aceitável a hipótese, qual a justificação, então, para nomes como Rei de Ouros e Dois de Ouros atribuídos aos ranchos pioneiros? Seria, pois, bem mais simples explicar a mistura de animais, vegetais e figuras das cartas de jogar em tais ranchos como resultado da tendência popular em deixar-se sugestionar por imagens: como nos presépios o Menino Jesus aparece deitado nas palhas da manjedoura, entre ornamentos de folhagens, e tendo à volta as figuras obrigatórias do burrinho, do boi e dos Reis Magos, aí estaria o ponto de partida para os exageros imaginativos do povo. Ao lado do boi e do burro se seguiria a inclusão de outros animais domésticos e, no caso do Brasil, até de animais selvagens, à vista da riqueza de sua fauna. Quanto aos nomes Rei de Ouros e Dois de Ouros a explicação estaria na ligação visual-ideológica entre as figuras dos Reis Magos das pinturas sacras e as das cartas de baralho.

pelo batimento de orelhas laterais de madeira, presas na base por tiras de couro ou pinos).

Uma das primeiras músicas transformadas em cantiga de desfile de rancho do Carnaval carioca, com andamento de marcha, seria uma chula surgida exatamente em 1895, durante a festa de Segunda-Feira do Bonfim, em Salvador (ruidoso ajuntamento popular na ribeira do Itapagipe à espera da condução, em barcos, para pontos distantes do Recôncavo, e que se forma desde a madrugada seguinte à festa de Nosso Senhor do Bonfim em sua igreja),[9] e que em boa hora seria registrada por Souza Brito na revista literária *A Renascença*, nº 18, de 24 de janeiro daquele ano de 1895:

"Este ano, além do 'Vá saindo, que está na ponta', a quadrinha mais cantada foi:

Oh! Sussu, sossegue,
Vá dormir seu sono,
Stá com medo — diga,
Quer dinheiro — tome."[10]

---

[9] Em seu livro *A devoção do Senhor J. do Bonfim e sua história* (Salvador, Tip. de São Francisco, 1923), o médico-memorialista baiano Dr. José Eduardo Freire de Carvalho Filho assim descrevia à p. 257 a festa popular: "A segunda-feira do Bonfim consiste na afluência de muita gente pelas ruas, passeando abaixo e acima, pode dizer-se que sem destino, cantando chulas, tocando violas, violões, flautas, violinos, castanholas e outros instrumentos; soltando dictérios quase sempre novos e chistosos, pois mui raro é o ano que não há uma chula ou um dictério novo, qual mais espirituoso, da lavra dos nossos populares, que, diga-se a verdade, são extraordinários para isso".

[10] Nesse artigo sem assinatura, intitulado "As festas do Bonfim", a ocupar toda a primeira página e ainda coluna inteira da segunda, o redator de *A Renascença* (identificado por Nina Rodrigues para o caso do artigo "A festa de Reis" como sendo o Dr. Manuel Brito) acrescentava que "no sábado à noite todos os ranchos de reis vão até o adro fazer seus descantes".

Levada para o Rio de Janeiro por algum folião baiano talvez no mesmo ano de seu aparecimento, a quadrinha do "Sussu, Sossegue" já apareceria por aquele último lustro do século XIX integrada ao repertório dos recém-criados ranchos cariocas, embora um pouco modificada na letra, pois assim a recordava na década de 1970 o compositor pioneiro do samba Ernesto dos Santos, o Donga (Rio de Janeiro, 1889-1974):

> Quer mi quer mi quer mi
> Quer mi quer mi quer só
> No dobrar da esquina
> Dó ré mi fá sol.
>
> Sussu, sossega,
> Tá com medo diga
> Vá dormir seu sono
> No quartel do nono [9º Batalhão]
>
> Papai Basílio
> Que é que você qué?
> Quero uma menina
> Pra coçar meu pé.[11]

A música com que os versos do "Sussu, Sossegue" eram cantados ficaria sem registro após a morte dos últimos contemporâneos dos primeiros ranchos — como seria o caso do próprio Donga, falecido em 1974 com oitenta e cinco anos — não fora a feliz circunstância de, em inícios de 1913, o cantor Baiano (Manuel Pedro dos Santos, 1870-1944) tê-la incluído no disco cômico intitulado *Canção Humorística*, por ele gravado na Casa Edison do

---

[11] Citado ao autor deste livro por Donga, durante entrevista concedida no dia 19 de maio de 1973, em sua residência no bairro carioca da Aldeia Campista.

As criações do povo

Rio de Janeiro, sob o n° 10.385 do selo Odeon. Os versos das várias estrofes dessa "Canção Humorística" nada tinham a ver com os da cantiga de rancho lembrada por Donga, mas a quadra repetida do estribilho era exatamente a mesma registrada no jornal *A Renascença*, com a vantagem de ser reproduzida pelo cantor tal como a ouvira pessoalmente em sua terra, pois em 1895 ainda vivia na Bahia.[12]

Essas marchas de rancho — quase todas de ritmo vivo, não apenas como a do "Sussu, Sossegue", mas como a do "Siri Boiô" ("Siri boiô, boiô/ A lagoa já secô), e ainda outras já mais dolentes, como a "Maria Tereza" ("Maria Tereza/ Ô yá yá.../ Tereza Maria/ Ô yá yá...") — começariam a ter sua parte melódica mais valorizada a partir de fins da primeira década do novo século, com a fundação de um rancho carnavalesco que marcava a passagem da criação dos núcleos de trabalhadores não qualificados baianos para os da baixa classe média carioca ligada ao funcionalismo público, e ao trabalho qualificado em fábricas de tecidos e no Arsenal de Marinha: o Ameno Resedá, do Bairro do Catete. De fato, como tal grupo, já colocado um degrau acima na hierarquia das classes populares, era o mesmo que no século XIX tinha permitido o aparecimento do choro, a sua preocupação de "elevação" viria influir nessa formação do novo rancho, tornando-o agora mais preocupado em "mostrar o valor" de sua gente perante o público das camadas mais altas do que em refletir sua ver-

---

[12] Manuel Pedro dos Santos, o Baiano, deve ter chegado ao Rio de Janeiro procedente de Salvador na virada do século XIX pois, já no início de Novecentos, aparece gravando cilindros e discos (a partir de 1902) na Casa Edison. Seu repertório seria predominantemente o das canções em voga na Bahia em fins do século XIX, pois ao louvar-lhe a memória no capítulo "A musa das ruas" de seu livro *A alma encantadora das ruas* (Rio de Janeiro, Editores Garnier & Cia., 1908), o cronista João do Rio já poderia escrever: "Há um outro sujeito, chamado Baiano, que sabe de cór mais de mil modinhas [...]". Se tal registro era feito em 1908, não há como deixar de admitir que grande parte dessas músicas guardadas na memória do cantor procedessem de seus tempos de juventude na Bahia.

dade sociocultural. Em vez da ênfase sobre o ritmo das castanholas, o Ameno Resedá estreou no Carnaval de rua carioca de 1908 exibindo orquestra de vinte figuras, com seção de sopros e coro de pastoras ensaiado a várias vozes, para cantar um repertório de catorze marchas, algumas das quais aproveitando trechos da ópera *O Guarani*, de Carlos Gomes, e da opereta *A Gueixa*, de Sidney Jones. Dentro do mesmo espírito de aproximação com a cultura erudita tão distanciada da sua realidade (o enredo escolhido para o primeiro desfile do Ameno Resedá foi o "Corte Egipciana", procurando reviver com fantasias e alegorias o suposto fausto do tempo dos faraós), os ranchos começaram a recorrer à colaboração de cenógrafos de teatro, escultores e pintores para enfeitar com painéis e figuras seus carros alegóricos e, na parte musical, ao aproveitamento oportunista de melodias conhecidas. Inclusive as lançadas a partir de fins da década de 1920 pelos filmes musicais americanos, numa submissão consentida que levaria o diretor da revista *Phono-Arte*, Cruz Cordeiro, a lamentar às vésperas do Carnaval de 1930:

> "Fomos informados de que certos ranchos carnavalescos estão ensaiando em suas sedes 'Charmaine', a conhecida valsa francesa e o *fox-trot* 'Broadway Melody', transformando estas peças em marchas carnavalescas, para se exibirem com elas durante as costumeiras passeatas pelas ruas. Não há muito tempo, aliás, ouvimos igualmente, em uma batalha de *confeti* nas Laranjeiras, um rancho tocando a valsa 'O Pagão', em forma de marcha."[13]

Paralelamente a tais equívocos, em todo o caso, as orquestras de rancho acabariam por desenvolver afinal uma nova for-

---

[13] Cruz Cordeiro, "Música popular, pontos de vista: carnaval de rua", revista *Phono-Arte*, nº 37, Rio de Janeiro, 15 de fevereiro de 1930, p. 22.

ma de marcha adaptada à lentidão dos desfiles (as complicadas alegorias montadas sobre carroças cedidas pelo Departamento de Limpeza Pública balouçavam perigosamente com a trepidação das rodas de aros de ferro sobre o leito irregular das ruas), e que trabalhada a partir da década de 1930 por compositores da era do disco e do rádio dariam origem à chamada marcha-rancho. Gênero de música urbana, este, aliás, que embora produzido para exploração comercial por compositores profissionais não conseguiria esconder sua origem folclórica e popular: em 1939, quando o flautista Benedito Lacerda e seu parceiro, o baiano Humberto Porto, lançaram em disco pela voz de Orlando Silva a marcha "A Jardineira", o sucesso da música desencadeou o clamor de um escândalo. "A Jardineira", que os dois espertos compositores assinavam, era havia muito conhecida na Bahia, e em 1899 já fora cantada inclusive no Rio de Janeiro pelos componentes do rancho A Jardineira, formado entre outros pelo pioneiro Hilário Jovino Ferreira próximo ao Morro da Providência.[14]

A concorrência a que seriam submetidos, a partir do início da segunda década de 1900, pela proliferação de novos ranchos da baixa classe média e da elite operária, preocupados todos em imitar a sofisticação do Ameno Resedá, provocou a dispersão dos antigos ranchos dos baianos em numerosos grupos carnavalescos chamados de cordões, onde o velho estilo das chulas improvisa-

---

[14] O escândalo da apropriação de "A Jardineira" (os "compositores" limitaram-se a modificar alguns versos e a acrescentar uma nova estrofe) repercutiu na imprensa e no rádio, onde o animador Henrique Foreis, o Almirante, alimentou a discussão em seu programa *Curiosidades musicais*, chegando por informações dos ouvintes à data de 1899. A declaração de um dos depoentes, segundo a qual a composição seria "de um tal Hilário, que fez a música há uns 40 anos", levou o pesquisador carioca João Ferreira Gomes, o Jota Efegê, a concluir ter sido "A Jardineira" marcha do rancho do mesmo nome criado por Hilário Jovino Ferreira no último ano do século XIX (Jota Efegê, *Figuras e coisas da música popular brasileira*, Rio de Janeiro, Edição Funarte, 1978, vol. 1, p. 163).

das a cada ano continuava a ser cultivado pela gente das camadas mais baixas que os formavam. Muitas dessas chulas apareciam em outubro, durante a Festa da Penha, que reunia durante os quatro domingos do mês, junto à escadaria que levava à igreja sobre o monte, a multidão dos que preferiam divertir-se em rodas de capoeira, em cantorias ou em comedorias à sombra das árvores, ao som de música de choro e até de chulas e fados portugueses (a colônia portuguesa, a mais numerosa do Rio de Janeiro, representava afinal os próprios criadores da festa, à qual era costume por tradição comparecer vestido a caráter, cada qual com o traje típico de sua região).

Estabelecida, assim, uma nítida linha de classe, com os negros, mestiços e brancos mais pobres distribuídos caoticamente em centenas de desordenados cordões por toda a cidade, e a elite dessa mesma gente (mais bem situada na estrutura social graças à conquista de pequenas posições no quadro do funcionalismo público e das atividades especializadas) em ranchos bem-comportados, a desfilar entre os aplausos do grande público, a intervenção do Poder não se fez esperar. Segundo depoimento unânime dos velhos foliões das classes mais baixas das primeiras décadas do século XX, a norma policial comum era a repressão contra seus grupos, inclusive em suas reuniões de caráter religioso. Os chefes de terreiros do culto afro-brasileiro do candomblé (nome de origem baiana substituído no Rio de Janeiro pela designação menos respeitosa de macumba) precisavam tirar licença nas delegacias para realização de suas cerimônias ou festas nos fins de semana, mas nem assim garantiam seu direito. Por comodidade de ação policial, qualquer grupo reunido para cantar e fazer figurações de dança ao ar livre, ao som de palmas, atabaques e pandeiros, era por princípio enquadrado como incurso nas disposições contra a malandragem e a capoeiragem.

Assim, estabelecida desde a primeira república a perseguição sistemática contra as rodas de batuque da Festa da Penha, ou dos pontos de reunião de capoeiras especialistas em pernadas ao som de estribilhos marcados por palmas — o Largo do Guarani (aterrado onde está hoje a Estação da Estrada de Ferro Leopoldina); terreno próximo ao Canal do Mangue (para além da Estação da Central do Brasil); o Largo do Moura (hoje local do Museu Nacional) e, no Carnaval, o tablado da balança de carga da Praça Onze de junho, e o largo fronteiro à Guarda Velha, no Largo da Carioca —, os locais mais seguros para as reuniões da gente das comunidades mais pobres passaram a ser as casas das famílias dos baianos mais bem-sucedidos. Segundo lembrava João da Baiana (caçula carioca de uma família de onze irmãos baianos), as casas de baianas como sua mãe, Perciliana Maria Constança, a "Prisciliana de Santo Amaro", de Amélia Silvana de Araújo, a Tia Amélia (mãe do famoso Donga, que assinaria o "Pelo Telefone", considerado o primeiro samba registrado com indicação expressa do gênero), de Tia Dadá, da Pedra do Sal (onde o compositor Caninha afirmava ter ouvido samba pela primeira vez) e, principalmente, a de Tia Ciata, da Rua Visconde de Itaúna, nº 17, vizinha da Praça Onze de Junho, funcionavam até inícios da década de 1920 como verdadeiros centros de diversão popular.

Esse tratamento de tias para as mulheres que se salientavam aos olhos da comunidade pela maior experiência resultante da idade, ou pelo sucesso financeiro pessoal (o que as credenciava a proteger recém-chegados, órfãos da vizinhança, e a promover festas em suas amplas casas), constituía uma sobrevivência cultural africana, onde na ordem familiar matrilinear o papel das irmãs é tão importante que os sobrinhos aparecem quase como filhos. Essa mesma estrutura familiar muito comum por toda a África, embora matizada conforme a região, entregava a casa da família ao controle total da mulher, o que viria a explicar a predominância dessas negras senhoras da comunidade baiana no Rio de Janeiro. De fato, como o comum era as mulheres conseguirem melhores proventos que seus companheiros, com a venda de doces e comedorias feitas na hora, ao fogareiro, em tabuleiros forrados de panos de renda, armados sobre tripeças nas esquinas do centro comercial, eram elas que assumiam o aluguel dos casarões em velhas ruas como as da Alfândega, Senador Pompeu, Barão de São Félix, da Imperatriz, ou do Bom Jardim, tornando-se com isso donas de casa no sentido mais amplo da palavra.[15]

Nos casarões alugados por essas tias baianas — antigos prédios burgueses construídos ao tempo do II Império, ainda obedecendo ao esquema conciliador das relações com o campo, através do quintal plantado com arvores frutíferas —, os emigrados da área do Recôncavo da Bahia e seus descendentes cariocas iriam poder, aliás, realizar a súmula mais completa da sua trajetória socioeconômica, com todas as contradições a que se sujeitavam. É que, como as casas obedeciam ao esquema longitudinal, com sala de entrada seguida de vários cômodos dando para o longo corredor que conduzia ao quintal, após passar pela sala de jantar e a cozinha, tal disposição permitia, nos dias de festa, a reprodução exata da realidade dos participantes em projeção sociocultural. Ou seja, na sala ficavam os mais velhos e bem-sucedidos, que constituíam o partido alto da comunidade, cultivavam seus versos improvisados entre ponteados de violão, lembrando sambas sertanejos de roda à viola; os mais novos, já urbanizados, tiravam seu samba corrido cantando em coro na sala de jantar, aos fundos, e no quintal os brabos amantes da capoeira e da pernada,

---

[15] Essa particularidade torna-se compreensível quando se lê, por exemplo, a descrição da vida familiar em Angola da virada dos séculos XIX-XX feita pelo cônego português A. Miranda de Magalhães em seu folheto *A alma negra* (Lisboa, Editorial Kosmos, Cadernos Coloniais nº 40, s/d). Sobre a divisão do trabalho na região escrevia: "De um modo geral, pertence às mulheres o da criação dos filhos e o da alimentação da família, neste incluído o das sementeiras, colheita, farinação e cozinhamento dos gêneros. Aos homens pertence a construção da casa e derruba das matas para a preparação das sementeiras, a caça, a pesca, a venda das colheitas, o transporte dos gêneros, a defesa do "estado" pelas guerras, em que as mulheres não tomam parte, em geral, os serviços profissionais em que estão estabelecidos, etc.". (p. 32.) Assim, como na grande cidade, desse antigo *status* histórico só restava aos homens "os serviços profissionais", às mulheres ia caber a reconstituição da maior parte da identidade perdida, que lhes reforçava a posição perante a comunidade de tradição africana institucionalmente dilacerada.

divertiam-se em rodas de batucada ao ritmo de estribilhos marcados por palmas e percussão.[16]

Quer dizer: a sala de visitas era a casa urbana dos vencedores, que podiam confortavelmente lembrar seus velhos tempos de vida rural: a sala de jantar ao fim do corredor era a rua dos mais moços, à procura da nova identidade citadina carioca (que, afinal, encontrariam ao transformar o samba corrido em samba urbano) e, o quintal, o terreiro rural onde os mais primitivos, acostumados apenas à rudeza dos trabalhos pesados, exercitavam mais os músculos do que a arte musical, guiando-se apenas pelo ritmo das palmas nos estribilhos de incentivo à luta:

> Vira a mão, Iaiá,
> Vira a mão...

Foi durante uma dessas festas, frequentadas a partir da primeira década do século XX não apenas pela comunidade baiana, mas pela gente carioca a ela aproximada por parentesco ou afi-

---

[16] Este quadro foi admiravelmente desenhado para o autor por João da Baiana em sua entrevista de 1971 em resposta à pergunta: "Onde se realizavam essas festas com cantos e danças?" Foram as palavras de João da Baiana: "Era lá para os lados da Central do Brasil. As baianas era tudo doceira e tinha empregado prá vendê com os tabuleiro na cidade. Algumas também tinha tabuleiro. As salas da frente das casas dava pruma rua, os fundos dava prá outra. Por exemplo: na rua Barão de São Félix as casas ali era até a rua dos Cajueiros [João da Baiana referia-se ao nome antigo da Rua Senador Pompeu, que era então Príncipe dos Cajueiros]. Na rua Senador Pompeu a saída era na rua Barão de São Félix. Então os africanos alugava aquelas casas com três, quatro ou cinco quartos, duas e três salas. Aí, durante as festa, os velhos ficavam reunidos na sala da frente cantando partido alto, e as mulhé dançava o miudinho, que era só tremendo as cadêra [os quadris]. Os novos ficavam nos quartos cantando samba corrido. E no quintal ajuntava o pessoal que gostava de batucada" (entrevista publicada sob o título "João da Baiana: a memória viva do Rio", revista *Veja*, nº 151, de São Paulo, 28 de julho de 1971, pp. 3-5).

nidades de classe e cultura — profissionais artesãos (marceneiros, lustradores, alfaiates), pequenos funcionários públicos e militares de baixa patente, músicos, boêmios e repórteres setoristas de jornais, etc. —, que em fins de 1916 um desses participantes resolveu aproveitar algumas estrofes com certeza ali muitas vezes repetidas, para um arranjo ampliado com novos versos — solicitados ao repórter Mauro de Almeida, o "Peru dos Pés Frios" — e que registraria com o título de "Pelo Telefone", indicando como gênero "samba carnavalesco". Essa iniciativa do registro da música na Seção de Direitos Autorais da Biblioteca Nacional do Rio de Janeiro (requerimento de 6 de novembro, concedido a 20 e registrado a 27 do mesmo mês) vinha revelar o início do processo de profissionalização dos músicos com talento criador saídos das camadas populares. Era já uma prova da tomada de consciência, por parte desses antigos músicos amadores, da possibilidade de aproveitamento comercial de suas produções pelo teatro de revista, pelos editores de música e pelos fabricantes de discos. O próprio autor da providência reveladora, aliás, até então um anônimo criador entre tantos existentes nos meios boêmios, iria explicar meio século depois como se dera essa passagem da gratuidade artística (quando o povo urbano correspondia apenas às suas expectativas, produzindo para si) para a nova fase de produção destinada à venda (em que o compositor passava a usar a cultura de sua classe como matéria-prima na produção artística dirigida a outros). Em depoimento promovido em 1969 pelo Museu da Imagem e do Som do Rio de Janeiro, contaria Donga:

"— Donga, como se formaram os Oito Batutas? [nome do conjunto musical formado no Rio de Janeiro em 1919, e que se exibiu na França em 1922, e na Argentina de fins de 1922 a abril de 1923].
— Bem, o negócio sempre foi de improviso. Coincidência. Nos tínhamos nos tornado simpáticos, tocando de graça. Cansei de tocar de graça em todos os salões. Serenatas em casas de família e tudo. Às vezes

estávamos conversando na cidade e uma das pessoas acaba por nos convidar para uma seresta na casa de um parente ou amigo, e nos íamos. Pixinguinha gosta muito disso. Ele troca até o trabalho por uma serenata dessas. O Pixinguinha sempre atendeu. Eu sempre fui o orientador da turma. Não sei por quê, eu é quem resolvia a parte comercial, os serviços. Chegaram a me intitular de chefe."[17]

O motivo da profissionalização fora, pois, a verificação espontânea de que a arte musical-popular do grupo, revelando de repente um valor de uso pela gente de outra classe, assumia nesse mesmo momento um valor de troca, que podia transformá-la, afinal, em mercadoria. Donga, por sinal, citava apenas o conjunto Batutas pela vaidade natural de ter sido um dos seus fundadores, e por tê-lo integrado na viagem que levaria o grupo a cantar em francês no Dancing Scheherazade de Paris, em 1922:

> Nous sommes batutas
> Batutas, batutas,
> Venu du Brésil
> Ici tout droit
> Nous sommes batutas,
> Batutas, batutas,
> Nous faison tout le monde
> Danser le samba.

Mas a passagem da arte gratuita para a comercial na área do povo já de algum tempo se anunciava. Desde o início da Pri-

---

[17] *As vozes desassombradas do Museu*, Rio de Janeiro, Secretaria de Educação e Cultura/Museu da Imagem e do Som, 1970. "Depoimento para a posteridade realizado por Ernesto dos Santos (Donga), no dia 2 de abril de 1969...", p. 86.

meira Grande Guerra, o mesmo Pixinguinha por ele citado liderava com sua flauta o Grupo de Caxangá, um conjunto de músicos foliões que saía por diversão durante o Carnaval, com os integrantes fantasiados de nordestinos (calçados de alpargatas, chapelões de palha de aba batida, na altura da testa, e lenços de cores amarrados ao pescoço), e cujo sucesso público conduziria àquele momento descrito da profissionalização. Possivelmente naquele mesmo ano de 1919 o gerente do Cinema Palais, da Av. Rio Branco, atraído pela música do grupo, vinda da rua, oferecera a seu líder Pixinguinha a oportunidade de tocar por dinheiro, sob contrato, na sala de espera do cinema, o que realmente viria a acontecer sob o novo nome de Oito Batutas.

A descoberta de que era possível usar sua música como matéria-prima para a produção de um produto vendável, com boa perspectiva de mercado junto às camadas da classe média — salas de espera de cinema, teatro de revistas, cabarés, casas de chope, clubes sociais, restaurantes elegantes (como o Assírio, no subsolo do Teatro Municipal), casas de música, estúdios de gravação de discos e, logo também, de estúdios de rádio —, provocou a partir da década de 1920 verdadeira corrida de talentos das camadas baixas para a profissionalização. Essa espécie de busca de ascensão socioprofissional através das habilidades musicais iria, no entanto, ter um preço para os supostamente favorecidos: o da abdicação de parte da originalidade e identidade de sua arte e cultura, em favor das expectativas de gosto do novo público que lhes pagava os serviços. À sua volta de Paris, por exemplo, para onde haviam viajado como um grupo de choro tradicional (flauta, dois violões, cavaquinho e ritmo, geralmente pandeiro), os músicos dos Oito Batutas mostravam mudanças: Pixinguinha alternava sua velha flauta com um saxofone novinho em folha, e Donga passava a tocar eventualmente banjo em lugar do violão. A primeira consequência da modificação no instrumental foi a mudança do repertório e do estilo dos Oito Batutas, conforme deixaria claro seu próprio líder, Alfredo da Rocha Viana Filho, o Pixinguinha, em entrevista a seu futuro biógrafo, o jornalista Sérgio

Cabral. Segundo recordava, após a volta ao Brasil, o grupo dos Oito Batutas procurava ainda tocar nos bailes "o que é nosso", mas — como ressalvava — uma vez por outra incluíamos um foxtrotezinho para variar". E Pixinguinha concluía, revelador: "Comercialmente, tínhamos que variar um bocadinho de cada coisa".[18]

Esse momento imediatamente posterior ao fim da Primeira Grande Guerra, aliás, era o mais apropriado para essa espécie de cooptação dos artistas populares por parte da classe média emergente e das camadas mais altas pois, com o equilíbrio das finanças externas do país, a partir de 1924 (graças à política de valorização do café e à entrada de capitais internacionais), a importação de artigos de luxo e a imitação das modas europeias e norte-americanas levava as minorias dos grandes centros a enxergarem as classes mais baixas com o distanciamento de estrangeiros em seu próprio país. A música dos "nossos negros" ou do "nosso povo" — como então as classes mais altas diziam — valia pelo exotismo, pelo cultivo dos "ritmos bárbaros", que se recebia como "novidade", já que os norte-americanos também assim o faziam em relação às camadas baixas, igualmente com predominância de negros, em seu país. Para se tornarem aceitáveis, portanto, bastava que esses artistas saídos das classes baixas brasileiras admitissem tornar-se um pouco mais parecidos com o seu equivalente nos Estados Unidos, isto é, que abandonassem os trajes de caboclos nordestinos do tempo do Grupo de Caxangá, vestissem *smokings* e, de vez em quando, trocassem a flauta pelo saxofone, o cavaquinho pelo banjo e o pandeiro pela bateria do *jazz-band*, passando a tocar um "foxtrotezinho para variar".

Essa ilusão da possibilidade de reproduzir a sociedade rica pela simples importação de modelos iria esboroar-se pelos fins da década, quando a grande crise de 1929 — abrindo caminho para

---

[18] *Apud* Sérgio Cabral, *Pixinguinha: vida e obra*, Rio de Janeiro, Funarte/MEC, 1978, p. 46.

a Segunda Grande Guerra e consequente fim dos capitalismos nacionais (o novo tempo seria o das superpotências senhoras da finança mundial e da tecnologia de ponta) — provocou no Brasil uma revolução em todos os sentidos: a experiência singular do Estado Novo.

Século XX

Parte V

O ESTADO NOVO

A era da música popular nacional

1.
GETÚLIO VARGAS:
MÚSICA POPULAR, PRODUTO E PROPAGANDA

Liderada pelo gaúcho Getúlio Vargas, de família do campo (ainda menino experimentou a criação de bicho-da-seda na propriedade da família), o movimento popular contra a dominação tradicional das oligarquias — principalmente a paulista, detentora do monopólio do café e do poder político, em revezamento com Minas Gerais — chegou ao Poder no clímax de uma crise econômica provocada pela superprodução do produto que representava, no momento, setenta e um por cento das exportações do país. Colocado de imediato diante do problema de restabelecimento da verdade do mercado, ou deixando apodrecer o café nas árvores (o que arruinaria os produtores e as finanças públicas, e ainda geraria desemprego), ou baixando os preços para tentar vender mais (o que seria uma ilusão, pois a procura desse tipo de produto não é elástica, e tende a permanecer constante), o governo Vargas teve a intuição genial de não deter a expansão, mas ao preço de pagar aos produtores apenas a metade do que pagava antes pelo produto, optou por destruir os excedentes de estoque a fim de manter os preços. Os produtores cobriam assim com o maior volume de produto vendido ao governo a queda no preço, enquanto o governo, acumulando café comprado abaixo da cotação internacional, conservava estoques como formação de renda. É claro que essa acumulação de estoques oficialmente financiada implicava a expansão do crédito, o que desvalorizava a moeda e encarecia as importações. Isso, porém, revelava-se ótimo para a economia naquele momento, pois, como a época era de crise, e durante as crises sempre caem as importações, o capital que se deixava de remeter para o exterior com tal limitação tendia a ser aplicado no mercado interno (artificialmente mantido sob equilíbrio), o que acabava por estimular o crescimento industrial na área das substituições de importação.[1]

Seria, pois, essa predominância do setor interno, na formação de capitais, que permitiria ao governo de Getúlio Vargas o lançamento de uma política de desenvolvimento baseada no estímulo à criação de uma burguesia industrial, no campo da iniciativa privada, e no ataque a pelo menos dois objetivos básicos ligados a esse problema, na área do Estado: a instalação de uma siderurgia de grandes fornos e a produção de energia e combustível (principalmente o carvão e o petróleo).

No plano cultural, o espírito de aproveitamento das potencialidades brasileiras que informava a chamada nova política econômica, lançada pelo governo Vargas, encontrava correspondente nos campos da música erudita com o nacionalismo de inspiração folclórica de Villa-Lobos,[2] no da literatura com o regionalismo pós-modernista do ciclo de romances nordestinos e, no da música popular, com o acesso de criadores das camadas baixas ao nível da produção do primeiro gênero de música urbana de aceitação nacional, a partir do Rio de Janeiro: o samba batuca-

---

[1] Seguimos nesse ponto a análise econômica do primeiro período do governo Vargas feita pelo economista Celso Furtado em seu breve estudo *Uma economia dependente*, Rio de Janeiro, Ministério da Educação e Cultura, s/d (vol. 94 da coleção "Os Cadernos de Cultura").

[2] A coincidência da proposta nacionalista manifestada por Heitor Villa-Lobos desde as primeiras décadas do século com o pensamento do chefe revolucionário de 1930 levou o maestro, inclusive, a servir ao governo na área do ensino da música e da educação cívica, chegando a ter editado pelo Departamento de Imprensa e Propaganda o livrinho *A música nacionalista no governo Getúlio Vargas*, que começava com a frase: "Aproveitar o sortilégio da música como um fator de cultura e de civismo e integrá-la na própria vida e na consciência nacional — eis o milagre realizado em dez anos pelo Governo do Presidente Getúlio Vargas".

do, herdeiro das chulas e sambas corridos dos baianos migrados para a capital.

De fato, desde que o samba inspirado nos improvisos surgidos entre a gente do partido alto das casas das tias baianas da velha zona portuária e dos antigos mangues da Cidade Nova surgiu em 1917 como sucesso em toda a cidade, divulgado pelos discos, a nova geração de músicos cariocas (vários deles filhos de baianos, como o próprio Donga), partiram para a produção de composições do mesmo estilo, desde logo bem aceites pelos editores de música. Assim, o pioneiro de clubes de dança populares José Barbosa da Silva, o Sinhô, estrearia imediatamente no gênero com o "Quem São Eles?" (também conhecido pelo primeiro verso, "A Bahia é boa terra"), e o mesmo Donga e seu parceiro Mauro de Almeida voltariam, agora em companhia também de Pixinguinha, com "O Malhador", em 1918; Pixinguinha e seu irmão China com "Já Te Digo" (em resposta ao "Quem São Eles?"), e novamente Sinhô com "Confessa, Meu Bem", em 1919, e com "Fala, Meu Louro", em 1920, mas já tendo que competir nesse ano com dois estreantes cariocas como ele: José Luís de Morais, o Caninha, autor de "Quem Vem atrás Fecha a Porta" (mais conhecido como "Seu Rafael") e Luís Nunes Sampaio, o Careca, autor do "B-A-Bá".

Todos esses sambas já produzidos para gravação em disco nessa primeira fase que se estenderia de 1917 a 1927 — ano que marca o fim das gravações mecânicas e o advento do sistema elétrico — guardam entre eles a marca sonora do seu parentesco com os sambas do partido alto dos baianos, que soavam ainda como eco de suas origens rurais no Recôncavo. Foi então preciso que uma nova geração de talentos, já agora saídos das camadas baixas cariocas, igualmente herdeiras de uma tradição local de sambas de roda à base de estribilhos (muitos deles com experiência carnavalesca em ranchos de bairros), fizesse sua entrada no cenário da criação popular no Rio de Janeiro com a contribuição definitiva para a carreira comercial do gênero: o samba batucado e marchado do Estácio.

O Bairro do Estácio, espécie de limite da expansão do velho centro da cidade na direção da zona norte do Rio, tendo surgido na segunda metade do século XIX com a ocupação de aterros para os lados do Canal do Mangue e da urbanização de antigas chácaras vizinhas do Caminho de Mata-Porcos (hoje Rua Frei Caneca), foi abrigo desde o início de uma população proletária e de pequeno comércio e atividades artesanais. A proximidade com a zona de prostituição do Mangue, porém, atraía para os seus muitos bares nas vizinhanças do Largo do Estácio os bambas da zona, isto é, os tipos especiais de empresários que viviam — graças a seus dotes de esperteza ou valentia — da exploração do jogo ou das mulheres. Esse tipo de personagem, à época também conhecido por *bambambã* — e na linguagem da imprensa chamado de *malandro* —, constituía na realidade produto da estrutura econômica incapaz de absorver toda a mão de obra que nessa área urbana crítica se acumulava.

Na verdade, sem condições de emprego condigno após a conquista do rudimento de ensino representado por três ou quatro anos de escola primária, esses filhos de famílias humildes defrontavam-se na juventude invariavelmente com uma tripla alternativa: o trabalho braçal (ainda estigmatizado pelo não há muito extinto regime da escravidão), o aprendizado de alguma atividade artesanal ou especializada (marceneiro, lustrador, etc.) ou a livre disponibilidade para algum trabalho eventual englobado na categoria dos "pequenos expedientes".

Durante o Carnaval, essa gente do Bairro do Estácio ia engrossar a grande concentração de foliões da Praça Onze (onde desde a segunda década do século XX se concentrava a massa dos mais pobres, depois que a elite dos trabalhadores levou seus ranchos a desfilarem para o público de classe média na Avenida Rio Branco). E como essa massa de aspecto algo assustador — à qual começavam a juntar-se também os primeiros contingentes de pobres levados pelas reformas urbanas a morar nos morros — vivia em permanente choque com a polícia, reproduziu-se em fins de 1928, em um botequim do Estácio — o Bar Apolo —, o mesmo tipo de encontro que quase meio século antes fizera surgir no Café Paraíso, entre os baianos da zona da Saúde, a ideia da criação dos ranchos: de uma conversa entre um grupo de bambas do local resultou a formação de um bloco destinado a sair no Carnaval pacificamente ao som de sambas, como os ranchos saíam ao som de marchas.

Esse encontro seria lembrado em 1968 para o jornalista Francisco Duarte por Alcebíades Barcelos, o Bide, um dos remanescentes desse bloco que deixaria fama por ter ligado seu nome de *Deixa Falar* à denominação orgulhosa de "escola de samba". Após deixar clara a influência que teve sobre os bambas cultivadores do novo gênero do samba, a presença, no bairro, do rancho "Quem Fala de Nós Tem Paixão", criado e dirigido pelo baiano Getúlio Marinho, o "Amor" (filho do pioneiro baiano dos tempos de Hilário Jovino, o respeitado Antônio Marinho, por sua arte ao cavaquinho conhecido como Marinho-Que-Toca), recordava Bide:

> "Acabado o Carnaval [de 1927, segundo afirmava, mas que pode ter sido o de 1928], o samba continuava porque fazíamos samba o ano inteiro. No Café Apolo, no Café do Compadre, em frente, nas peixadas que faziam em casas de amigos, nas feijoadas de fundo de quintal ou nas madrugadas, nas esquinas e bares. Aí, a polícia vinha e incomodava. Mas não incomodava o pessoal do Amor, que tinha sede e tirava licença [permissão policial para desfile nas ruas]. E a gente com uma inveja danada. Em 1927 [a 12 de agosto de 1928, segundo outro contemporâneo, Ismael Silva, em depoimento ao autor deste livro], outubro, mais ou menos, resolvemos organizar um bloco, mesmo sem licença, que pudesse pela organização nos permitir sair no carnaval e fazer samba todo o ano. A organização e o respeito, sem brigas ou arruaças, eram importantes. Chamava-se Deixa Falar como debique [por des-

pique] às comadres da classe média do bairro, que viviam chamando a gente de vagabundos. Malandros nós éramos, no bom sentido, vagabundos não!"[3]

Foram os tiradores de versos dessa e de outras escolas de samba que logo se somaram à fundadora do Bairro do Estácio — Estação Primeira, de Mangueira, Osvaldo Cruz (chamada consecutivamente de Quem Nos Faz É o Capricho, Vai como Pode e, por fim, Portela), Vizinha Faladeira, da Praça Onze e Para o Ano Sai Melhor, do próprio Estácio — que começaram a compor o novo tipo de samba. Uma composição que, partindo das quadras improvisadas aleatoriamente após estribilhos fixos, cantados em coro por todo o grupo (tal como no samba corrido dos baianos), acabaria ainda — por influência desses compositores do Estácio — ganhando forma fixa, com primeira e segunda parte obedecendo a tema único.

Essa nova forma do samba urbano — daí em diante conhecido como samba carioca — afastou-se definitivamente do velho modelo do partido alto dos baianos quando, pela necessidade de propiciar o andamento mais solto, pelas ruas, da massa dos foliões comprimidos dentro das cordas de segurança, que limitavam a área dos blocos e escolas, a turma do Estácio (por iniciativa de Alcebíades Barcelos, o Bide, segundo consta) introduziu na seção de pancadaria o surdo de marcação. O som desse tambor encarregado de fazer prevalecer o tempo forte do 2/4, como que em-

---

[3] "Carnaval, primeiro grito: vida e morte do 'Deixa Falar', o bloco que deixou escola", reportagem de Francisco Duarte no *Jornal do Brasil*, Rio de Janeiro, 12 de fevereiro de 1979, p. 9 do Caderno B. Uma análise das diferenças entre os conceitos de malandro e vagabundo na visão da gente das camadas baixas do Rio de Janeiro da década de 1930 — diferença conceitual aliás riquíssima de significado sociológico — pode ser lida na obra do autor *Música popular: do gramofone ao rádio e TV*, São Paulo, Ática, 1981.

purrava de fato o samba para a frente — tal como reivindicava para o estilo o pioneiro do Estácio Ismael Silva —, mas, ao mesmo tempo, por oposição ao movimento algo em volteios do partido alto (que neste ponto se aproximava do maxixe), levava ao risco de simplificação ao nível da marcha, ao acelerar-se o ritmo. Tal diferença ficaria magnificamente representada na discussão travada na década de 1960 entre Donga, o filho de baiana estilizador do partido alto em 1916, e Ismael Silva, o pioneiro dos sambas do Estácio uma década depois, e em boa hora reproduzida por Sérgio Cabral em seu livro *As Escolas de Samba: o quê, quem, como, onde e por quê*:

> "A discussão, travada numa das salas da SBACEM (Sociedade Brasileira de Autores, Compositores e Escritores de Música) em fins da década de 1960, foi proposta por mim com a pergunta: qual o verdadeiro samba?
>
> *Donga* — Ué. Samba é isso, há muito tempo [cantando]:
> O Chefe da Polícia
> Pelo telefone
> Mandou me avisar
> Que na Carioca [Largo da Carioca]
> Tem uma roleta
> Para se jogar.
>
> *Ismael Silva* — Isso é maxixe.
>
> *Donga* — Então o que é samba?
>
> *Ismael* — [cantando]
> Se você jurar
> Que me tem amor
> Eu posso me regenerar,

Mas se é
Para fingir, mulher,
A orgia assim não vou deixar.

Donga — Isso não é samba, é marcha."[4]

Fixada a nova forma urbana de samba produzido nos meios de malandros e valentes do Estácio e no seu equivalente nas comunidades em formação pelos morros da cidade (a partir do mais antigo, a Favela, cujo nome passaria a designar "conjunto de habitações populares"), tal criação passou a interessar as fábricas de discos como produto capaz de boa colocação no florescente mercado da música de consumo. Gravadoras como a Odeon, por exemplo, comercializavam o gênero desde os tempos pioneiros da Casa Edison (inclusive em sua forma sertaneja, através de conjuntos como o Turunas da Mauriceia, desde 1924), mas fazendo-o ainda segundo a antiga fórmula dos sambas amaxixados de Sinhô, muitas vezes fabricados pelos ecléticos compositores profissionais da classe média, que começavam a surgir dispostos a experimentar todas as novidades, dos fox-trots às músicas vagamente "sertanejas". A partir de inícios de 1930 (porém, coincidindo com a revolução anunciadora da "nova política econômica", cujo caráter burguês nacionalista iria incentivar o comércio interno e o aproveitamento das potencialidades brasileiras), seria a própria criação das camadas mais baixas que as fábricas experimentariam vender em discos, como um produto industrial comum. Para efetivação desse acontecimento inédito do aproveitamento comercial da arte musical das grandes camadas urbanas, concorreu um fato também fora do comum: o aparecimento no Rio de Janeiro, em novembro de 1929, de um concessionário da marca Brunswick,

---

[4] *Apud* Sérgio Cabral, no capítulo "O Deixa Falar", de seu livro *As Escolas de Samba: quê, quem, como, quando e por quê*, Rio de Janeiro, Fontana, s/d [1974], pp. 21-2.

que se dispunha a explorar o mercado dos discos de música tipicamente brasileira: choros, maxixes, marchas, canções, toadas, emboladas e, naturalmente, o novo estilo de samba do Estácio e dos morros, e ainda as mais estrondosas batucadas reproduzidas em estúdio com os instrumentos originais.

Quase certamente por encontrar os melhores compositores, músicos e cantores da época já contratados por outras gravadoras — Odeon (que manteve estúdio também em São Paulo sob o selo Parlophon), Victor e Columbia (via Alberto Bayington, testa de ferro de interesses americanos no Brasil) —, o até hoje não identificado norte-americano concessionário da Brunswick abriu seu estúdio a iniciantes (alguns depois famosos, como Carmen Miranda, Sílvio Caldas, Gastão Formenti e o grupo Bando da Lua), e entre os quais se incluíam talentos do povo como o legendário Paulo da Portela, Heitor dos Prazeres (mais tarde famoso também como pintor primitivista), e os componentes do conjunto Gente do Morro. O próprio nome Gente do Morro, escolhido para o grupo pelo compositor Sinhô (que também gravava na Brunswick), constituía uma indicação do propósito comercial de "vender" a música das camadas mais baixas do Rio de Janeiro pelo seu lado "pitoresco". De fato, seu líder, o flautista Benedito Lacerda, era um fluminense ex-soldado de polícia que tocava em bares da zona de mulheres, os ritmistas Alcebíades Barcelos, sapateiro, e Juvenal Lopes, morador do Estácio, e os violonistas Henrique Brito e Jaci Pereira, jovens da classe média. A gente realmente de morro, que às vezes figurava nas gravações, seriam os anônimos tocadores de surdo, tambor, tamborim, reco-reco e cuíca, sempre convocados para engrossar a percussão e a fricção para garantir o caráter de autenticidade do acompanhamento rítmico, não apenas nos discos desse Gente do Morro, mas nos gravados pelo Grupo dos Prazeres, formado em 1930 por Heitor dos Prazeres na mesma gravadora.

Bem interpretado, aliás, o que o conjunto Gente do Morro fazia — e isso era de fato novidade — era realizar a fusão dos velhos grupos de choro à base de flauta, violão e cavaquinho com a percussão dos sambas populares herdeiros dos improvisos das rodas de batucada, com base em estribilhos marcados por palmas. Sob o nome logo popularizado de conjunto regional, o que tais grupos vinham a realizar (o próprio líder do Gente do Morro à frente, com seu depois famoso Conjunto de Benedito Lacerda), era o casamento da tradição do choro da pequena classe média com o samba das classes baixas. Um casamento musical que se revelaria por sinal muito fecundo porque, como ainda naquela virada dos anos 30 se comprovaria — e desde os tempos do choro se antecipava[5] —, pela valorização da melodia, os conjuntos regionais podiam chegar ao samba-canção, e pela mistura do fraseado do choro e o apoio rítmico do acompanhamento do samba, ao samba-choro e ao samba de breque (na verdade, o samba-choro quebrado a espaços por paradas súbitas, a que se interpolavam palavras isoladas e até frases inteiras, aproveitando os intervalos rítmicos).

Uma vez realizada por meio dos conjuntos regionais essa síntese da criação de um estilo de música urbana brasileira de origem popular, capaz de ser assimilada pela classe média, seria preciso apenas efetuar a transposição do som obtido para as orquestras de formação convencional, com seus vários naipes de sopro e sua percussão já modernizada com o emprego da chamada bateria americana herdada dos *jazz-bands*. Isso foi possível ainda em 1920 com a contratação, pela Victor Talking Machine Company of Brasil, do mais completo e competente músico de choro da primeira geração do século: Alfredo Viana (assim assinou o contrato), o Pixinguinha. Contratado com as funções de "instrumen-

---

[5] O autor possui em sua coleção uma polca gravada em fins de 1915 pelo Grupo Carioca (disco Odeon, Casa Edison, nº 121.104) que soa já como autêntico samba-canção na melodia elaborada pelo trombone solista, principalmente na terceira parte, contra o fundo de acompanhamento do cavaquinho, fazendo o "centro" com um ritmo sapecado semelhante ao ritmo ágil e partido dos tamborins.

tador, chefe e ensaiador da Orquestra Victor Brasileira",[6] o antigo líder dos Oito Batutas usou sua larga experiência de música (começara a tocar profissionalmente aos catorze anos, ainda de calças curtas) para vestir as melodias que lhe eram apresentadas em empobrecidas partes de piano com todos os recursos orquestrais que sabia capazes de recuperar uma parte da riqueza original. Nesses arranjos para a orquestra Victor, Pixinguinha contribuía pessoalmente com longas introduções que valiam às vezes por melodias à parte (mas, no seu caso, constituíam variações em torno do tema, como espontaneamente fazia em seus tempos de choro na interpretação das valsas de cinco partes, por exemplo), e introduzia recursos modernos como o de orquestrar num tom as introduções e intervenções da orquestra, modulando passagens coloridas para a entrada do cantor em seu tom natural.

A boa resposta do mercado a essa criação de sons "populares" estimulou as fábricas de discos estrangeiras e seus concessionários no Brasil à procura de novidades na área das músicas regionais, que passavam a ser produzidas para todos os gostos: tanguinhos de Ernesto Nazareth, canções e toadas "sertanejas" de Marcelo Tupinambá e Hekel Tavares para a classe média mais refinada; cocos, emboladas, maxixes, batuques, valsas, mazurcas e quadrilhas de festas de São João, modinhas, sambas e marchas de Carnaval para a heterogênea massa menos exigente distribuída pelas camadas que compunham a baixa classe média e o povo de uma maneira geral.[7] E repetiu-se até o equivalente rural do

---

[6] As funções vêm indicadas na cláusula 1ª de contrato assinado entre Pixinguinha e a Companhia Victor em 21 de junho de 1929. A cláusula 2ª obrigava ainda Pixinguinha a "instrumentar quaisquer músicas destinadas a gravação em disco pela Victor Company, ou de outros fins quaisquer e para o número de instrumentos e na forma desejada pela Companhia". O autor deste livro possui em seu arquivo o original desse contrato histórico da música popular brasileira.

[7] Particularidades sobre o aparecimento e características desses vá-

aproveitamento de artistas das camadas baixas urbanas, antes revelado no caso da gravação do samba do Estácio, quando, em maio de 1929, o humorista Cornélio Pires, contador de "causos" caipiras da área paulista do Tietê (zona de economia rural pobre, à base de trabalho rude e isolado, em sistema fechado) arrebanhou tocadores e cantadores de moda de viola de sua região para gravar no estúdio da Columbia, na capital de São Paulo. Tais caipiras, aliás, não se limitariam apenas ao gênero dos velhos romances entoados em dupla ao som da viola — as chamadas modas de viola, cantadas com as vozes em intervalo musical de terças —, mas gravariam também valsas, cateretês, toadas de sambas, de cururu e de mutirão, e até de cana-verde (a viola caipira é a mesma tradicionalmente usada em Portugal desde o século XVI, o que explica a continuidade de certos gêneros de música trazidos com ela para o Brasil).

A expansão dessa produção de gêneros de música de sabor brasileiro destinados às cidades (porque no campo as eletrolas constituíam um luxo dado a muito poucos) foi favorecida logo em inícios da década de 1930 pelo aparecimento dos rádios providos de válvulas elétricas de amplificação, que permitiam uma recepção muito mais clara, através de alto-falantes. A novidade viria permitir, aliás, o estabelecimento de uma tão grande intimidade entre a fonte emissora e seu público, que o solene tratamento radiofônico inicial de "senhores ouvintes", seria imediatamente substituído pelos locutores para o efusivo "amigos ouvintes".[8]

Transformada, assim, em artigo de consumo nacional vendido sob a forma de discos, e como atração indispensável para a

---

rios gêneros de música popular brasileira podem ser encontradas no livro do autor *Pequena história da música popular: da modinha ao tropicalismo*, São Paulo, Art Editora, 1986, 5ª edição revista e aumentada.

[8] Sobre as relações da música popular brasileira com os meios de difusão, entre eles o rádio, ver a obra do autor *Música popular: do gramofone ao rádio e TV*, São Paulo, Ática, 1981 (nº 69 da Coleção Ensaios).

sustentação de programas de rádio (inclusive com público presente, no caso dos programas de auditório) e do ciclo de filmes musicados mais tarde preconceituosamente conhecidos como "chanchadas carnavalescas", a música popular brasileira iria dominar o mercado durante todo o período de Getúlio Vargas — 1930--1945 —, em perfeita coincidência com a política econômica nacionalista de incentivo à produção brasileira e a ampliação do mercado interno.

Ao governo de Getúlio Vargas não escapou, sequer, o papel político que o produto *música popular* poderia representar como símbolo da vitalidade e do otimismo da sociedade em expansão sob o novo projeto econômico implantado com a Revolução de 1930: ao criar em 1935 o programa informativo oficial chamado "A Hora do Brasil", o governo fez intercalar na propaganda oficial números musicais com os mais conhecidos cantores, instrumentistas e orquestras populares da época, antecipando-se, nesse ponto, ao próprio Departamento de Estado norte-americano e seu programa "A Voz da América".

Nesse ano de 1935, aliás, ao ser praticamente obrigado por pressões políticas e financeiras a assinar com os Estados Unidos um acordo de reciprocidade econômica desfavorável ao Brasil, Getúlio Vargas procurou contrabalançar a capitulação com a assinatura de acordo de compensações com a Alemanha, que lhe permitia obter divisas com a exportação de produtos sem interesse para os americanos, como o arroz, a carne e o algodão. E, então, como parte de um jogo de astúcias políticas destinado a neutralizar as imposições norte-americanas com a ameaça de aprofundamento das relações com a Alemanha, Getúlio autorizou a realização, em 29 de janeiro de 1936, de um programa em ondas curtas destinado a mostrar aos alemães um pouco da música popular brasileira. E, assim, com o locutor alemão Rudolph Kleinoschek anunciando as músicas apresentadas e fazendo as devidas explicações, a loura Alemanha, que em breve se lançaria à guerra orgulhosa da superioridade da raça ariana, pôde ouvir durante uma hora os crioulos e mulatos cariocas malandros do Estácio (como o *boxeur* Baiaco e o vendedor de jornais Lauro Santos, o Gradim) e os bambas dos morros (como Angenor de Oliveira, o Cartola, e seu parceiro Carlos Moreira de Castro, o Carlos Cachaça) cantarem suas dores de amor mestiças, em sambas caprichosamente ritmados ao som de tamborins feitos com couro de gato:

> Quem me vê sorrindo
> Pensa que estou alegre
> O meu sorriso é por consolação
> Porque sei conter
> Para ninguém ver
> O pranto do meu coração.[9]

O uso da música popular como arma política de propaganda não ficaria nesse exemplo. Já um ano antes, quando em 1935 Getúlio Vargas visitara a Argentina e o Uruguai, um grupo de artistas brasileiros acompanhava a comitiva oficial com a missão de reforçar a simpatia do sorriso do presidente. E entre esses artistas estaria Carmen Miranda e o conjunto Bando da Lua, definido em reportagem de jornal da época como "um grupo de rapazes da sociedade, estudantes na quase totalidade", transformado sem querer em "elemento de aproximação mais intensa entre povos diferentes".[10]

---

[9] "O Bando da Lua convidado a visitar Londres", in *Cine-Rádio-Jornal do Rio de Janeiro*, número de 2 de março de 1939, pp. 3-4. Essa anunciada viagem à Inglaterra acabou não se realizando pelo fato de o grupo ter viajado para os Estados Unidos como conjunto acompanhante da cantora Carmen Miranda em maio de 1939.

[10] A programação estabelecida pelo Departamento de Propaganda e Cultura da Agência Nacional e reproduzida por Marília T. Barboza da Silva e Artur L. de Oliveira Filho em seu livro *Cartola: os tempos idos*, Rio de Janeiro, Funarte/Instituto Nacional de Música/Divisão de Música Popular, 1938, p. 59.

E a prova de que Getúlio Vargas era quem pessoalmente determinava as diretrizes para o uso de artistas populares em sua propaganda política estaria não apenas no fato de ter ordenado a criação de uma *Hora do Brasil* na Radio El Mundo, de Buenos Aires, logo no segundo ano de sua gestão como ditador do Estado Novo (instituído em novembro de 1937), mas no de ter recebido a mesma Carmen Miranda e os músicos do Bando da Lua na estância balneária de Caxambu na penúltima semana de abril de 1939, para recomendar à cantora que não aceitasse o convite do empresário Lee Schubert, da Broadway, sem a inclusão dos músicos brasileiros que a acompanhavam. Carmen Miranda se encarregaria de divulgar, ao declarar ao repórter Henry C. Pringle da revista norte-americana *Colliers*: "O presidente do Brasil", disse ela por meio do intérprete, "não acha prudente que eu vá sem minha própria orquestra".[11]

Enquanto prevaleceu a linha política estabelecida pelo Estado Novo varguista, com sua ilusória pretensão de fortalecimento econômico através da ação direta do Estado (de que seria exemplo a criação da Companhia Siderúrgica Nacional, em 1940, tão a contragosto financiada e implantada pelos norte-americanos), o mercado da música popular — que ainda se resumia praticamente ao disco — continuou a ser abastecido pelos gêneros brasileiros, com folgada margem de vantagem na competição com o similar estrangeiro. Ao iniciar-se, porém, a virada da política dos Estados Unidos em relação aos países das Américas, às vésperas do ataque japonês a Pearl Harbor, quando o governo Roosevelt abandona definitivamente o chamado "isolacionismo" e cria o

---

[11] Todas as manobras envolvendo a viagem de Carmen Miranda aos Estados Unidos e sua implicação com a chamada Política da Boa Vizinhança instituída pelo governo de Franklin Delano Roosevelt, para ganhar as simpatias dos latinos submetidos ao imperialismo norte-americano, estão pormenorizadamente relatadas pelo autor em seu livro *O samba agora vai...: a farsa da música popular no Exterior*, Rio de Janeiro, JCM, 1969.

Escritório de Coordenação de Assuntos Interamericanos (The Office of Coordinator of Inter-American Affairs — CIAA), a fim de "aproveitar o fechamento dos mercados europeus para atrair os países latino-americanos à nossa órbita",[12] a situação do mercado da música popular sofre uma reviravolta no Brasil. A dotação de 140 milhões de dólares atribuída por Roosevelt para os primeiros cinco anos de atividade do novo órgão começaram a ser usados por Nelson Rockefeller na propaganda maciça do *"American way of life"* — o estilo de vida americano — a partir de então exaustivamente mostrado pelo cinema de Hollywood (que também começa a lançar filmes simpáticos aos "latinos"). O que era naturalmente complementado pela mistura de música americana (*foxes*, *blues*, *swings*, *boogie-woogies*) com um fabricado "som latino" (rumbas, congas, boleros e sambas) e pela intervenção no campo da imprensa, através inclusive da pressão econômica: como a guerra tornara o papel de imprensa escasso, só recebiam as indispensáveis bobinas no Brasil os jornais simpáticos aos Estados Unidos.

Os resultados dessa investida de propaganda não se fizeram esperar; com o fim da guerra, em 1945, e a volta dos soldados brasileiros enviados para o *front* da Itália, sob comando americano, a burguesia brasileira aliada ao capital industrial-financeiro norte-americano e a classe média fascinada pelas conquistas da "democracia" chegaram à conclusão de que era preciso encerrar o ciclo do Estado Novo. E, assim, na noite de 29 de outubro de 1945 — quatro meses depois da assinatura de uma lei *antitrust* que criava a Comissão de Defesa Econômica, com poderes para expropriar empresas ligadas a *trusts* e cartéis — um golpe militar derrubou Getúlio Vargas (que se preparava para disputar elei-

---

[12] A informação é do próprio coordenador do IAA escolhido pelo presidente Franklin Roosevelt, o homem do petróleo nas Américas, Nelson A. Rockefeller, conforme seu biógrafo Joel Alex Morris no livro *Nelson Rockefeller*, Nova York, Harper Bros., 1960.

ções com apoio do Partido Trabalhista Brasileiro e do PCB), para espanto das maiorias do povo e dos próprios soldados e sargentos da 1ª Região Militar, certos de que marchavam em nome da Diretiva do Exército, que era o "Plano de Defesa da Ordem contra a Ação Subversiva".[13]

---

[13] Em pronunciamento intitulado "Ao Povo Brasileiro" no dia seguinte ao golpe, 30 de outubro de 1945, o próprio presidente deposto declararia: "A rapidez na execução dessas medidas [militares] e a futilidade do seu pretexto [a nomeação de seu irmão Benjamim Vargas para chefe de polícia] demonstram que se tratava de plano há muito concertado, aguardando somente a oportunidade para ser posto em prática". Em comprovação dessa hipótese, a 9 de outubro, o presidente provisório, José Linhares, revogava a Lei Antitruste, iniciando-se a repressão contra as classes populares congregadas à volta do PTB e do PCB.

Parte VI

O PÓS-GUERRA

A atração do "internacional"

1.
A MONTAGEM BRASILEIRA DA BOSSA NOVA E O PROTESTO MUSICAL UNIVERSITÁRIO

O predomínio do modelo americano, beneficiado pela nova coligação político-burguesa representada pela aliança do latifúndio e da indústria complementar dos monopólios sob a sigla PSD (Partido Social Democrático), e da burguesia liberal (os chamados "bacharéis") e classe média sob a da UDN (União Democrática Nacional), levou no plano dos costumes e do lazer urbano a um processo de americanização destinado a atribuir a tudo o que parecesse "regional" ou "nacional" o caráter de coisa ultrapassada.

Na verdade, finda a guerra, as camadas urbanas do Rio de Janeiro viviam, graças à euforia das "oportunidades da guerra" (o governo do general Eurico Gaspar Dutra, eleito após Getúlio Vargas, dilapidou de 1946 a 1948 quase quarenta e uma toneladas de reservas-ouro do Brasil com a compra de ferrovias inglesas reduzidas a sucata, no pagamento de serviços da dívida externa e na importação de objetos de consumo), uma tentativa de atualização aos padrões "modernos" que atingia as raias do ridículo. Abertas as portas das importações, a conta das divisas obtidas pelo país durante a guerra com a venda de minérios e matérias-primas, a massa urbana atirou-se às compras que lhe confeririam a desejada modernidade pelo uso de óculos *Ray-Ban*, de calças *blue jeans*, pelo consumo de *whisky*, pela busca de diversão em locais sombrios e fechados (as *boîtes* montadas quase sempre nos subsolos de edifícios de Copacabana) e, naturalmente, pela adesão à música das orquestras internacionais que divulgavam os ritmos da moda feitos para dançar, como o *fox-blue*, o bolero, o *bebop*, o calipso e, afinal, a partir da década de 1950, do ainda mais movimentado *rock'n roll*.

É bem verdade que a vontade política da maioria popular ainda tentou reverter essa situação, com a eleição de Getúlio Vargas em 1951, em evidente movimento de repúdio à subserviência das elites (desde 1948, a economia brasileira era ditada por técnicos de uma Comissão Mista Brasil-Estados Unidos), mas a pressa do ex-ditador em promover uma "solução nacionalista" para a exploração do petróleo — há muito reivindicada pela Standard Oil — e sua insistência em beneficiar os minérios brasileiros para reduzir sua exportação *in natura*, levou o governo a novo choque de interesses com os Estados Unidos, então muito necessitados de matérias-primas, em face da Guerra da Coreia.

O resultado desse surdo combate seria não apenas a derrota das propostas do presidente Vargas (obrigado a aceitar em 1951 um acordo militar que submetia o Brasil a leis americanas, com ofensa à própria soberania do país), mas seu suicídio em 1954, a menos de sete meses depois de assinar um decreto que regulava a remessa de lucros e dividendos das empresas estrangeiras para o exterior.[1]

A contrapartida dessa mudança de rumo político-econômico, no sentido da acomodação do Brasil à posição de simples peça na engrenagem da divisão internacional do trabalho controlada pelos Estados Unidos (que passou a determinar, através de pres-

---

[1] As pressões que levaram o presidente Getúlio Vargas ao suicídio em 24 de agosto de 1954 foram por ele resumidas em sua carta-testamento com as palavras: "Depois de decênios de domínio e espoliação dos grupos econômicos e financeiros internacionais, fiz-me chefe de uma revolução [1930] e venci. Iniciei o trabalho de libertação e instaurei o regime de liberdade social [o Estado Novo]. Tive de renunciar. Voltei ao governo nos braços do povo. A campanha subterrânea dos grupos internacionais aliou-se à dos grupos nacionais, revoltados contra o regime de garantia de trabalho./ A lei dos lucros extraordinários foi detida no Congresso. Contra a justiça da revisão do salário mínimo desencadearam os ódios. Quis criar a liberdade nacional na potencialização das nossas riquezas através da Petrobrás. E mal começa esta a funcionar, a onda de agitação se avoluma. A Eletrobrás foi obstaculizada até o desespero./ Não querem que o trabalhador seja independente".

sões diplomáticas e financeiras, até onde e em que direção devia caminhar o "desenvolvimento" brasileiro), foi a deterioração da produção com capital e tecnologia nacional, e a arrasadora entrada no mercado dos artigos estrangeiros. Concorrência essa, aliás, que agora se fazia "de dentro", aproveitando concessão instituída logo após a morte de Getúlio pela Instrução 113, da SUMOC (Superintendência da Moeda e do Crédito), que a partir de 1955 permitia às empresas internacionais a importação de bens de produção sem cobertura cambial (o que era negado aos brasileiros), levando-as a trazer máquinas obsoletas pelo preço de novas, para arruinar os similares nacionais.

Assim, como o "produto" música urbana de origem popular, entregue desde a década de 1940 à iniciativa de grupos heterogêneos de compositores profissionais (a esta altura integrados inclusive por médicos como Joubert de Carvalho e Alberto Ribeiro, e advogados como Humberto Teixeira e Ari Barroso), tinha de enfrentar agora, na década de 1950, além das gravações originais estrangeiras, a avalanche das "versões" com que se acomodavam as novidades da música internacional ao analfabetismo das grandes camadas, sua decadência foi inevitável. O samba-canção florescente das décadas de 1930 e 1940 aboleirou-se (chegando-se à tentativa de criação de um hibridismo chamado de *sambolero*), a produção dos compositores das camadas mais baixas — considerada "música de morro" — não chegava mais aos discos (exceção feita aos sambas de enredo das escolas de samba, beneficiados pela atração dos desfiles carnavalescos junto à classe média), e as criações baseadas no aproveitamento de sons rurais diluíram-se de vez nos arranjos de orquestra (caso do baião), encomendados na tentativa de torná-los palatáveis para o gosto da classe média. Contra essa decadência da música popular brasileira comercial se levantaria em fins da década de 1950 um grupo de jovens mais representativos das novas gerações filhas das famílias de classe média emergentes do pós-guerra, e cuja ascensão motivara a explosão imobiliária do bairro escolhido para seu reduto: a Copacabana famosa por suas praias de cartão-postal e anúncios de turismo. A década de 1950 revelou, de fato, no Rio de Janeiro, um momento de clara separação social marcada pelo próprio desenho da geografia urbana: os pobres levados a morar nos morros e subúrbios cada vez mais distantes da zona norte, os ricos e remediados no grande anfiteatro de 7,67 km^2 de áreas planas abertas entre montanhas, do Leme, vizinho do Pão de Açúcar, até ao Leblon, olhando para o mar.

Esse isolamento da primeira geração da classe média carioca do pós-guerra levara ao advento, em Copacabana, de uma camada de jovens completamente desligados da tradição musical popular da cidade, ante a ausência daquela espécie de promiscuidade social que havia permitido, até então, uma rica troca de informações entre classes diferentes.

Esse divórcio, iniciado com a fase do samba tipo *bebop* e abolerado, fabricado pelos compositores profissionais da década de 1940, iria atingir seu auge em 1958, quando um grupo desses moços da zona sul, quase todos entre dezessete e vinte e dois anos, resolveu romper definitivamente com a herança do samba popular, para modificar o que lhe restava de original, ou seja, o próprio ritmo.

Esse acontecimento, resultante da incapacidade dos moços desligados dos segredos da percussão popular, de sentirem "na pele" os impulsos dos ritmos dos negros, seria representado pela substituição daquela intuição rítmica, de caráter improvisativo, por um esquema cerebral: o da multiplicação das síncopes, acompanhada da descontinuidade do acento rítmico da melodia e do acompanhamento. A essa espécie de birritmia, originada pelo desencontro dos acentos, se daria o expressivo nome de *violão gago*, e sobre esse esquema iria repousar, basicamente, o acompanhamento dos sambas de bossa nova.

Em matéria de música popular, a experiência dos jovens da zona sul do Rio de Janeiro constituía um novo exemplo (não conscientemente desejado) de alienação das elites brasileiras, sujeitas às ilusões do rápido processo de desenvolvimento com base no pagamento de *royalties* à tecnologia estrangeira. Um equívoco do tipo daquele que levou em 1958 — o ano da bossa nova — o então presidente Juscelino Kubitschek a saudar com um discurso de afirmação nacionalista o lançamento dos primeiros modelos de automóveis JK na Fábrica Nacional de Motores, diante de alguns exemplares de Alfa Romeo trazidos as pressas da Itália para a ocasião.

Foi dentro desse mesmo espírito que os rapazes dos apartamentos de Copacabana, cansados da importação pura e simples da música norte-americana, resolveram também montar no Brasil um novo tipo de samba envolvendo procedimentos da música clássica e do *jazz*, e vocalizações colhidas na interpretação jazzística de cantores como Ella Fitzgerald, ao mesmo tempo que intelectualizavam as letras, o que explicaria o sucesso de parceiros cultos como o poeta Vinicius de Moraes.

A nova tendência havia tempos vinha sendo preparada com a proliferação das *boîtes* no Bairro de Copacabana, cuja clientela de turistas estrangeiros e de representantes do então chamado *café-society* brasileiro pedia um tipo de música de dança mais próxima do gosto internacional, e que desde o pós-guerra era fornecida às classes média e alta pelos conjuntos de piano, violão elétrico, contrabaixo, saxofone, bateria e pistão, logo especializados num tipo de ritmo que misturava conciliadoramente o *jazz* e o samba.

Como a finalidade desses conjuntos era tocar para um público interessado apenas em dançar na penumbra, seus componentes permitiam-se imitar os *jazz-bands* pioneiros, subindo de cada vez um músico ao primeiro plano para o brilhareco individual de um improviso em torno do tema ao piano, ao violão, ao saxofone, etc.

Os cantores — que nessas orquestras de *boîte* não deviam brilhar pela exibição da voz, mas simplesmente fazer sua parte na divisão do trabalho musical sem incomodar o público que os ignorava — passaram, por seu turno, a imitar também os cantores americanos, adotando-lhes as vocalizações destinadas a integrar a voz no conjunto orquestral.

E, assim, aí se foram reunindo aos poucos todos os elementos que, a partir de meados da década de 50, os criadores da bossa nova invocariam para justificar o seu movimento: a música anticontrastante (*cool jazz*), a integração da voz do cantor à orquestra, melodia não diatônica (com busca de balanço nas desacentuações), e esquematização rítmica em correspondência com os desenhos rítmicos da própria melodia, o que originava a impressão de birritmia apelidada de *violão gago*.

E foi assim que, por volta de 1956, um grupo de jovens filhos de famílias de boa situação financeira começou a reunir-se no elegante apartamento da Srta. Nara Leão, na Av. Atlântica, fronteiro ao mar de Copacabana, para realizar como amadores aquilo que os músicos de *boîte* já faziam para ganhar a vida, imitando os americanos: as *samba sessions* que lhes permitia tocar samba em estilo de *jazz*, com liberdade de improvisação e sem preocupação de tempo.

Estavam tais jovens de nível universitário nessa preocupação de encontrar uma "saída" para o samba — que acusavam de "quadrado", e de, parado em sua evolução, "só saber falar de morro e barracão" — quando surgiu na *boîte* Plaza, de Copacabana, um estranho violonista que balançava o ritmo com uma combinação de acordes compactos, que acabava por estabelecer uma clara bitonalidade em relação ao fundo instrumental. Pois ao experimentarem a novidade em suas reuniões, os jovens amadores descobriram estar diante do suporte rítmico ideal para a superposição dos esquemas harmônicos da música norte-americana que os fascinava.

O violonista criador da nova batida — que acabaria configurando o movimento da chamada bossa nova, com o que a camada mais refinada da classe média se desvinculara, finalmente, da música do povo — era um baiano de Juazeiro chamado João Gilberto. Logo atraído para o círculo dos músicos amadores, João Gilberto começou a interpretar no seu estilo também muito pessoal as composições daqueles moços de Copacabana saturados de *jazz* e, em pouco tempo, estava criado o tipo híbrido de samba que se transformaria em moda-símbolo da juventude classe média do pós-guerra: o samba de bossa nova.

O estabelecimento de uma linha de classe na música popular, baseada na coincidência de só uma minoria de jovens brancos das camadas médias alcançar o nível cultural necessário à incorporação dos signos altamente sofisticados da bossa nova, valeu por uma clara divisão entre os ritmos e canções cultivadas pelas camadas urbanas mais baixas, e a música produzida para a "gente bem".

Divididas, assim, em duas grandes tendências, a partir da década de 1960, a música popular urbana passou a evoluir no Brasil em perfeita correspondência com a situação econômico-social dos diferentes tipos de público a que se dirigia.

A música agora chamada de tradicional (porque continuava a desenvolver-se dentro da interação de influências culturais campo-cidade, ao nível das camadas mais baixas) seguiria sendo representada pelos frevos pernambucanos, pelas marchas, sambas de Carnaval, sambas de enredo, sambas-canções, toadas, baiões, gêneros sertanejos e canções românticas em geral. Isto é, como a situação econômica e cultural das grandes camadas não se modificava substancialmente, e suas condições de lazer portanto não mudavam, a sua música continuava a dirigir-se ao Carnaval e às necessidades de lirismo, sentimentalismo ou de drama, conforme as pressões maiores ou menores exercidas pelo sistema econômico-social sobre sua estrutura estabilizada na pobreza e na falta de perspectivas de ascensão.

A própria bossa nova, aliás (logo identificada ao conceito mais amplo de MPB, a música popular moderna que viria sob sua influência), iria sofrer nos anos seguintes à sua criação as atribulações a que o desenvolvimento brasileiro na base de uma economia dependente, e sem poder de decisão, submetia também as camadas de classe média com que se identificava.

Iniciada dentro de uma linha de preocupação internacionalista, à custa da assimilação de recursos da música popular norte-americana e da música erudita (o que correspondia, no plano econômico, à tentativa de industrialização do país com tecnologia importada), a bossa nova, não tendo conseguido impor-se no mercado estrangeiro como produto "nacional" (o disco de bossa nova mais vendido em todo o mundo foi o do norte-americano Stan Getz), passou a procurar uma aproximação com o "povo".

O primeiro compositor ligado à bossa nova a demonstrar inquietação em face do excesso de informação americana no movimento foi Carlos Lira. Embora sua escola de violão fosse responsável por toda uma geração de jovens cariocas formada dentro da batida que ensejava exatamente a superposição de uma harmonia jazzificada (ele possuía uma academia de violão no Bairro de Copacabana onde dava aulas pagas), Carlos Lira compôs em 1957 um samba em que, citando nominalmente o bolero, o *jazz*, o *rock* e a balada, criticava sua influência na música brasileira. Essa composição, intitulada "Criticando", revelar-se-ia afinal uma antecipação do seu samba "Influência do Jazz", de 1961, destinado, aliás, a soar como uma ironia: e que ao apontar a influência do estilo americano de tocar, a música de "Influência do Jazz" indica ela mesma o quase mimetismo a que chegara a bossa nova na incorporação de células musicais e recursos da música norte-americana

Assim, como no início da década de 60 a realidade da política desenvolvimentista do governo Kubitschek se revelava incapaz de absorver em seu quadro econômico a totalidade dos novos profissionais de nível superior gerados pelas universidades, a falta de perspectiva de ascensão levou os estudantes a uma atitude de participação crítica da realidade, que os acabou conduzindo inapelavelmente para o campo da política.

O reflexo mais visível dessa nova atitude da jovem geração carioca da alta classe média dos anos 60 — ainda mal acordada do sonho ilusório da conquista lírica de uma boa vida, claramente expressa na temática da flor, amor, céu, azul e mar de seus primeiros sambas — foi a formação, na União Nacional dos Estudantes, a UNE (que em 1942 ajudou a combater a política de Getúlio Vargas, recebendo uma vitrola de presente de Nelson Rockefeller),[2] de um Centro Popular de Cultura, o chamado CPC.

Entre os objetivos do CPC — criado para promover, além de discussões políticas, a produção e divulgação de peças de teatro, filmes e discos de música popular — constava o de deslocar "o sentido comum da música popular, dos problemas puramente individuais para um âmbito geral: o compositor se faz o intérprete esclarecido dos sentimentos populares, induzindo-o a perceber as causas de muitas das dificuldades com que se debate".[3]

Ora, como se pode perceber pelo uso do verbo "induzir", os jovens estudantes partiam de uma posição de superioridade da sua cultura, e propunham-se (diante do fracasso das suas primeiras ilusões) assumir paternalisticamente a direção ideológica das maiorias, comprometendo-se a revelar-lhes as causas de suas dificuldades sob a forma de canções glosando a dura realidade da pobreza e do subdesenvolvimento. Aliás, não apenas de canções, mas de representações de peças em praças públicas, e do aproveitamento de formas poéticas populares, como experimentaria o requintado poeta concreto Ferreira Gullar ao escrever versos no estilo da literatura de cordel nordestina.

---

[2] O episódio é registrado por Moniz Bandeira em seu livro *Presença dos Estados Unidos no Brasil (dois séculos de história)*, cit., onde escreve à p. 287, referindo-se aos fatos políticos de agosto de 1942: "Os universitários ocuparam a sede do Clube Germânia, na Praia do Flamengo, e ali instalaram a sede da UNE (União Nacional dos Estudantes). Nelson Rockefeller ofereceu-lhes uma eletrola, depois de visitar o edifício que se transformara no QG da resistência democrática. A popularidade dos Estados Unidos cresceu com o sentimento antifascista e facilitou a sua penetração econômica militar no Brasil".

[3] Texto de apresentação do compacto *O Povo Canta*, editado pelo CPC da UNE com músicas de temática política: "João da Silva ou O Falso Nacionalista", de Billy Blanco; "Canção do Trilhãozinho", de Carlos Lira e Francisco de Assis; "Grileiro Vem, Pedra Vai", de Rafael de Carvalho, e "Zé da Silva é um Homem Livre", de Geni Marcondes e Augusto Boal.

Acontece porém que, como para o desempenho dessa bem-intencionada missão o CPC da UNE só contava com artistas e músicos formados exatamente na fase da maior influência de valores culturais não brasileiros, os estudantes chegaram a um momento de contradição que os levava a tentar falar ao povo com uma linguagem musical que este não compreendia, e com a qual não se identificava.

Assim, ao realizar-se dentro da proposta de produção ideológica o semidocumentário cinematográfico *Couro de Gato*, em 1960 (em que o jovem diretor Joaquim Pedro de Andrade focalizava os meninos pobres dos morros cariocas a caçar gatos para lhes tirar a pele, para com ela fazerem seus tamborins), o compositor escolhido para musicar o filme era o mesmo autor do "Criticando", Carlos Lira, que aí lançaria com Geraldo Vandré uma requintada composição de bossa nova, em chocante desacordo com a crua realidade das imagens do filme:

> Quem quiser encontrar o amor
> Vai ter que sofrer,
> Vai ter que chorar...

Onde essa contradição se revelaria mais evidente, porém, no plano da música popular, seria na tentativa do estabelecimento de parcerias com os criadores das camadas mais baixas do povo, promovida em 1961 por iniciativa do parceiro de Carlos Lira e teórico da bossa nova nacionalista Nelson Lins e Barros (1920-1966). Levados ao apartamento que Nelson repartia com Carlos Lira, na Rua Francisco Sá, em Copacabana, os compositores Cartola, Nelson Cavaquinho e Zé Keti foram convidados a mostrar sua ignorada produção diante do excitado interesse dos dois compositores de bossa nova. Encontros como esse — que marcaram o lançamento de antigos compositores das classes baixas como Cartola e Nelson Cavaquinho como representantes oficiais do samba "tradicional" perante a classe média da zona sul carioca — não obtiveram o resultado esperado. Ao empunhar o violão juntamente com os dois compositores de origem popular, Carlos Lira descobriu que, apesar de todo o seu desejo de colaboração, eles não falavam a mesma linguagem musical. Os acordes compactos à base de dissonâncias do violão bossa nova não se casavam com a baixaria do violão de Cartola, e muito menos com a quase percussão do de Nelson Cavaquinho, que beliscava as cordas de seu instrumento numa acentuação rítmica das tônicas absolutamente pessoal.

E assim foi que, da pretendida colaboração com o "povo", só iria nascer uma parceria, mas exatamente com aquele que não tocava violão, e cuja carreira posterior estava destinada a revelar maior capacidade de integração com os artistas da classe média: a parceria de Zé Keti e Carlos Lira no "Samba da Legalidade", de 1962.[4]

Verificado, afinal, que todas essas tentativas de integração com o povo se revelavam impossíveis, uma vez que os músicos e compositores da classe média insistiam em obter a comunhão cultural a partir da imposição autoritária do seu estilo de bossa nova (o que se tornava uma barreira intransponível), os artistas representantes das camadas mais elevadas resolveram abandonar a experiência, e passar a procura de um resultado musical mais diretamente ligado a realidade da própria classe.[5]

---

[4] Em entrevista concedida ao jornalista Sérgio Cabral e publicada no Caderno B do *Jornal do Brasil*, do Rio de Janeiro, de 24 de maio de 1962, Carlos Lira, depois de lançar a ideia de um simpósio sobre bossa nova (cuja morte temia "por inanição", por falta de conteúdo, e por ser um tipo de música "totalmente divorciada do povo"), concluía: "Depois [do LP em que lançava a composição "Influência do Jazz"], os meus parceiros serão Zé Keti, Nelson Cavaquinho e outros indispensáveis a qualquer movimento por uma música popular brasileira autêntica".

[5] O compositor Paulinho da Viola, originalmente ligado às camadas populares, mas então começando a preocupar-se em justificar suas posições junto à classe média universitária, para não ser julgado inculto ou ultrapassado, exemplificava muito bem essa aspiração de ascensão sociocultural ao

A partir de fins de 1965, concorrendo já no mercado das cidades com o novo estilo musical internacionalizado pelos Beatles (em janeiro de 1966 era lançado no Brasil o filme *A Hard Day's Night*, sob o título de *Os Reis do Iê-Iê-Iê*), os componentes da segunda geração da bossa nova — Edu Lobo, Geraldo Vandré, Chico Buarque de Holanda, principalmente — lançam através de festivais de música popular os primeiros produtos bem-sucedidos da nova fase sem quase mais nada de bossa nova: "Arrastão", de Edu Lobo, vencedor do I Festival de Música Popular Brasileira, realizado no Guarujá, litoral paulista, em 1965; "Disparada", de Geraldo Vandré e Théo de Barros Filho, e "A Banda", de Chico Buarque de Holanda, vencedores empatados do II Festival, realizado já agora em São Paulo, em 1966.

A essa altura, como verificara impraticável a conquista da aliança popular para fins de protesto contra as injustiças sociais por meio de canções, outro grupo de compositores presos à mesma formação bossa-novista iria lançar, ao lado dessas tentativas de regionalismo sofisticado, os chamados sambas de participação ou sambas de protesto.

Tais canções, contemporâneas da explosão de vida universitária verificada a partir de 1965, principalmente no Rio de Janeiro e em São Paulo (onde é lançada a moda dos shows nas faculdades, despertando desde logo o interesse comercial das televisões),[6] vinham atender a um propósito de protesto particular

---

declarar, em 1965, durante uma das "Sessões da Feira do Compositor", no Rio de Janeiro: "Cultura e aprendizado não tiram autenticidade do compositor e não é autêntico só quem faz música de morro". Sete anos depois dessa declaração, o mesmo músico deformaria um samba do compositor do povo Nelson Cavaquinho ao gravá-lo com arranjo calcado em experiências do músico de jazz Miles Davis.

[6] O show *O Fino da Bossa*, que conseguiu altos índices de audiência na TV Record de São Paulo, de 1965 a 1968, tirou seu título de um espetáculo organizado por universitários paulistas.

da alta classe média contra o rigorismo do regime militar instalado no país em 1964.

Assim, e para atender a uma certa necessidade de grandiloquência, uma vez que esse tipo de canção exigia um tom épico, os compositores e letristas de músicas de protesto, todos formados na época de vigência da bossa nova intimista (Edu Lobo, Vandré, Gilberto Gil, Capinam, Ruy Guerra, Torquato Neto, entre outros), rompem afinal com o estilo individualista e americanizado, e passam a cantar as belezas do futuro com dezenas de versos dedicados ao dia que virá.

Ao interpretar a postura ideológica dessa música popular ao nível da classe média de cultura universitária — que se estende a rigor de 1965, com o show *Joana em Flor*, no Teatro de Arena do Rio (autoria do poeta Reynaldo Jardim aproveitando músicas de crítica social do velho compositor Alberto Ribeiro), até à proibição militar da canção "Pra Não Dizer Que Não Falei de Flores", ou "Caminhando", de Geraldo Vandré, de 1968 — a professora Walnice Nogueira Galvão demonstraria, em meados de 1968, que tal canção de protesto não passava de "evasão e consolação para pessoas altamente sofisticadas":

> "Dentre os seres imaginários que compõem a mitologia da MMPB (Moderna Música Popular Brasileira) destaca-se o 'dia que virá', cuja função é absolver o ouvinte de qualquer responsabilidade no processo histórico. Está presente num grande número de canções, onde aparece ora como o dia que virá, ora como o dia que vai chegar, ora como o dia que vem vindo."[7]

---

[7] Walnice Nogueira Galvão, "MMPB: uma análise ideológica", revista *Aparte*, editada pelo Teatro dos Universitários de São Paulo, nº 2, maio-jun. 1968, p. 19. Entre as letras de canções de protesto citadas pela autora estão as de "João e Maria", de Geraldo Vandré ("[...] quem sabe o canto da gente/ seguindo na frente/ prepare o dia da alegria"); "Ponteio", de Edu Lobo

A sociedade brasileira vivia desde 1964 o peso de uma ditadura militar imposta para consolidar a integração forçada do país na divisão internacional da economia, sob a égide dos Estados Unidos e o controle do FMI, e essa gratuidade da insistência em cutucar o Poder com a vara curta das canções de protesto acabou determinando em 1968 a reação das autoridades sob a forma de maior repressão e reforçamento da censura (levando compositores como Chico Buarque e Geraldo Vandré a sair do país, e outros a serem presos e expulsos como Gilberto Gil e Caetano Veloso).

Do ponto de vista musical — e levando em conta a chegada de novas gerações de jovens da classe média, massificadas pela música de consumo internacional produzida pelas multinacionais do disco —, a interrupção do processo de criação que por aqueles fins da década de 1960 entrava em nova fase sob o nome de tropicalismo serviu para desorganizar de vez o quadro cultural ao nível universitário, e a alienação voltou sob o império do rock.

---

e Carlos Capinam ("[...] certo dia que sei por inteiro/ eu espero não vai demorar/ este dia estou certo que vem [...]"); "Aleluia", de Edu Lobo e Ruy Guerra ("Toma a decisão, tá na hora/ que um dia o céu vai mudar"); e "Vento de Maio", de Gilberto Gil e Torquato Neto ("[...] desapeie dessa tristeza/ que eu lhe dou de garantia/ a certeza mais segura/ que mais dia menos dia/ no peito de todo mundo/ vai bater a alegria").

Parte VII

O REGIME MILITAR DE 1964

A era do colonialismo musical

1.
O MOVIMENTO TROPICALISTA E O "ROCK BRASILEIRO"

O movimento denominado tropicalismo ou tropicália, surgido em São Paulo no fim da década de 60 por iniciativa de compositores baianos herdeiros da repercussão da bossa nova carioca nos meios universitários de Salvador, constituiu a tentativa de — como definiria o próprio líder do grupo, Caetano Veloso — obter "a retomada da linha evolutiva da tradição da música brasileira na medida em que João Gilberto fez".[1]

Assim como na segunda metade da década de 60, segundo escreveria em novembro de 1967 o músico Gilberto Mendes, "a MPB se desnorteara frente ao iê-iê-iê, mas passou novamente à vanguarda, retomando o espírito da pesquisa que caracterizou a BN",[2] tal retomada da "linha evolutiva" aparecia como a tentativa de criação, a partir do rock americano e de seu instrumental eletrificado, de um sucedâneo musical brasileiro semelhante ao obtido dez anos antes em relação ao jazz, através da bossa nova. Bem interpretado, o tropicalismo propunha-se a representar, em face da linguagem "universal" do rock, o mesmo que a bossa nova representara em face da linguagem "universal" do jazz.[3]

---

[1] Participação de Caetano Veloso no debate intitulado "Que caminho seguir na música popular brasileira", promovido pela *Revista Civilização Brasileira* sob a coordenação do músico Airton Lima Barbosa, e publicado no nº 7 da mesma revista, maio de 1968, pp. 375-85.

[2] Gilberto Mendes, "De como a MPB perdeu a direção e continuou na vanguarda", Suplemento Literário de *O Estado de S. Paulo*, 11 de novembro de 1967, p. 3.

[3] Esse paralelismo foi percebido ainda em fins da década de 60 pelo

De fato, com o progressivo envolvimento da juventude universitária no movimento de resistência ao modelo de economia dependente consolidado pelas elites durante o governo Juscelino Kubitschek (e que se reforçaria com a tomada do Poder pelos militares em 1964), a música mais típica da alta classe média, prefigurada desde 1958 na bossa nova, passara da sofisticação e intimismo iniciais a tentativa de abertura em relação às camadas mais amplas (tendo como marco o espetáculo *Opinião*, em 1965, no Rio de Janeiro), o que acabou levando-a ao "retrocesso" da grandiloquência dos arranjos de festival, da aproximação artificial com temas folclóricos e a preocupação ideológica nas letras.

Ora, essa evolução realmente algo equivocada dos músicos continuadores da bossa nova, baseada na preocupação politicamente bem-intencionada, mas idealista, de abolir as fronteiras de classe para se aproximar de um povo *in abstrato*, além de dividir o movimento (linha original, intimista, *versus* nova tendência aberta ao regional e à participação política), conduzia a música da classe média a um impasse. E esse impasse era representado pelo fato de que, enquanto a perda de sua substância de música de minorias a levava ao rebaixamento de sua sofisticação estética, a aproximação com o "popular" e o "folclórico" não conseguia identificá-la com a maioria do povo. E, o que agravava ainda mais a contradição — e se tornava evidente em meados da década de 1960 —, o súbito apego da ala nacionalista da bossa nova à tra-

---

menos por dois observadores: o Professor Affonso Romano de Sant'Anna em artigo publicado no Caderno B do *Jornal do Brasil* de 2 de março de 1968 sob o título "Tropicalismo! Tropicalismo! Abre as asas sobre nós" ("Tropicalismo também tem raízes históricas e políticas: está para o Governo de 1964 assim como a bossa nova para o Governo de JK e o CPC para o Governo de João Goulart"); e o jornalista Nelson Motta, em crônica sem data incluída em seu livro *Música humana música* (Rio de Janeiro, Editora Salamandra, 1980), onde à p. 52 escreveu: "[...] Gilberto Gil e Caetano Veloso decidiram assumir as influências do melhor rock inglês dos anos sessenta (os Beatles), da mesma forma que a Bossa Nova havia assumido as conquistas harmônicas do jazz e do pensamento europeu".

dição do samba urbano e dos temas rurais colocava-a em choque com a nova tendência da música internacional do momento, representada em dois planos pelo rock sofisticado dos Beatles, consumido pelas camadas mais altas, e sua diluição comercial dirigida às camadas mais amplas pelo iê-iê-iê de Roberto Carlos.

Foi essa contradição surgida no âmbito da música produzida desde fins da década de 50 pelos compositores de nível universitário — o que vale dizer a elite da classe média dos grandes centros — que os compositores baianos vieram romper, contando para isso com o espírito de arrivismo de provincianos migrados para o Sul dispostos à realização pessoal e ao sucesso.

Assim, enquanto os criadores de música de linha nacionalista, politicamente preocupados com a invasão do internacionalismo programado pelas multinacionais, reagiam usando recursos da bossa nova (não mais americanizada) na procura de um tipo de canção baseada em sons da realidade rural (Edu Lobo, Vandré) ou da vida popular urbana (Chico Buarque), os baianos ligados ao tropicalismo fariam exatamente o oposto. Alinhados com o pensamento expresso por seu líder Caetano Veloso, "Nego-me a folclorizar meu subdesenvolvimento para compensar as dificuldades técnicas", os tropicalistas renunciaram a qualquer tomada de posição político-ideológica de resistência e, partindo da realidade da dominação do rock americano (então enriquecido pela contribuição inglesa dos Beatles) e seu moderno instrumental, acabaram chegando à tese que repetia no plano cultural a do governo militar de 1964 no plano político-econômico. Ou seja, a tese da conquista da modernidade pelo simples alinhamento às características do modelo importador de pacotes tecnológicos prontos para serem montados no país.

E foi assim que, como primeiros sintomas desse novo conceito de produção musical, enquanto no acompanhamento da música "Disparada", no II Festival de Música Popular Brasileira, de 1966, um ritmista tirava som de uma queixada de boi, em 1967, na apresentação da música "Alegria, Alegria" o cantor-compositor Caetano Veloso fazia-se acompanhar no mesmo palco da TV

Record de São Paulo pelo conjunto de iê-iê-iê dos Beat Boys, integrado por jovens argentinos e à base de guitarras elétricas e percussão estereotipada a partir do ritmo do rock de consumo.

Esse casamento com o rock na área da música produzida por compositores de nível universitário foi o sinal que as emissoras de televisão e os empresários de espetáculos aguardavam: em pouco tempo, sob a mais ampla cobertura da imprensa e dos meios de comunicação, os baianos podiam lançar o seu movimento tropicalista, tendo contra eles apenas o susto dos militares, preocupados com a aparência anárquica de propostas como a resumida na frase importada do maio de 68 na França: "É proibido proibir".

Bem interpretado, porém, a reação dos militares constituía um equívoco, pois o tropicalismo resumia tudo o que o Poder poderia pedir para sua tranquila perpetuação. O inconformismo manifestado pelos tropicalistas musicais expressava apenas o sentimento de frustração das classes médias do mundo ocidental com o desfecho da Segunda Guerra Mundial. O que essas camadas reclamavam, no fundo, era o fato de lhes terem acenado após a Segunda Guerra Mundial com as delícias de uma nova era, a partir do Plano Marshall de 1947, para já na década seguinte lhes recrutarem os filhos para intervenções na Coreia em 1950, no Líbano em 1958 e no Vietnã desde 1962. Como, porém, não conseguiam enxergar (ou até mesmo desprezavam) a relação política entre os fatos — o que até pouco antes os artistas da era da canção de protesto vinham procurando fazer através de letras voltadas para as denúncias —, esses porta-vozes de angústias pequeno-burguesas vinham propor apenas a superação dos problemas pela afirmação suprema do individualismo: o direito à liberdade pessoal sem reservas, que lhes permitisse alegremente contrariar com suas cabeleiras e a amplificação do barulho de seu instrumental elétrico os velhos padrões estabelecidos por uma sociedade incapaz de compreender as mudanças em seu próprio sistema.

E a prova estaria em que, mesmo proibidos pela incompreensão incompetente do poder militar — que interrompeu a trajetória do movimento com a prisão de seus líderes, Caetano Veloso e Gilberto Gil —, o tropicalismo não deixou, ainda assim, de cumprir seu papel de vanguarda do governo de 1964 na área da música popular: rompidas as resistências da parte politicamente consciente da classe média universitária, que tentava a defesa de uma música de matrizes brasileiras, as guitarras do som universal puderam completar sua ocupação do mercado brasileiro. E, assim, a partir da década de 1970, em lugar do produto musical de exportação de nível internacional prometido pelos baianos com a "retomada da linha evolutiva", instituiu-se nos meios de comunicação e da indústria do lazer, definitivamente, a era do rock. Ao qual, aliás muito tropicalisticamente, o espírito satisfeito dos colonizados passaria a chamar, a partir da década de 1980, de "rock brasileiro".

A forma pela qual se deu essa passagem da música urbana dirigida ao gosto da classe média dos grandes centros, da antiga busca de um estilo brasileiro adaptado a padrões de modernidade representada pelo novo instrumental da era eletrônica, à adoção pura e simples das fórmulas criadas pela indústria internacional do lazer, pode ser mostrada através da própria história socioeconômica do Brasil no último quarto de século.

De fato, a integração definitiva do país à divisão da economia mundial, após a nova fase industrial planetária do pós-guerra gerada pelo Plano Marshall, foi comandada a partir da década de 1960 pelo governo dos Estados Unidos — assustado com o desfecho socialista da revolução liberal em Cuba de 1959 a 1961 — e teve como executante as Forças Armadas brasileiras, já devidamente preparadas para a eventualidade através da doutrinação de sua oficialidade nos cursos da Escola Superior de Guerra, criada em fins dos anos 40, em plena guerra-fria.[4]

---

[4] Essa "constatação de fato" sobre o papel da ESG, não "incluindo juízo de valor e mérito", como o próprio analista ressalva, é do contra-almirante da Reserva Remunerada Múcio Piragibe Ribeiro de Bakker no arti-

O momento ideal para o desencadeamento da ação militar requisitada pela burguesia local, parceira do capital internacional — predominante desde a política "desenvolvimentista" dos "cinquenta anos em cinco" do presidente Juscelino Kubitschek, de janeiro de 1956 a janeiro de 1961 —, surgiu em fins de março de 1964, quando, em meio à indefinição política aberta pela renúncia do presidente Jânio Quadros em 25 de agosto de 1961 (depois de apenas sete meses de governo), as esquerdas brasileiras cometerem o equívoco de substituir a dialética marxista pela esperteza de Maquiavel. Equívoco que consistiu na tentativa de transformação do populista presidente João Goulart na figura de um príncipe a quem se entregava a tarefa de implantar o socialismo através de decretos publicados no *Diário Oficial*.

Na verdade, a intervenção militar desempenhou neste ponto o papel efetivo de uma contrarrevolução, que tomou como pretexto político o apoio do presidente a atos de subversão da hierarquia militar durante a chamada Revolta dos Marinheiros, na última semana de março de 1964, mas significava na verdade a execução da ordem de ataque partida da burguesia internacional, via parceiros nacionais, após a assinatura por João Goulart da lei de remessa de lucros para o exterior, a 17 de janeiro.

Como o anunciado "perigo do comunismo" unia, no caso, os interesses do capital internacional e seus parceiros locais aos da classe média, beneficiada pelas desigualdades de renda do modelo de desenvolvimento concentrado (onde uma camada ascen-

---

go "O poder militar brasileiro: uma visão de suas particularidades" (in jornal *O Estado de S. Paulo*, 23 de setembro de 1984, p. 58), onde escreveu: "Nos fins dos anos 1940 surgia a Escola Superior de Guerra (ESG), na qual foi desenvolvida e vem sendo disseminada a associação ideológica entre a segurança nacional e o desenvolvimento militar nos campos político, econômico e psicossocial, como da franca interação civil-militar simpática à tecnoburocracia moderna; ambas são manifestações usuais do estatismo desenvolvimentista, que costuma estar associado a governos autoritários de países em desenvolvimento".

de empurrando outra para baixo), houve no geral um aparente consenso social na aceitação do golpe militar de 31 de março de 1964 (ironicamente efetivado a 1º de abril, o Dia da Mentira), consolidando-se, então, o que o sociólogo Otavio Ianni definiria como "contrarrevolução burguesa, em escala continental" ou, como explicava esse autor, em seu ensaio "Exército e nação: a militarização do poder estatal expressa a marcha de uma espécie de contrarrevolução permanente":

> "Primeiro, a ditadura nasce e afirma-se enquanto contrarrevolução. Expressa a reação de um novo bloco de poder às reivindicações, lutas e conquistas de operários, mineiros, camponeses e outras categorias. Em geral os golpistas estavam combatendo as propostas de realização de movimentos e governos de cunho reformista ou populista, sob alegação de que eram viciados pela demagogia e o carisma. Na prática, estava em marcha a metamorfose da população de trabalhadores da massa em classe social. O ascenso das classes sociais subalternas, agrárias e urbanas, no sentido de reformas sociais, democracia ou socialismo, precipitou a contrarrevolução, em moldes militares. Segundo, o bloco de poder formado com a ditadura militar colocou o aparelho estatal a serviço praticamente exclusivo do grande capital estrangeiro. Os três setores produtivos principais — privado nacional, privado estrangeiro e estatal — foram amplamente articulados com o poder do Estado, em favor da acumulação, em escala mundial. Avançou bastante uma espécie de internacionalização do subsistema econômico nacional."[5]

---

[5] "Exército e nação: a militarização do poder estatal expressa a marcha de uma espécie de contrarrevolução permanente", in suplemento "Folhetim" do jornal *Folha de S. Paulo*, de 24 de novembro de 1984, p. 11. Para

Isso queria dizer que, instalada no Poder a força militar encarregada de ajustar economicamente o país ao sistema internacional subordinado ao grande capital, as antigas pretensões de acumulação e de criação de tecnologia próprias, para disputa do mercado interno em formação (alimentadas desde os tempos da política de substituição de importações) seriam definitivamente desvanecidas pela desnacionalização acelerada. O expediente usado pelo governo militar para atrair indústrias de tecnologia avançada, que acabariam dominando a economia brasileira [a ponto de, no limiar da última década do século XX, 150 grandes grupos multinacionais deterem os 100 bilhões de dólares da finança do país[6]], foi o da compressão dos salários, a fim de oferecer o atrativo de maiores taxas de mais-valia ao capital internacional.[7]

---

efetivação dessa correção de rumo político-econômico do poder civil, através do golpe de força, os Estados Unidos, principal interessado na mudança, não recuou ante o oferecimento expresso de ajuda militar (o que foi altaneiramente recusado pelos comandantes brasileiros, que se afirmaram aptos a subjugar seu próprio povo). Segundo declarações do então embaixador norte-americano no Brasil, Lincoln Gordon, a recusa não impediu o governo dos Estados Unidos de tomar providências unilaterais, através do aprestamento de uma força-tarefa da Marinha enviada ao litoral do Brasil sob o nome de "Brother Sam", cuja finalidade era *showing the flag*, ou seja, exibir a bandeira americana como aviso de que qualquer evolução dos acontecimentos na direção da esquerda acarretaria intervenção armada em nome da proteção a 40 mil cidadãos norte-americanos espalhados pelo país (sendo 15 mil apenas no Pará).

[6] Em entrevista concedida ao jornal *Gazeta de Pinheiros*, de São Paulo, de 16 de julho de 1989, sob título "Órfão do cruzado anuncia: 'Eles vão quebrar o país'", o economista João Manuel Cardoso de Melo, professor da Universidade de Campinas (Unicamp), acrescentava a tal revelação: "Esses 150 caras são os que exportam: 80% das exportações são feitas por eles. São eles que exportam, que emprestam pro Estado. No fundo são eles que comandam as coisas. Comandam no seguinte sentido: a política econômica está subordinada a essas duas questões. Por exemplo: hoje as expectativas de desvalorização são claras. Esses caras continuam exportando e não trazem o dinheiro recebido para o Brasil. Eles nos quebram, pois não querem trocar

Conseguido esse objetivo de "modernização da economia" em apenas quinze anos de facilidades ao investimento estrangeiro (em 1980, seis mil e cem firmas brasileiras eram controladas pelo capital de três mil e quinhentas empresas internacionais, segundo o *Guia internacional: o Brasil e o capital internacional*, organizado pelo suíço Jean Bernet), verificou-se que o preço pago para tal "avanço" já era representado, ao iniciar-se a década de 1980, por uma dívida externa de 50 bilhões de dólares, a qual, acrescida de novos empréstimos e dos aumentos sucessivos de juros, nos anos seguintes, atingiria no fim do decênio, em 1989, o montante de 120 bilhões de dólares. Como resultado, enquanto o Brasil precisava nesse limiar de 1990 de quase 20 bilhões de dólares para o pagamento, até dezembro, de juros e serviços dessa dívida de 120 bilhões, as multinacionais instaladas no país, com um capital registrado no Banco Central de apenas 33,68 bilhões,

---

seus dólares pela taxa oficial de NCz$ 1,00 [o dólar flutua com preço às vezes duplicado no câmbio negro] [...]. Você exporta soja, por exemplo, e, como é uma empresa grande, líquida, não precisa imediatamente de dinheiro, fica um tempo sem trazer o dinheiro, e o governo te dá um prazo flexível. É assim que eles quebram o Estado brasileiro, e foi assim que nos quebraram em 1986 [ano do chamado Plano Cruzado, que tentou estabilizar a moeda e os preços no país através da decretação unilateral de moratória no pagamento da dívida externa]. Eu me lembro bem, um dos piores dias de minha vida [João Manuel foi um dos idealizadores do Plano Cruzado] foi o dia em que nós perdemos 850 milhões de dólares em um dia".

[7] Ao ser instituído por Getúlio Vargas em 1941, o salário mínimo foi calculado para permitir a sobrevivência de uma família de trabalhador composta por marido, mulher e dois filhos, equivalendo então a 85 dólares americanos. Em junho de 1989, o índice de 120 cruzados novos aprovado para o salário mínimo pelo Congresso Nacional correspondia a 40 dólares. Segundo o Departamento Inter-Sindical de Estudos Sócio-Econômicos (DIEESE), para manter naquela data equivalência com o salário de 1941, o índice de junho de 1989 deveria ser de NCz$ 855,64, demonstrando assim que cerca de 20 milhões de trabalhadores brasileiros, numa massa ativa de 55 milhões, iria receber 70,3% menos do que o necessário para o sustento da família.

remeteriam, no mesmo prazo, às suas matrizes no exterior (sem contar as saídas clandestinas de dinheiro) a importância recorde de 3,5 bilhões de dólares, acrescidos de mais 1 bilhão a título de repatriação de capital (retomo puro e simples de investimento) num total de 4,5 bilhões de dólares — sem pagamento de imposto de renda suplementar.[8]

A contrapartida cultural de tal processo de desnacionalização da economia brasileira só poderia ser, pois, a de igual perda de peso dos valores tradicionais, embora estes continuassem a corresponder à verdade das maiorias: afastados, pela concentração da riqueza em mãos de poucos, da participação no mercado enquanto consumidores dos bens produzidos pela moderna indústria (somente 16 milhões de pessoas têm algum poder de compra entre os mais de 50 milhões que integram a força de trabalho na população de 145 milhões), as grandes camadas passaram a figurar apenas como números nas estatísticas. Estatísticas estas segundo as quais, em 1985, 45,8 milhões de brasileiros, ou 76,7% da população economicamente ativa de 53,2 milhões de pessoas, ganhavam até dois salários mínimos.[9] O que tornava sua participação irrisória do ponto de vista econômico.

Na verdade, ao privilegiar a faixa de 5% da população ativa com renda superior a dez salários mínimos (número calculado em 1985 em 2,67 milhões de pessoas), o modelo de riqueza concentrada inaugurado pelo golpe militar de 1964 vinha reve-

---

[8] Os números divulgados por técnicos do Banco Central no Rio de Janeiro foram reproduzidos em notícia sob o título "Remessa de lucros baterá recorde este ano" no jornal *Diário Popular*, de São Paulo, de 11 de junho de 1989, p. 9. Segundo informações posteriores do Banco Central divulgadas na edição do mesmo jornal de 30 de agosto de 1989, apenas em 1988 o Brasil transferiu para o exterior a título de juros e amortizações de sua dívida externa o total de 19,4 bilhões de dólares (dívida, por sinal, que em dezembro daquele ano de 1988 ainda era de 112,7 bilhões de dólares).

[9] Números publicados no *Anuário de 1986* do Instituto de Geografia e Estatística.

lar pela segunda metade da década de 1980 — exatamente no momento em que a dívida externa chegava aos 100 bilhões de dólares — que todo o "desenvolvimento" brasileiro funcionava para pouco mais de 10,5 milhões de integrantes das classes média e alta, considerada uma família de quatro pessoas para cada privilegiado do sistema.

Assim, como somente pessoas pertencentes a tais faixas podem consumir os bens anunciados em televisões, rádios, jornais e revistas, seria ao gosto dessas minorias que os órgãos de comunicação passariam a dirigir não apenas suas mensagens publicitárias, mas a própria informação e estilos de entretenimento, desde logo classificados — em hábil manobra de ocultamento do caráter de classe da exclusão das maiorias pobres — de cultura de massa.[10]

No plano da música popular, esse moderno processo de integração do gosto médio dos países periféricos a padrões preestabelecidos, promovido de início apenas pelas grandes fábricas de discos, o rádio, o cinema, e logo pela televisão e pela moderna indústria dirigida ao lazer urbano (aparelhos sonoros, *juke-boxes*, fitas de gravação de som, de vídeo, instrumentos musicais eletroeletrônicos, espetáculos de massa, etc.), começou a funcionar no Brasil desde o fim da Segunda Guerra Mundial. Com a derrubada da ditadura Vargas e de seu Estado Novo, após a volta dos soldados enviados à luta contra o nazifascismo na Itália sob comando norte-americano, desencadeou-se entre a classe média de todo o país uma onda de admiração pela "grande democracia"

---

[10] Para bem se avaliar o vulto dos investimentos envolvidos na produção e publicidade na área da televisão brasileira, basta lembrar que um capítulo de novela custa às emissoras entre 15 e 20 mil dólares (chegando por vezes a 40 mil dólares). Como resultado, o preço de trinta segundos de publicidade nos intervalos dessas novelas, das 20 às 21 horas, oscila — conforme o sucesso da produção junto ao público — entre 15 e 20 mil dólares. Essa circunstância transforma a publicidade na televisão nesse horário chamado "horário nobre" em privilégio das empresas multinacionais.

O movimento tropicalista e o "rock brasileiro"

americana. Longamente trabalhada pela propaganda de guerra durante os anos do conflito (noticiário de agências internacionais, documentários e filmes de guerra, programas radiofônicos em ondas curtas como o da *Voz da América*, revistas ilustradas tipo *Em Guarda* e jornais político-culturais como *Pensamento da América*, histórias em quadrinhos e discos produzidos pelo Departamento de Estado para distribuição gratuita às rádios), as camadas mais amplas das cidades passaram a identificar, no Brasil, a ideia de progresso e modernidade ao estilo de vida americano. E tudo conforme, aliás, já desde a década de 1930 vinha fazendo internamente nos EUA o próprio governo Roosevelt, aliado ao complexo industrial, através da massificação do *slogan* com que se procurava ressuscitar o antigo otimismo das classes médias (alheias à realidade dos 9 milhões de desempregados do país) em favor das promessas do New Deal: "*There's no way like the American way*".

Desde os anos da guerra até ao fim da década de 1950, o que se ouvia nas rádios brasileiras como som internacional, ao lado do *jazz*, dos *fox-trots*, *blues* e *slows* americanos, era, de fato, a heterogênea produção de ritmos dançantes lançados pelas gravadoras norte-americanas e pelos filmes musicais de Hollywood dentro do espírito da Política da Boa Vizinhança.[11] Eram as rumbas, mambos, boleros, beguines, calipsos e chá-chá-chás com que as grandes orquestras, pianistas e conjuntos especializados em sons vagamente "latinos" (Xavier Cugat, Paul Whiteman, Edmund Ros, Henry Miller, Sidney Torch, Bob Crosby, Jerry Thomas, Charles Wolcott, Leucona Cuban Boys, Ethel Smith, Car-

---

[11] Em um primeiro levantamento realizado pelo historiador do cinema brasileiro Alex Viany "para um trabalho sobre Hollywood nos anos de guerra" — conforme carta ao autor, de 18 de julho de 1973 — foram relacionados setenta e oito filmes produzidos por Hollywood entre 1937 e 1950 destinados a "manter e ampliar seus mercados na América Latina, através da utilização de músicos, cantores e ritmos latino-americanos, em muitos casos deturpados".

men Cavallaro) e cantores (Andrew Sisters, Sarita Montiel, Hugo del Carril, Carlos Ramírez, Desi Amaz, Tito Guizar) inundavam o mercado para concorrer com os originais produzidos regionalmente (Pérez Prado, Trío Los Panchos, Noro Morales, Fernando Albueme, Pedro Vargas, Lucho Gatica, Gregorio Barrios).

Como, porém, essa produção relativamente variada de ritmos era ainda acrescida de sons europeus produzidos por orquestras tipo Mantovani, Michel Legrand, Georges Boulanger, Victor Silvester, Roberto Inglês, e por cantores franceses como Maurice Chevalier, Edith Piaf, Lucienne Boyer, Patachou, Josephine Baker, Charles Aznavour, Gilbert Becaud, Charles Trenet, Yves Montand, e italianos como Beniamino Gigli, Carlo Buti, Umberto Marcatto e Domenico Modugno, o público adulto das cidades brasileiras — cuja origem de filhos de imigrantes começava a aparecer em muitos sobrenomes — contava com boas possibilidades de escolha, se se considerar que ainda havia os tangos argentinos das orquestras de Canaro e Fresedo e os fados portugueses de Amália Rodrigues.

Essa produção diversificada — que implicava, necessariamente, a multiplicação de custos industriais — iria sofrer, no entanto, um drástico corte quando da entrada no mercado, a partir da década de 1950, das novas camadas filhas da explosão demográfica ocorrida no período da guerra [somente a população norte-americana cresceu em 30 milhões entre 1950 e 1960[12]], levou a indústria de bens de consumo a configurar um novo perfil de comprador: o jovem.

Através do artifício de tomar a parte pelo todo — os novos integrantes das camadas da classe média dos grandes centros de todo o mundo, principalmente dos Estados Unidos e Europa, pas-

---

[12] Durante esse chamado *baby boom* ocorrido de 1945 a 1960, a taxa de natalidade cresceu nos Estados Unidos de 17,2% de período imediatamente anterior à guerra para 25%, chegando a média de crianças por casal ao nível recorde de 3,7 em 1957.

sam a ser encarados como categoria a parte — os teóricos dos *media* a serviço do sistema capitalista criam o estereótipo que, tomado como coisa em si, iria dispensar considerações em torno das condições de classe: a figura do jovem. Assim, por exemplo, como a revolta contra o recrudescimento das atividades bélicas provocado pela guerra-fria partia desde a década de 1950 exatamente da elite dessas novas camadas de jovens da classe média encastelada nas universidades nos Estados Unidos, Alemanha, Inglaterra, Bélgica, França e Itália, foi possível interpretar tais agitações estudantis — que teriam o seu clímax na revolta de maio de 1968 em Paris — não como uma crise institucional, surgida dentro da própria cúpula do sistema capitalista, mas de um conflito de princípios éticos entre gerações. E era graças a esse esperto desvio que se conduzia o problema, desde logo, do campo da insurreição política para o da revolução cultural.

Ora, como uma das faces do inconformismo desses jovens da classe média dos países mais ricos do mundo capitalista foi a adesão, na área da música popular, a um ritmo negro-americano que expressava sua marginalidade dentro da mesma sociedade posta em questão, foi sob a inspiração dessa música — o *rhythm and blues* transformado em *rock'n roll* pelos brancos revoltados — que se instituiu a partir da década de 1950 o padrão sonoro destinado a configurar uma música particular do inconformismo jovem.

Assim foi que, desde 1955, quando explode no Brasil com a exibição do filme *Sementes de Violência (Blackboard Jungle)* e em 1956 a novidade do *rock'n roll* do "Rock Around the Clock" com Bill Haley And His Comets, instala-se oficialmente com o novo gênero a chamada Música da Juventude: o ritmo "jovem" destinado a expulsar dos meios de difusão durante a década de 1960 não apenas as músicas de dança e as canções do variado repertório internacional vindo do período da guerra, mas dos próprios gêneros nacionais dos choros, marchas, baiões, batucadas e sambas — inclusive os de bossa nova das próprias elites universitárias locais, como logo se comprovaria.

A nova estratégia de mercado inauguradora do império dos *media* na área da grande indústria internacional do som iria ser favorecida, no Brasil, por uma circunstância cultural particular que se ajustava sob medida para o efeito. É que, como a aceleração do crescimento vegetativo da população se dera desde a Segunda Guerra em coincidência com o processo de concentração industrial em áreas urbanas limitadas, a maior parte dos jovens destinados a ingressar na vida citadina era filha de gente migrada da área rural e, portanto, sem maiores identificações com as tradições urbanas locais.[13]

Ora, como a maior parte desses adolescentes, enquanto filhos de camadas baixas da classe média (as chamadas classes B e C das medições para pesquisas de mercado), se localizava na periferia das grandes cidades — principalmente São Paulo e Rio — seu ideal era parecer "jovem da cidade", o que os levava a desejar identificar-se com as novas gerações da classe média mais antiga, cuja tradição fora sempre a de contemplar-se no equivalen-

---

[13] Esse fenômeno traduziu-se em apenas vinte anos na mudança substancial da estrutura social brasileira, com os estudos de mobilidade social indicando, em 1973, acelerado crescimento das faixas de classe média (principalmente as de base — baixo-inferior, baixo-superior e médio-superior), como mostraria o economista Celso Pastore, da Universidade de São Paulo, em artigo intitulado "Mobilidade social no Brasil" (in jornal *O Estado de S. Paulo*, de 24 de setembro de 1978, p. 63), em que concluía: "Dentre as transformações mencionadas [as de estrutura ocupacional], a migração rural-urbana e a educação parecem ter desempenhado um papel importante na aceleração da mobilidade social. O seu principal impacto foi justamente na promoção de indivíduos engajados em ocupações de baixa qualificação na zona rural (lavradores, pescadores, seringueiros, etc.) para ocupações em *status* mais altos. Em decorrência da conjugação dessas mudanças assistimos a uma ampliação relativamente acelerada da classe média brasileira, especialmente nas zonas urbanas" (art. cit.). O autor lembrava ainda que "os pais que já estavam nas cidades conseguiram fazer com que seus filhos percorressem maiores distâncias sociais e ingressassem, em grande número, nos três, estratos da classe média" (*ibidem*).

te de seu grupo nos países mais desenvolvidos, particularmente nos Estados Unidos.

A história desse ajustamento cultural, através da música de consumo, agora mercadologicamente produzida com endereço certo — a massa "jovem" das cidades e sua periferia — começou efetivamente em meados da década de 1950 com o advento da novidade do *rock'n roll* branco-comercial divulgado por Elvis Presley, Paul Anka, Neil Sedaka e Pat Boone. Numa sequência cuja cronologia não deixava dúvida quanto à movimentação dos interesses de gravadoras e editoras de música na preparação do "fenômeno", já em fins de 1955 — aproveitando a repercussão do lançamento do filme *Blackboard Jungle (Sementes de Violência*, no Brasil), a cantora Nora Ney grava em disco Continental a versão de "Rock Around the Clock" sob o título de "Ronda das Horas", e que sairia à venda quase simultaneamente com outra gravação instrumental da mesma música em disco Columbia, sob igual título, pelo acordeonista Frontera. O sucesso imediato do "hino oficial do rock'n roll" (como definiu o "Rock Around the Clock" o jornalista Roberto Muggiati em seu livro *Rock: o grito e o mito*) levou à publicação de sua letra em inglês no número de setembro da revista *Música & Letra*, fazendo eco, aliás, ao lançamento da gravação original de Bill Haley no Brasil em selo Decca. Assim, em pouco tempo começaram a surgir as imitações nacionais, entre as quais algumas risíveis, como a do conjunto Os Cometas (réplica dos Comets de Bill Haley) aparecida em abril de 1957 sob selo Odeon com os *rocks* "Não Pise no Sapato" e "Ski-Rock-Ski-Rock", trazendo a indicação: Louis Oliveira and Friends. Essas e outras gravações isoladas, surgidas ainda em 1957 — inclusive o "Enrolando o Rock", lançado no filme *Absolutamente Certo*, de Anselmo Duarte, e levado ao disco pelo cantor Cauby Peixoto — constituíram como que o prelúdio do aparecimento, em inícios de 1958, dos primeiros discos da dupla de cantores que iria firmar, de uma vez por todas, o rock branco-comercial no Brasil: os irmãos interioranos paulistas de Taubaté, Celly e Tony Campello. Seria o sucesso desses primeiros roqueiros na interpretação de versões brasileiras de *hits* do gênero nos Estados Unidos que iria marcar o advento de um novo tipo de ídolo: o cantor de "música juventude" venerado pela nova geração americanizada, e que em inícios da década de 1960 encontraria sua figura definitiva em outro moço saído do interior em busca de fama na cidade, o cantor Roberto Carlos, o futuro Rei do iê-iê-iê.

O aparecimento do iê-iê-iê de Roberto Carlos e seu parceiro Erasmo Carlos, que reproduzia no Brasil, de forma empobrecida, a baladização do *rock'n roll* norte-americano em sua versão europeia promovida pelo grupo inglês The Beatles (o nome iê-iê-iê vinha dos gritos "yeah yeah yeah" dos Beatles na interpretação da canção "She Loves You") aconteceu às vésperas do golpe militar de 1964 — ainda através de versões de sucessos comerciais como "Splish, Splash", de Bob Darin, em 1962, e "O Calhambeque", de Loudermilk, de 1963, mas sua consolidação configurada no lançamento do programa *Jovem Guarda* na televisão paulista, em setembro de 1965, foi contemporânea do estabelecimento definitivo do poder fardado pelo Ato Institucional nº 2, que em outubro extinguiria os partidos políticos.

A canalização das expectativas das faixas mais jovens dos filhos dos vários grupos da classe média das cidades para um tipo de interesse fora da área política constituiu, realmente, uma preocupação do governo militar. É que, desde o período do deposto presidente João Goulart, a parte mais ativa das forças de esquerda era representada no Brasil por uma *intelligentsia* de artistas, jornalistas, intelectuais e políticos quase toda formada em movimentos estudantis surgidos à volta de centros e diretórios acadêmicos, que funcionavam como fornecedores de líderes ao órgão central da UNE (União Nacional dos Estudantes). Para desmontar esses núcleos de fermentação político-ideológica marxista formados exatamente no interior da estrutura encarregada de fornecer quadros para o Estado, o governo militar solicitou ainda em 1964 a colaboração dos parceiros americanos através da AID (Agency for International Development), iniciando-se então uma série de acordos de assessoramento para a reforma do ensino "com vista ao desenvolvimento nacional": era o fim dos debates políticos nas escolas e a implantação da tecnocracia destinada a oferecer serviço qualificado às novas necessidades do modelo de economia integrada ao capital internacional.[14]

Ao fazer uso da força para impor essa mudança, respondendo a resistência dos estudantes com a repressão policial, o governo militar iria contar desde o primeiro momento com a oposição da massa estudantil universitária — de onde sairiam logo os vários grupos de guerrilha urbana dos anos 70 — e, assim, todo o seu esforço passou a desenvolver-se no sentido de evitar que as faixas urbanas mais jovens, então recentemente integradas ao ensino de segundo grau, fossem "contaminadas" pela experiência anterior.

Ora, a mobilização dessa massa de jovens, ainda não politizada, no sentido do culto frenético de ídolos fabricados pela indústria do lazer — que começava a envolver o esforço conjunto dos produtores de discos, da rádio, do cinema e da televisão —, revelava-se a calhar para os objetivos do poder militar recentemente instaurado, vindo nesse ponto unir ademais o interesse político do Estado ao interesse econômico. É que, com a criação da categoria *jovem*, indústria e comércio baixavam a idade de ingresso dos compradores no mercado, abrindo assim perspectivas para a produção de novos tipos de bens de consumo destinados aos interesses e expectativas que os modernos profissionais da publicidade se encarregariam de detectar e estimular. Desta forma, quando a figura do jovem interiorano Roberto Carlos desponta, no Rio de Janeiro, dentre os demais intérpretes de versões de música norte-americana da moda, como o mais capaz de per-

---

[14] Pormenores sobre como os acordos MEC-USAID permitiram entre 1964 e 1968 essa mudança de orientação, logo traduzida na redação da nova Lei de Diretrizes e Bases da Educação, podem ser encontrados no livro da professora Otaíza de Oliveira Romanelli *História da educação no Brasil (1930-1973)*, da Editora Vozes, de Petrópolis, Rio de Janeiro.

sonificar o estereótipo fabricado pela indústria — seu quarto LP, de 1964, já tinha como título *Roberto Carlos Canta para a Juventude* —, uma série de circunstâncias convergentes levaram a elegê-lo para o papel esperado. Porém não no Rio, mas em São Paulo, para onde se deslocara o eixo da economia brasileira após a concentração em sua área das grandes indústrias internacionais.

O empreendimento foi facilitado, desde logo, por um acontecimento fortuito, mas de importância decisiva no caso: sob a alegação de que a transmissão dos jogos do campeonato local de futebol pela televisão esvaziava os estádios, os clubes paulistas haviam resolvido naquele mesmo ano de 1965 proibir o televisamento ao vivo, o que deixava de repente as emissoras sem alternativa de programação para as tardes de domingo. Exatamente nessas tardes domingueiras em que toda a família se encontrava em casa (inclusive os filhos menores que se entediavam e se sentiam presos) a audiência das emissoras caiu, e as pesquisas passaram a indicar um alto índice de aparelhos de televisão desligados naquele horário. Assim, como tal imprevisto se dava no mesmo momento da ascensão artístico-comercial do cantor Roberto Carlos, os responsáveis pela empresa de publicidade Magaldi, Maia & Prosperi, já ligados à sua promoção, negociaram com o empresário Paulo Machado de Carvalho, da cadeia de rádio e televisão Record-Canal 7, de São Paulo, o uso do horário de domingo para a transmissão de um programa a ser liderado por seu artista, e dirigido àquele público potencial de compradores dos novos artigos destinados a jovens de baixa faixa etária.[15]

Concebido como promoção global, envolvendo interesses artísticos (da figura de Roberto Carlos e seus parceiros de programa, o compositor Erasmo Carlos e a cantora Vanderleia, de

---

[15] Os principais episódios envolvendo a criação deste programa de televisão que abrigava em seu nome, *Jovem Guarda*, o do próprio movimento (o programa estendeu-se de 1965 a 1969) foram resumidos pelo jornalista Rui Martins em seu livro *A rebelião romântica da Jovem Guarda*, edição Fulgor, São Paulo, 1966.

seus shows em clubes sociais, etc.), editoriais, fonográficos e de comércio paralelo [venda de roupas — camisetas, calças, saias, blusas, bolsas, sapatos, botas e artigos escolares — sob a marca registrada Calhambeque, que aproveitava o sucesso da música de 1963[16]] a criação do programa *Jovem Guarda* incluía a realização de pesquisas especializadas de mercado, inclusive para indicar com que palavras e gestos o ídolo devia dirigir-se a seu público. A concordância do cantor para essa encenação artístico-comercial foi fácil de obter, pois Roberto Carlos, então com vinte e dois anos, sobre declarar que seus sonhos giraram desde cedo em torno de "dinheiro e glória", apresentava uma qualidade pessoal indispensável para o sucesso do empreendimento, inclusive no campo ideológico, que era no momento o que mais interessava ao poder militar: alheio em princípio à política por seu individualismo, era por isso mesmo com os conservadores e oportunistas que mais se identificava. E isso o próprio Rei da Juventude cultivador do iê-iê-iê descomprometido deixaria claro, em 1970, em entrevista ao jornal *Última Hora*, de São Paulo, através do diálogo com o repórter com quem conversava sobre as responsabilidades de sua liderança como artista de massa:

"*UH* — Mas existem outras responsabilidades... A definição política, por exemplo.
RC — Eu nunca quis saber de política. Não gosto de falar do que não conheço. Meu negócio é música.

---

[16] Os interesses comerciais em torno do movimento da Jovem Guarda eram assim descritos por Rui Martins em seu citado livro *A rebelião romântica da Jovem Guarda*: "Não é a agência de publicidade quem fábrica os produtos 'Calhambeque', ela apenas cede o uso da marca às indústrias interessadas, mediante o pagamento de *royalties*. Para a confecção de calças, por exemplo, é cobrado um *royalty* por dois metros de tecido utilizado. O tecido é fabricado por uma indústria com exclusividade para a Magaldi, Maia & Prosperi" (*op. cit.*, pp. 52-3).

UH — Mas é impossível que você nunca tenha pensado em política?
RC — Quando estou com meus amigos, às vezes discutimos política e até brigamos por causa dela. Mas é só em casa, na rua não.
UH — E nestas discussões com amigos, qual é a sua posição política: direita, centro ou esquerda?
RC — Direita, é claro."[17]

O sucesso do programa *Jovem Guarda* da TV Record e as vendas de discos de iê-iê-iê revelaram-se tão retumbantes na segunda metade da década de 1960, que iria ser no oportunismo de seu líder, o cantor Roberto Carlos, que os arrivistas do grupo baiano infiltrado na área dos artistas de classe média universitária carioca e paulista (ainda presos às preocupações nacionalistas do tempo dos movimentos culturais da UNE) iriam inspirar-se para a guinada "universalista" de 1968 que abriria campo à entrada das guitarras elétricas do rock naquele último reduto de conscientização política.

Assim, a partir da década de 1970, com a dispersão dos últimos grupos de artistas de nível universitário dedicados a uma produção de som brasileiro com algum acesso aos meios de divulgação (os seguidores da bossa nova e cultivadores de música instrumental ou de canções com características nacionais), efetua-se a ocupação final de todos os espaços ligados à música popular urbana no Brasil pelo ritmo americano da moda. Essa dominação na área das formas de lazer coincidia, aliás, naquele momento, com a chegada ao ponto mais alto da curva de crescimento da indústria do som e de instrumentos eletroeletrônicos nos países responsáveis pela exportação das modas musicais. Ao mesmo tempo em que, na Inglaterra, o presidente da EMI (depois

---

[17] Entrevista concedida por Roberto Carlos ao repórter Tato Taborda, publicada sob o título "Enfim: o Rei se define!", no jornal *Última Hora*, de São Paulo, de 14 de junho de 1970, pp. 8-9.

EMI-Odeon), Joseph Lockwood, anunciava em 1967 que apenas sua organização produzia discos em quarenta fábricas em vinte e seis países (fora vendas diretas de produtos e serviços a duzentos clientes espalhados pelo mundo), nos Estados Unidos — onde naquele mesmo ano os discos dobravam de preço: de 3,70 para 7 dólares —, as vendas de discos atingiam entre 1965 e 1970 o volume de 2 bilhões de dólares. E a indústria do som, em geral — estimulada pela novidade dos festivais de rock ao ar livre (em 1967 no monte Tamalpais, próximo a São Francisco, em 1968 em Newport e em 1969-1970 em Monterrey, ilha Wight e Woodstock) —, direcionava seus investimentos para a área do instrumental musical eletrônico e dos equipamentos sonoros, que logo se contaria por toneladas nos noticiários de imprensa. De fato, quando em fevereiro de 1973 se noticiou a realização em Londrina, no estado do Paraná, a realização de uma das primeiras imitações brasileiras dos "concertos" de *rock* ao ar livre norte-americanos — a denominada 1º Colher de Chá, realizada em um clube de campo situado em Cambé, um quilômetro fora da cidade — uma das atrações era o equipamento de "quase quatro toneladas de som" a ser instalado sobre um palco de quinze metros de frente e sete metros de fundo, ao lado do qual se ergueriam duas torres providas de plataformas para sustentar aparelhagem com potência equivalente a cinco mil watts.[18]

Pois, pouco mais de uma década passada, quando em janeiro de 1985 — o Ano Internacional da Juventude — se realizou no Rio de Janeiro a promoção denominada Rock in Rio, o equipamento montado para garantir o alcance dos sons em uma área de 250 mil metros ("quase três vezes a do Coliseu de Roma") era 25 vezes maior. Ou, conforme revelava o anúncio de duas páginas do evento no jornal O *Estado de S. Paulo*:

---

[18] Os dados divulgados na reportagem "Cambé: o rock também terá cor local", publicada à p. 11 do *Novo Jornal*, de Londrina, Paraná, de semana de 28 de janeiro a 4 de fevereiro de 1973.

"Através de 70 mil watts de som e 100 toneladas de equipamento, você vai ouvir tudo o que estes superastros têm a dizer e mostrar. Esta incrível parafernália de som, juntamente com equipamentos de luz, vão consumir tanta energia quanto uma cidade de 30 mil habitantes (3.500 KVA)."[19]

Ao advento dessa "parafernália" de instrumentos musicais eletroeletrônicos e de aparelhos reprodutores de som e de efeitos de iluminação ("144 refletores, metade dos quais dotados de filtros coloridos que despejarão sobre a plateia um verdadeiro arco-íris de luz"/ "o que permitirá filmagem, pela primeira vez, também da plateia [...]"), somar-se-iam como aliados da dominação do mercado de música popular do país importador, pela segunda metade dos anos 80, as novidades tecnológicas dos *videoclips* (imagens sobre fundo musical destinadas a "vender" pela televisão os "sucessos" que o consumidor encontrará no mercado em

---

[19] O anúncio sob o título "Rock In Rio" foi publicado ocupando as pp. 8 e 9 da edição de domingo, 14 de outubro de 1984, do jornal *O Estado de S. Paulo* (o que demonstrava a intenção de atrair o público de outros estados da federação para o espetáculo internacional programado para o Rio de Janeiro) acrescentava ainda que haveria no local "dois shopping centers, cada um com 15 lojas, onde você poderá comprar de tudo (Brahma, Souza Cruz, Nestlé, MacDonald's, Bob's, Sears, Kibon, Hollywood, Sport Line, Mabra, CBS, WEA, Odeon, Sigla, Santa Rosa, Cantão 4, Wrangler, Chaika, Omino, Colmar, Reproman, Big Pizza, Jean Marcell, Cupin Minas, Farina, Café MM, Spaguett's, Grupo Mundi, Smuggler, New Wave e Mister Pizza)". A relação dessas empresas envolvidas no evento era a demonstração perfeita da dominação econômico-cultural traduzida no espetáculo. Principalmente quando se observa que, mesmo no caso de firmas com nomes em português, estes acobertam muitas vezes monopólios estrangeiros, como é exemplo, na relação citada, a fábrica de cigarros Souza Cruz há muitos anos incorporada no Brasil à British American Tobbaco Co. Ltd., rival da americana Phillip Morris Inc. na exploração industrial e comercial de fumo e cigarros no país.

fitas e discos, muitos destes já gravados em som digital com leitura por raios laser), e das fitas de vídeo através das quais as mensagens do exportador podem ser assimiladas confortavelmente em casa, em companhia da família.

Os efeitos dessa ocupação dos meios de comunicação brasileiros pelas modas musicais produzidas nas matrizes exportadoras do capital e da tecnologia de ponta na área do lazer tornaram-se óbvios logo após a realização simbólica desse festival de rock de 1985 programado para as vésperas do Carnaval, que constituíra até então o último evento urbano popular para o qual se produzia música específica, segundo a tradição centenária da festa. Ante a comprovação de que não sobraria espaço na imprensa, rádio ou televisão para a divulgação de notícias ou músicas ligadas ao Carnaval que se realizaria em fevereiro (todos os veículos de comunicação desde fins de 1984 só focalizavam o próximo festival de rock), "artistas brasileiros [...] impressionados com a invasão de músicas estrangeiras no Brasil" — como noticiava o jornal *O Estado de S. Paulo* de 1º de dezembro de 1984 à p. 18 — tentaram organizar um festival de "resposta" ao Rock in Rio que se chamaria Desperta Brasil, o que naturalmente não chegou a acontecer por falta absoluta de meios e recursos.

O saldo da grande promoção comercial da indústria do lazer internacional resultou, assim, tão favorável à consolidação da onda do rock no Brasil, que um leitor escreveria no ano seguinte à seção "Recado dos leitores" do jornal *O Estado de S. Paulo* (aliás, com entusiasmo):

> "O cenário musical brasileiro foi dividido até agora nos anos 80 em duas fases: pré-Rock in Rio e pós-Rock in Rio. Depois do memorável festival, descobriu-se que, na terra do samba, o rock poderia vender como banana."[20]

---

[20] Carta do leitor Nelson Fragoso, da capital de São Paulo, publicada

De fato, de nada adiantariam os protestos dos artistas representantes da cultura dominada pois, no ano seguinte, novamente às vésperas do Carnaval (o que servia para comprovar já agora a intenção consciente de ocupação do último espaço dedicado à produção de música urbana brasileira), os jornais voltavam a anunciar a realização, no próprio local construído pelo Estado no Rio de Janeiro para os desfiles das escolas de samba, de um Hollywood Rock, destinado a reunir astros internacionais e "bandas" de roqueiros nativos, e para o qual eram postos à venda duzentos e quarenta mil ingressos.[21]

Dominado, pois, o mercado de música popular no Brasil pelos ritmos periodicamente postos em voga pelas matrizes produtoras de modas comerciais — o *reggae* e o *funk* da virada das décadas de 1960-1970, o *heavy metal*, o *punk* e o *new wave* dos anos 70, e, já na década de 1980, o *tecnopop*, o *break*, o *rap* e o *hip hop* — graças à sua reprodução dentro do rock brasileiro produzido por centenas de bandas (inclusive em camadas populares da periferia das cidades industriais), as criações ligadas a constantes culturais regionais passaram a constituir, praticamente, uma atividade clandestina no país.

Realmente, excetuados os chamados gêneros sertanejos — a antiga música caipira da área de penetração centenária da viola transformada em produto de consumo para gente de origem rural, e que continuaria a ter compradores sem promoção comer-

---

na seção "Recado dos leitores" do Caderno 2 do jornal O *Estado de S. Paulo* de 4 de setembro de 1986, p. 2.

[21] O título de uma das reportagens publicadas na imprensa anunciando as repercussões do evento entre os "prejudicados" tinha por título a comprovação irônica da inutilidade da reação: "Sambistas se articulam para reagir contra a realização do Hollywood Rock na Apoteose — Rock deixa o samba doido". A reportagem, assinada por José Carlos Rego, foi publicada à p. 3 do Segundo Caderno do jornal O *Globo*, do Rio de Janeiro, de 3 de janeiro de 1988.

cial (os artistas "sertanejos" exibem-se diretamente a seu público em circos, pelo interior) —, todos os demais gêneros urbanos foram progressivamente esquecidos ou passaram a reaparecer apenas periodicamente, como "ondas" momentâneas. Assim foi que, à maneira que desapareciam as músicas "de época" — a exemplo das músicas de Natal, de São João e de Carnaval (reduzida aos sambas de enredo anuais das escolas de samba do Rio e de São Paulo) —, assistiu-se na década de 1970 às vogas nacionais do carimbó paraense (através do sucesso conseguido de 1973 a 1976 no centro-sul pelo grupo do antigo sargento de polícia Pinduca, cujas músicas passariam ao repertório de cantores urbanos, como a carioca Eliana Pittman); do estilo choro em 1973 (em fenômeno equivalente ao *revival* do *jazz* primitivo nos EUA, na década de 1940), e cujo ponto alto seriam os festivais pela TV Bandeirantes, de São Paulo, em 1977 e 1978; e, finalmente, a partir de meados da década de 1980, dos sambas à base de estribilhos improvisados das velhas rodas de partido alto (que nunca deixaram de ser cultivadas entre as comunidades urbanas negro-brasileiras), agora como produção para o disco sob o novo nome genérico de pagode.

Ao lado dessas explosões eventuais de um ou outro gênero ou estilo de música urbana realmente brasileira, irrompidas como modas temporárias ao sabor dos interesses da indústria do disco, todas as demais criações classificadas como "brasileiras" surgidas pelo correr da década de 1980 — principalmente durante o Carnaval baiano — viriam comprovar apenas a extensão da penetração que os ritmos de massa internacionais alcançavam entre as próprias camadas populares. Assim, da mistura de ritmos do Caribe, como o merengue, a salsa e o *reggae* (este muito divulgado entre as camadas urbanas do Maranhão desde meados da década de 1970), surgiriam a partir de inícios dos anos 80 em Salvador as novidades da lambada, do deboche, do ti-ti-ti (com movimentos de corpo imitando danças de índios americanos), da dança da galinha e, finalmente, em 1988, da dança do pezinho ou dança do macaco, com influência do *twist*.

Divulgadas durante o Carnaval baiano pelos grupos de música eletrificada montada sobre caminhões repletos de caixas acústicas de ampla potência — os denominados trios elétricos surgidos na década de 1940 realmente como trios de músicos populares, mas a partir da década de 1980 transformados em bandas de *rock* —, tais novidades eram feitas para durar apenas uma temporada, pois a expectativa ficou sendo a do aparecimento de nova moda a cada ano. Apesar de descartável, porém, essa música vinha desempenhar um papel a serviço da indústria do consumo, ao abafar com a estridência de sua amplificação elétrica os sons dos cantos e o ritmo de percussão dos grupos afro-baianos dos afoxés tradicionais dos Carnavais de Salvador.

Na verdade, o que tais "novidades" vinham comprovar, afinal, era a instauração definitiva da divisão internacional do trabalho na área do lazer ao comando das grandes indústrias do som já no limiar da década de 1990 posta em prática sob dupla modalidade: a do aproveitamento de ritmos populares locais como matéria-prima destinada à elaboração na matriz (caso do uso de "sons brasileiros" por artistas como Paul Simon e David Byrne nos Estados Unidos, ou do lançamento da lambada na França em meados de 1989 como "produto" registrado pela BM Éditions de Paris), e a do recrutamento de músicos e compositores brasileiros para gravar em estúdios americanos. Uma realidade de dominação cujo lado trágico para a cultura espoliada mais se acentuava ante o dado cômico de os artistas explorados ainda se sentirem honrados com o seu uso, apesar da clareza com que os verdadeiros motivos econômicos aparecem nas próprias notícias que lhe anunciam as "conquistas", como nesta correspondência enviada ao jornal *Folha de S. Paulo* de Nova York:

> "Terminou na terça-feira a primeira fase de gravação do novo LP de Caetano Veloso. A gravação — que durou um pouco mais de três semanas — foi realizada nos estúdios da Nonesuch Records, de Nova York, e Caetano retornou ao Brasil na quarta-feira. O

cantor evitou receber a imprensa em toda a fase de gravação. O disco ainda não tem título definido e é uma coprodução da Polydor brasileira [sic] e da Nonesuch Records dos EUA. Os produtores responsáveis pela gravação são Arto Lindsay e Peter Scherer, músicos que compõem a banda Ambitious Lovers. A partir de agora haverá uma sessão de gravação no estúdio da Polygram no Brasil, em janeiro, e uma sessão final para mixagem nos EUA, em fevereiro. Segundo Michael Knuth, agente de Arto Lindsay que também está envolvido na produção do disco de Caetano, parte das gravações estão sendo feitas nos EUA 'porque os músicos moram por aqui e, também, por motivo de qualidade'."[22]

Um claro exemplo, como se vê, de subordinação do artista criador, pelo princípio da divisão internacional do trabalho, aos interesses da economia industrial, cuja verdadeira consequência cultural só o triunfo final de um longo processo de lavagem cerebral não permite enxergar em outras notícias do dia a dia, como esta distribuída à imprensa brasileira pela fábrica de discos norte-americana CBS sob o título "Freddie Mercury e as influências brasileiras no 1º LP":

"O primeiro álbum-solo de Freddie Mercury para a CBS — *Mr. Bad Guy* — traz um dos melhores repertórios e alguns dos mais brilhantes arranjos de sua carreira como vocalista e compositor do grupo Queen.

---

[22] "Caetano encerra fase da gravação do novo LP nos EUA", do correspondente da *Folha de S. Paulo* em Nova York, Fernando Rodrigues, à p. 3 do caderno Ilustrada da edição de 2 de dezembro de 1988 do jornal. Em sua correspondência o jornalista anunciava ainda que "em uma das canções Caetano teve a parceria de Peter Scherer e de Arto Lindsay".

A faixa que começa a obter excelente execução nas rádios brasileiras é "I Was Born to Love You" (Nasci para te amar), com um andamento superdançante que, com o apoio de instrumentos eletrônicos, internacionaliza nossa marchinha."

E assim, enquanto para orgulho da classe média colonizada as multinacionais do disco passavam a internacionalizar os sons brasileiros a partir de suas matrizes — da mesma maneira como os banqueiros já vinham internacionalizando o resultado do trabalho de milhões de brasileiros, sob a forma de cobrança de uma dívida de bilhões de dólares —, as camadas mais humildes, herdeiras de um *continuum* cultural de quase cinco séculos, continuavam a bater vigorosamente por todo o país os seus bombos no compasso tradicional do 2/4, à espera de sua vez na História, talvez no século XXI.

FONTES E BIBLIOGRAFIA

Documentos

"Alvará de 23 de setembro de 1709 do Rei D. João V para o Capitão Geral de Pernambuco Sebastião de Castro e Caldas", in *Anais da Biblioteca Nacional*, vol. 28, de 1906, Rio de Janeiro, Oficina Tipográfica da Biblioteca Nacional, 1908.

As vozes Desassombradas do Museu 1 — Pixinguinha — João da Baiana — Donga, Rio de Janeiro, Secretaria de Educação e Cultura — Museu da Imagem e do Som, 1970.

Carta de Pero Vaz de Caminha a El-Rei D. Manuel. Transcrição em apêndice sob a indicação "Documentos", no vol. 1 da *História Administrativa do Brasil*, Rio de Janeiro, Departamento Administrativo do Serviço Público — Serviço de Documentação, 1956.

Correspondência da Corte, 1780-1781, documento de fls. 2ª verso. Acervo da Biblioteca do Estado de Pernambuco, transcrito na íntegra por Smith, Robert C. no estudo "Décadas do Rosário dos Pretos. Documentos das Irmandades", revista *Arquivos* nºs 1-2, Recife, Divisão de Documentação e Cultura, 1945-1951.

Leite, Serafim, *Cartas dos Primeiros Jesuítas do Brasil*, São Paulo, Comissão do IV Centenário da Cidade de São Paulo, 3 vols., 1954.

Primeira Visitação do Santo Ofício às Partes do Brasil — Denunciações e Confissões de Pernambuco, 1593-1595, primeira edição conjunta fac-similada das edições de 1929 das "Denunciações de Pernambuco, 1593-1595" e da de 1970 das "Denunciações de Pernambuco, 1594-1595", Recife, Universidade Federal de Pernambuco/Fundação do Patrimônio Histórico e Artístico de Pernambuco (Fundarpe), 1984.

Depoimentos de pioneiros dos ranchos e do samba ao autor

João da Baiana (João Machado Guedes, Rio de Janeiro, 17/5/1887-12/1/ 1974): I — entrevista concedida em sua residência (quarto de fundos da casa de número 63 da Rua Gonzaga Duque, no subúrbio de Ramos, Rio de Janeiro), no dia 21 de julho de 1971 (duas horas de gravação); II — entrevista concedida no Retiro dos Artistas, em Jacarepaguá, no Rio de Janeiro (então Estado da Guanabara), no dia 8 de janeiro de 1972 (uma hora de gravação).

Donga (Ernesto Joaquim Maria dos Santos, Rio de Janeiro, 5/4/1989-25/8/ 1974): entrevista concedida em sua residência, no bairro carioca de Aldeia Campista no dia 19 de maio de 1973 (duas horas de gravação).

Getúlio Marinho (Amor) (Getúlio Marinho da Silva, Salvador, 15/11/1889- -Rio de Janeiro, 31/1/1964): entrevista concedida em sua residência — cômodo único no casarão do II Império transformado em habitação coletiva — na Rua dos Inválidos, esquina com Rua Riachuelo (apontamentos manuscritos).

Pixinguinha (Alfredo da Rocha Viana Filho, Rio de Janeiro, 23/4/1897-17/ 2/1973): entrevista concedida em seu apartamento no conjunto residencial dos músicos, no subúrbio carioca de Inhaúma, no segundo semestre de 1971 (apontamentos manuscritos).

Discografia

Discografia Brasileira 78 rpm — (1902-1964), 4 vols., Rio de Janeiro, Edição Funarte, 1982.

Literatura de cordel (teatro e outros)

Anatómico Jocoso,/ Que Em Diversas Operaçõens/ manifesta a ruindade do corpo humano, para emenda do vocioso, Lisboa, Na Officina do Doutor Manuel Alvarez Solano, 1755 (1º vol.) e 1758 (2º e 3º vols.).

Diário histórico das celebridades, que na Cidade da Bahia se fizerão em acção de graças pelos felicíssimos casamentos dos Sereníssimos Senhores Príncipes de Portugal e Castela... Escrito pelo licenciado José Ferreira de Matos tesoureiro mór da mesma Sé da Bahia, Lisboa Ocidental: Na Oficina de Manoel Fernandes da Costa, Impressor do Santo Ofício, 1729. Folheto da Coleção Barbosa Machado da Biblioteca Nacional do Rio de Janeiro.

Entremez Intitulado Os Cazadinhos Da Moda, de Leonardo José Pimenta e Antas, Lisboa, Na Of. Patr. de Francisco Luiz Ameno, 1784.

Novo E Divertido Entremez Intitulado o Contentamento dos Pretos por Terem a Sua Alforria. Lisboa, Na Offic. de Domingos Gonsalves. Anno MDCCLXXXVII (1787).

Entremez ou Novo Drama Intitulado Raras Astúcias de Amor. Por Henrique de Sousa, e Almeida, Lisboa, 1791.

Folheto de Ambas Lisboas nº 7, sexta-feira, 6 de outubro de 1730. Na oficina da Música, in vol. VI da série de folhetos encadernados sob o título geral de *Provas e Suplemento à História Anual Cronológica, e Política do Mundo, e principalmente da Europa, etc*. Arquivo Nacional da Torre do Tombo (ANTT).

Lira do Trovador — Coleção de Modinhas, Recitativos, Lundus, Canções, etc., 3ª ed., Rio de Janeiro, Livraria de J. G. de Azevedo, Editor, 1896.

Monólogos e Cançonetas, 1º vol. da série "Biblioteca do Amador Dramático — Coleção de poesias dramáticas, monólogos, cançonetas, lundus, duetos, tangos, etc., etc.", 1899.

Triunfo Eucharistico Exemplar da Christandade Lusitana, por Siman Ferreira Machado, fac-símile in *Resíduos Seiscentistas em Minas — Textos do Século de Ouro e as Projeções do Mundo Barroco*, de Afonso Ávila, vol. 1, Belo Horizonte, Centro de Estudos Mineiros, 1967.

Relaçam Curiosa de Várias Cantiguas em Despedidas, da Corte para O Dezerto, s/ed. ou data, mas graficamente identificável como da segunda metade do século XVIII.

Relação da fofa que veio agora da Bahia e o fandango de Sevilha, aplaudido pelo melhor som, que há para divertir malancolias e o cuco do amor vindo do Brasil por folar, para quem o quiser comer. Tudo decifrado, na Academia dos Extremosos. Por C. M. N. B. Catalumna. En la Imprenta de Francisco Guevaiz. Exemplar do acervo da Seção de Música da Biblioteca Nacional do Rio de Janeiro.

Viajantes estrangeiros

AVÉ-LALLEMANT, Robert. *Viagem pelo norte do Brasil no ano de 1859*. Rio de Janeiro: Instituto Nacional do Livro, 1959.

BARBINAIS, L. G. de la. *Nouveau voyage au tour du monde*, tome troisième, a Paris, Chez Briasson, Rue Saint Jacques, a la Science, MDCCXXIX (1729).

DALRYMPLE, Major William. *Travels through Spain and Portugal in 1774; with a Short Account of the Spanish Expedition Against Algiers in 1775*. London, MDCCLXXVII (1777).

DEBRET, Jean Baptiste. *Viagem pitoresca e histórica através do Brasil*. São Paulo: Martins, 1940, tomo 1, vol. 2.

FREYCINET, Louis Claude Desaulces. *Voyage au tour du monde... pendant les années 1817, 1818, 1819 et 1820*. Paris: Chez Pillet Aine, Imprimeur-Libraire, 1825, vol. 1.

ETAT PRÉSENT DU ROYAUME DE PORTUGAL. En L'Année MDC CLXVI, A Lausanne, Chez François Grasset & Comp., MDCCLXXV (1775).

COSTA, Pereira da. "Folclore pernambucano", *Revista do Instituto Histórico e Geográfico Brasileiro*, tomo 20, parte 2, Rio de Janeiro, 1908.

KOTZEBUE, Otto Von. *Neue Reise um die Welt, in den Jahren 1823-1826, c'est-a-dire Nouveau voyage au tour du monde, fait par... dans les années 1823 à 1826*, Saint-Petersbourg, 1830. Parte referente ao Rio de Janeiro traduzida por Rodolfo Garcia, *Revista do Instituto Histórico e Geográfico Brasileiro*, Rio de Janeiro, Imprensa Nacional, 1917.

LINDLEY, Tomas. *Narrativa de uma viagem ao Brasil*. São Paulo: Companhia Editora Nacional, Coleção Brasiliana, vol. 343, s/d.

PYRARD DE LAVAL, François. *Voyage de Francis Pyrard de Laval, contenant sa navigation aux Indes Orientales, Maldives, Molusques e au Bresil, etc*. Paris, 1615, parte 2.

TOLLENARE, L. F. *Notas dominicais tomadas durante uma viagem em Portugal e no Brasil em 1816, 1817 e 1818*. Salvador: Livraria Progresso, 1956.

VOYAGE DU DUC DU CHÂTELET, EN PORTUGAL, Seconde Édition a Paris, Chez F. Buisson, Imp.-Lib. An IX (1801).

WALSH, Robert. *Notices of Brazil in 1828 and 1829*. London: Frederic Westley, and A. H. Davis Stationers, Hall Court, 1830, vol. I.

WEECH, Josef Friedrich Von. *Reise über England und Portugal nach Brasilien und den Vereinigten Staaten des Las Plata Stromes Während 1823 bis 1827*, Munique, 1831.

Periódicos (jornais e revistas)

A Renascença — Revista Literária. Redatores Júlio Barbuda, Manuel Brito e Pethion Vilar, Salvador, BA, de 21 de setembro de 1894 a 30 de setembro de 1835, em total de 35 números (coleção do autor).

Brasil — Theatro, Coletânea Pires de Almeida, Rio de Janeiro, de 1901 a 1906 (coleção do autor).

Cine-Rádio-Jornal, diretor-responsável Celestino Silveira, Rio de Janeiro, de agosto de 1938 a 30 de setembro de 1941, em total de 182 números (coleção do autor).

Fon-Fon! Semanário Alegre, Político, Crítico e Esfusiante, Rio de Janeiro, de abril de 1907 a dezembro de 1934 (coleção do autor).

Lanterna Mágica — Periódico Plástico-Filosófico, dirigida por Manuel de Araújo Porto Alegre (ilustrações por Lopes Cabral e Rafael Mendes de Carvalho). Rio de Janeiro, de 1844 a 1845. Acervo da Biblioteca Nacional do Rio de Janeiro.

Phono-Arte — a primeira Revista Brasileira do Phonographo, bimensal, dirigida por J. Cruz Cordeiro Filho e Sérgio Alencar Vasconcelos, Rio de Janeiro, de 1928 a 1930 (coleção do autor).

Vamos Ler, Rio de Janeiro, de novembro de 1938 a fevereiro de 1939, que reproduz uma série de artigos de Mariza Lira sob o título geral de "Relíquias Cariocas".

Música e Letra, Rio de Janeiro, Gráfica Musical S.A., 1956-1966.

Artigos em periódicos

ALMEIDA, Aluísio. "Folclore da banda de música", *Revista do Arquivo Municipal de São Paulo*, vol. CLXXVI, 1960.

ALVES, Marieta. "Música de barbeiros", *Revista Brasileira de Folclore*, Ano VII, n° 17, janeiro-abril, Rio de Janeiro, Ministério de Educação e Cultura — Campanha de Defesa do Folclore Brasileiro, 1967.

AMARAL, José Álvares do. "Resumo cronológico e noticioso da Bahia, desde o seu descobrimento em 1500", Salvador, *Revista do Instituto Geográfico e Histórico*, vol. 28, 1921-1922.

ARAÚJO, Guilherme de. "Capoeiras e valentões do Recife", *Revista do Instituto Arqueológico Histórico e Geográfico de Pernambuco*, n° 145, vol. XI. Recife, 1946.

BAKKER, Múcio Piragibe Ribeiro de. "O poder militar brasileiro: uma visão das suas particularidades", *O Estado de S. Paulo*, 23 de setembro de 1984.

"Cambé: o rock também terá cor local", *Novo Jornal*, Londrina, Paraná, 4 de fevereiro de 1973.

BARRETO, Paulo Thedim. "Casas de câmara e cadeia", *Revista do Patrimônio Histórico e Artístico Nacional*, n° 11, Rio de Janeiro, Ministério da Educação e Saúde, 1968.

CASTRO, Jeanne Berrance de. "A música na Guarda Nacional", Suplemento Literário de *O Estado de S. Paulo*, 31 de maio de 1969.

CORDEIRO, Cruz. "Música popular: pontos de vista. Carnaval de rua", revista *Phono-Arte*, n° 37, Rio de Janeiro, 15 de fevereiro de 1930.

DUARTE, Francisco. "Carnaval, primeiro grito: vida e morte do Deixa Falar, o bloco que deixou escola", *Jornal do Brasil*, Rio de Janeiro, 12 de fevereiro de 1979.

FERREIRA, Ascenso. "Presépios e pastoris", revista *Arquivos* n°s 1-2, Recife, Prefeitura Municipal do Recife, 1943.

GALVÃO, Walnice Nogueira, "MMPB: uma análise ideológica", revista *Aparte 2*, São Paulo, Teatro dos Universitários de São Paulo, maio e junho de 1968.

GARCIA, Antônio. "A festa dos jangadeiros (usanças baianas)", *Revista do Instituto Geográfico e Histórico da Bahia*, n° 48, Salvador, 1923.

IANNI, Otávio. "Exército e nação: a militarização do poder estatal expressa a marcha de uma espécie de contrarrevolução permanente...", Caderno "Folhetim", *Folha de S. Paulo*, 24 de novembro de 1984.

IKEDA, Alberto T. "Apontamentos históricos sobre o jazz no Brasil", revista *Comunicação e Artes*, Escola de Comunicação e Artes da Universidade de São Paulo, vol. 13, 1984.

LIRA, Mariza, "A Glória do Outeiro na história da cidade", artigo da série "Brasil Sonoro", *Diário de Notícias*, Rio de Janeiro, 4 de agosto de 1957.

LUZA, José Soares de. "Um caricaturista brasileiro no Rio da Prata", *Revista do Instituto Histórico e Geográfico Brasileiro*, vol. 227, abril-junho, Rio de Janeiro, 1955.

MARTINS, Mário. "O Penitencial de Martim Perez, em medievo-português", *Lusitânia Sacra*, tomo II.

MELO, João Manuel Cardoso de. "Órfão do Cruzado anuncia: 'Eles vão quebrar o país'", *Gazeta de Pinheiros*, São Paulo, 16 de julho de 1989.

MELO, Mário. "Origem e significado do frevo", *Anuário do Carnaval Pernambucano*, Recife, 1938.

MENDES, Gilberto. "De como a MPB perdeu a direção e continuou na vanguarda", Suplemento Literário do jornal *O Estado de S. Paulo*, 11 de novembro de 1967.

PASTORE, Celso. "Mobilidade social no Brasil", *O Estado de S. Paulo*, 24 de setembro de 1978.

PEIXE, Guerra. "Variações sobre o maxixe", jornal *O Tempo*, São Paulo, 26 de setembro de 1954.

PINTO, Manuel de Sousa. "O lundum avô do fado", revista *Ilustração*, 6 (141), 19 de novembro de 1931, Lisboa.

REGO, José Carlos. "Sambistas se articulam para reagir contra a realização do Hollywood Rock na Apoteose: rock deixa o samba doido", *O Globo*, Rio de Janeiro, 3 de janeiro de 1988.

_____. "Remessa de lucros baterá recorde este ano", *Diário Popular*, São Paulo, 11 de junho de 1989.

RODRIGUES, Fernando. "Caetano encerra a fase de gravação de novo LP nos EUA", *Folha de S. Paulo*, 2 de dezembro de 1988.

SODRÉ, Álvaro. "Os cafés-cantantes", revista *Fon-Fon*, Rio de Janeiro, 26 de julho de 1924.

_____. "O café-cantante", revista *Fon-Fon*, Rio de Janeiro, 14 de fevereiro de 1925.

TABORDA, Tato. "Enfim: o Rei se define!", *Última Hora*, São Paulo, 14 de julho de 1970.

VAZ, Lilian Fessler. "Notas sobre o Cabeça de Porco", *Revista Rio de Janeiro*, nº 2, Niterói, RJ, Edição EDUFF, janeiro-abril de 1986.

VEIGA, Gontran. "O cantar guaiado dos sertões goianos", *Boletim da Comissão Fluminense de Folclore*, ano I, nº 11, abril de 1970.

VICENZI, Djalma de. "Nacionalizando o repertório das bandas militares", revista *Wecco*, nº 2, Casa Carlos Wehrs, Rio de Janeiro, 1931.

Bibliografia

AFONSO RUI. *Boêmios e seresteiros do passado*. Salvador: Livraria Progresso Editora, 1954.

ALMEIDA, Manuel Antônio de. *Memórias de um sargento de milícias*. Rio de Janeiro: Imprensa Nacional, 1944.

AMADO, James. *Obras completas de Gregório de Matos*. Salvador: Editora Janaína Limitada, 7 vols., 1969.

ANDRADE, Ayres de. *Francisco Manuel da Silva e seu tempo, 1808-1865. Uma fase do passado musical do Rio de Janeiro à luz de novos documentos*, Rio de Janeiro, Edições Tempo Brasileiro, 2 vols., 1967.

ANDRADE, Mário de. *Modinhas imperiais*. São Paulo: Martins, 1964.

ARAÚJO, Mozart de. *A modinha e o lundu no século XVIII*. São Paulo: Ricordi Brasileira, 1963.

ASSIS, Machado de. *Crônicas*, vol. 1, Rio de Janeiro: W. M. Jackson, 1938. *Crônicas*, vol. 2, Rio de Janeiro: W. M. Jackson, 1944.

ÁVILA, Afonso. *Resíduos seiscentistas em Minas: textos do Século de Ouro e as projeções do mundo barroco*. Belo Horizonte: Centro de Estudos Mineiros, 2 vols., 1967.

BANDEIRA, Moniz. *Presença dos Estados Unidos no Brasil (dois séculos de história)*. Rio de Janeiro: Civilização Brasileira, 1973.

FERREIRA, Procópio. *O ator Vasques: o homem e a obra*. São Paulo, s/e, 1939.

FERRO, Antônio. *A Idade do Jazz-Band*. Lisboa: Portugália Livraria-Editora, 2ª ed., 1924.

FRANÇA JÚNIOR. *Folhetins*. Rio de Janeiro: Jacinto Ribeiro dos Santos, Editor, 1926.

FRANCESCHI, Humberto de Moraes. *Registro sonoro por meios mecânicos no Brasil*. Rio de Janeiro: Studio HMF, s/d (1984).

FURTADO, Celso. *Uma economia dependente*. Rio de Janeiro: Ministério da Educação e Cultura, s/d.

GONDIN, Eunice Ribeiro. *Vida e obra de Paula Brito*. Rio de Janeiro: Livraria Brasiliana Editora, 1965.

GUIMARÃES, Francisco ("Vagalume"). *Na Roda do Samba*. Rio de Janeiro: Tipografia São Benedito, 1933.

JOÃO DO RIO. *A alma encantadora das ruas*. Rio de Janeiro: Editores Garnier & Cia., 1908.

_____. *Cinematógrafo (Cenas cariocas)*. Porto: Livraria Chardron, de Lello & Irmão, 1909.

JOTA EFEGÊ (pseudônimo de João Ferreira Gomes). *Figuras e coisas da música popular brasileira*, vol. 1. Rio de Janeiro: MEC/Funarte, 1978. *Figuras e coisas da música popular brasileira*, vol. 2. Rio de Janeiro: MEC/Funarte, 1980.

_____. *Maxixe: a dança excomungada*. Rio de Janeiro: Editora Conquista, 1974.

_____. *Meninos, eu vi*. Rio de Janeiro: MEC/Funarte, 1985.

KIEFER, Bruno. *A modinha e o lundu*. Porto Alegre: Universidade Federal do Rio Grande do Sul/Editora Movimento, 1977.

LAPA, José Roberto do Amaral. *A Bahia e a Carreira da Índia*. São Paulo: Editora Nacional, Coleção Brasiliana, vol. 338, 1968.

LEITE, Serafim. *Artes e ofício dos jesuítas no Brasil (1549-1760)*. Lisboa: Editora Rio de Janeiro, 1953.

_____. "A música nas primeiras escolas do Brasil", revista *Brotéria*, Lisboa, vol. XLIV, fasc. 4, 1947.

_____. *Introdução do teatro no Brasil*. Lisboa, separata da revista *Brotéria*, vol. XXIV, fasc. 4, abril de 1937.

LIRA, Mariza. *Brasil sonoro: gêneros e compositores populares*. Rio de Janeiro: A Noite, s/d.

_____. *Chiquinha Gonzaga, grande compositora popular brasileira*. Rio de Janeiro: Livraria Jacinto, 1939.

LISBOA, Antônio. *Auto dos Dois Ladrões*. Rio de Janeiro: Instituto Nacional do Livro/Ministério da Educação e Cultura, 1969.

LOBO, Antônio de Sousa Silva Costa. *História da sociedade em Portugal no século XV e outros estudos históricos*. Lisboa: Cooperativa Editora História Crítica, 1979.

LOPES-GRAÇA, Fernando. *Breve ensaio sobre a evolução das formas musicais*. Lisboa: Editorial "Inquérito", Cadernos Inquérito, Série I, Arte III, 1940.

MACEDO, Joaquim Manuel de. *As Mulheres de Mantilha*. Rio de Janeiro: Oficinas Gráficas do Jornal do Brasil, 2 vols., 1931.

_____. *Memórias da Rua do Ouvidor*. São Paulo: Editora Saraiva, s/d (1968).

MAGALHÃES, A. Miranda de. *A alma negra*. Lisboa: Editorial Cosmos, Série Cadernos Coloniais, nº 40, s/d.

MANDER, Raymond; MITCHENSON, Joe. *British Music Hall*. London: Gentry Books, 1974.

MARTINS, Rui. *A rebelião romântica da Jovem Guarda*. São Paulo: Fulgor, 1966.

MELO, D. Francisco Manuel de. *Carta de Guia de Casados*. Lisboa: Nova Edição de Álvaro Pinto "Ocidente", s/d [1954].

MELO MORAES FILHO, *Artistas do meu tempo, seguidos de um estudo sobre Laurindo Rabelo*. Rio de Janeiro: H. Garnier Livreiro-Editor, 1904.

_____. *Festas e tradições populares do Brasil*. Rio de Janeiro: H. Garnier, Livreiro-Editor, 1901.

_____. *Quadros e crônicas*. Rio de Janeiro: Garnier, s/d.

_____. *Fatos e memórias*. Rio de Janeiro: H. Garnier Livreiro-Editor, 1904.

MENEZES, Raimundo de. *Bastos Tigre e La Belle Époque*. São Paulo: Edart Livraria Editora, 1966.

MORAES, Alexandre José de Melo. *A Independência e Império do Brasil, ou a Independência comprada por dois milhões de libras esterlinas, e o Império do Brasil com dois imperadores e seção, seguida da história do patriarcado e da corrupção governamental, provado com documentos*. Rio de Janeiro: Tipografia do Globo, 1877.

MORRIS, Joel Alex. *Nelson Rockefeller*. Nova York: Harper Bros., 1960.

MOTTA, Nelson. *Música humana música*. Rio de Janeiro: Editora Salamandra, 1980.

MOURA, Roberto. *Tia Ciata e a Pequena África no Rio de Janeiro*. Rio de Janeiro: MEC/Funarte, 1983.

MUGGIATI, Roberto. *Rock: o grito e o mito*. Petrópolis: Editora Vozes, 2ª ed., 1973.

NASCENTES, Antenor. *Poesias completas de Laurindo Rabelo*. Rio de Janeiro: Instituto Nacional do Livro/Ministério da Educação e Cultura, 1965.

NUNES, Mário. *Quarenta anos de teatro*. Rio de Janeiro: Serviço Nacional de Teatro, 1959, 4 vols.

OLIVEIRA, Ernesto Veiga de. *Instrumentos populares portugueses*. Lisboa: Fundação Calouste Gulbenkian, 1982.

PENA, Martins. *Teatro de Martins Pena, vol. I — Comédias*. Rio de Janeiro: Instituto Nacional do Livro, 1956.

PEREIRA, Nuno Marques. *Compêndio Narrativo do Peregrino da América*, 6ª edição completada com a 2ª parte, até agora inédita, acompanhada de notas e estudos de Varnhagen, Leite de Vasconcelos, Afrânio Peixoto, Rodolfo Garcia e Pedro Calmon, em dois volumes, Rio de Janeiro, Publicações da Academia Brasileira, 1939.

PERES, Fernando da Rocha. *Gregório de Matos Guerra: uma re-visão biográfica*. Salvador: Edição Macunaíma, 1983.

PINHO, Wanderley. *História social da cidade de Salvador, tomo 1º — Aspectos da história social da cidade, 1549-1650*. Salvador: Prefeitura Municipal do Salvador (publicação comemorativa do IV centenário de fundação da cidade), 1968.

PINTO, Alexandre Gonçalves. *O choro: reminiscências dos chorões antigos*. Rio de Janeiro, s/e, 1936.

PINTO, L. A. Costa. *Recôncavo: laboratório de uma experiência humana*. Rio de Janeiro: Centro Latino-Americano de Pesquisas em Ciências Sociais, Publicação nº 1, 1958.

QUEIROZ JÚNIOR, *Carmen Miranda, vida, glória, amor e morte*. Rio de Janeiro: Companhia Brasileira de Artes Gráficas, 1955.

QUERINO, Manuel. *A Bahia de outrora*. Salvador: Livraria Progresso Editora, 1946.

RABELO, Laurindo. *Poesias livres de Laurindo José da Silva Rebelo (Poeta Lagartixa)*. Rio de Janeiro, s/e, 1890, 8ª ed.

RABELO, Manuel Pereira, "Vida do excelente poeta lírico, o doutor Gregório de Matos Guerra", in *Obras completas de Gregório de Matos*, edição James Amado. Salvador: Editora Janaína, 1969, vol. VII, pp. 1.689-1.721.

REBELO, Manuel dos Anjos da Silva. *Relações entre Angola e o Brasil, 1808-1830*. Lisboa: Agência-Geral do Ultramar, 1970.

REIS FILHO, Nestor Goulart. *Contribuição ao estudo da evolução urbana do Brasil (1500-1720)*. São Paulo: Livraria Pioneira Editora/Editora da Universidade de São Paulo, s/d (1968).

RIBEIRO, Sampayo. *As "Guitarras de Alcácer" e a "Guitarra Portuguesa"*. Separata do Arquivo Histórico de Portugal, vol. II, Lisboa, 1936.

ROCHA, Lindolfo. *Maria Dusá*. Rio de Janeiro: Instituto Nacional do Livro, 1969.

RODRIGUES, Edgar. *Alvorada Operária*. Rio de Janeiro: Editora Mundo Livre, 1979.

_____. *Novos rumos, pesquisa social, 1922-1946.* Rio de Janeiro: Editora Mundo Livre, s/d.

_____. *Trabalho e conflito, pesquisa, 1906-1937.* Rio de Janeiro, Editora Mundo Livre, s/d.

RODRIGUES, Nina. *Os africanos no Brasil.* São Paulo: Companhia Editora Nacional, 1935.

ROMANELLI, Otaíza de Oliveira. *História da educação no Brasil (1930-1973).* Petrópolis: Editora Vozes, 1986, 8ª ed.

ROMERO, Sílvio. *História da Literatura Brasileira.* Rio de Janeiro: B. L. Garnier, 1888.

SANTOS, Padre Luís Gonçalves dos (Padre Perereca). *Memórias para servir à história do Brasil.* Rio de Janeiro: Livraria Editora Zélio Valverde, 1943, vol. 1.

SCHILLING, Paulo. *El Império Rockefeller a América Latina: Documento de la Doctrina Monroe al Informe Rockefeller (Ensayo).* Montevidéu: Uruguay, 1970.

SILVA, J. M. Velho da. *Crônica dos tempos coloniais: Gabriela, romance brasileiro.* Rio de Janeiro: Imprensa Nacional, 1875.

SILVA, Marília T. Barboza da (com Artur L. de Oliveira Filho). *Cartola: os tempos idos.* Rio de Janeiro: Funarte/Instituto Nacional de Música, 1983.

PAULO DA PORTELA. *Traço de união entre duas culturas.* Rio de Janeiro: MEC/Funarte, 1979.

SIQUEIRA, Baptista. *Três vultos históricos da música brasileira.* Rio de Janeiro: Sociedade Cultural e Artística Virapuru/MEC, 1970.

TAUNAY, Afonso de E. *O Rio de Janeiro de D. Pedro II.* Rio de Janeiro: Editora Agir, 1947.

TINHORÃO, José Ramos, *Música popular: um tema em debate.* Rio de Janeiro: Saga, 1966 (3ª edição revista e ampliada, São Paulo: Editora 34, 1997).

_____. *O samba agora vai: a farsa da música popular no exterior.* Rio de Janeiro: JCM, 1969.

_____. *Música popular: de índios, negros e mestiços.* Petrópolis: Editora Vozes, 1972.

_____. *Música popular: os sons que vêm da rua.* São Paulo: Tinhorão, 1976 (2ª edição revista e ampliada, *Os sons que vêm da rua*, São Paulo: Editora 34, 2005).

_____. *Música popular: do gramofone ao rádio e TV*. São Paulo: Editora Ática, 1981.

_____. *Os negros em Portugal: uma presença silenciosa*. Lisboa: Editoral Caminho, 1988.

_____. *Pequena história da música popular: da modinha ao tropicalismo*. São Paulo: Art Editora, 1986, 5ª ed.

VASCONCELOS, Diogo de. *História antiga das Minas Gerais*. Belo Horizonte: Imprensa Oficial do Estado de Minas Gerais, 1904.

VASCONCELOS, Simão de. *Vida do Venerável Padre José de Anchieta*. Rio de Janeiro: Imprensa Nacional/Instituto Nacional do Livro, 1943, 2 vols.

VERÍSSIMO, José. *História da Literatura Brasileira*. Rio de Janeiro: Livraria Francisco Alves & Cia., 1916.

VICENTE, Gil. *Triunfo do Inverno*. Lisboa: Imprensa Nacional, 1934.

VILLA-LOBOS, Heitor. *A música nacionalista no Governo Getúlio Vargas*. Rio de Janeiro: Departamento de Imprensa e Propaganda, s/d.

VILHENA, Luís dos Santos. *A Bahia no século XVIII*. Salvador: Editora Itapuã, s/d (1969), 3 vols.

OBRAS DO AUTOR

Música popular: um tema em debate. Rio de Janeiro: Saga, 1966; 2ª ed., Rio de Janeiro: JCM, 1969; 3ª ed., São Paulo: Editora 34, 1997; 1ª reimpressão, 1998; 2ª reimpr., 1999; 3ª reimpr., 2002; 4ª reimpr., 2003; 4ª ed., revista e aumentada, 2012.

A província e o naturalismo. Rio de Janeiro: Civilização Brasileira, 1966; 2ª ed. fac-similar, Fortaleza: NUDOC-UFC, 2006.

O samba agora vai... A farsa da música popular no exterior. Rio de Janeiro: JCM, 1969; 2ª ed., revista e aumentada, São Paulo: Editora 34, 2015.

Música popular: de índios, negros e mestiços. Petrópolis: Vozes, 1972; 2ª ed., 1975.

Música popular: teatro & cinema. Petrópolis: Vozes, 1972.

Pequena história da música popular brasileira: da modinha à canção de protesto. Petrópolis: Vozes, 1974; 2ª ed., 1975; 3ª ed., 1978; 4ª ed., São Paulo: Círculo do Livro, 1978; 5ª ed., revista e aumentada, com o título *Pequena história da música popular: da modinha ao tropicalismo*, São Paulo: Art Editora, 1986; 6ª ed., revista e aumentada, com o título *Pequena história da música popular: da modinha à lambada*, 1991; 7ª ed., revista, com o título *Pequena história da música popular segundo seus gêneros*, São Paulo: Editora 34, 2013; 1ª reimpr., 2015.

Música popular: os sons que vêm da rua. São Paulo: Tinhorão, 1976; 2ª ed., revista e aumentada, com o título *Os sons que vêm da rua*, São Paulo: Editora 34, 2005; 3ª ed., 2013.

Música popular: do gramofone ao rádio e TV. São Paulo: Ática, 1981; 2ª ed., revista, São Paulo: Editora 34, 2014.

Música popular: mulher & trabalho (plaqueta). São Paulo: Senac, 1982.

Vida, tempo e obra de Manuel de Oliveira Paiva (uma contribuição). Fortaleza: Secretaria de Cultura e Desporto, 1986.

Os negros em Portugal: uma presença silenciosa. Lisboa: Editorial Caminho, 1988; 2ª ed., 1997.

Os sons dos negros no Brasil. Cantos, danças, folguedos: origens. São Paulo: Art Editora, 1988; 2ª ed., São Paulo: Editora 34, 2008; 3ª ed., 2012.

História social da música popular brasileira. Lisboa: Editorial Caminho, 1990. São Paulo: Editora 34, 1998; 1ª reimpr., 1999; 2ª reimpr.,

2002; 3ª reimpr., 2004; 4ª reimpr., 2005; 2ª ed., 2010; 1ª reimpr., 2013; 2ª reimpr., 2021.

Os sons do Brasil: trajetória da música instrumental (plaqueta). São Paulo: SESC, 1991.

A música popular no romance brasileiro — Vol. I, séculos XVIII e XIX. Belo Horizonte: Oficina de Livros, 1992; 2ª ed., São Paulo: Editora 34, 2000. — *Vol. II, século XX (1ª parte)*. São Paulo: Editora 34, 2000. — *Vol. III, século XX (2ª parte)*. São Paulo: Editora 34, 2002.

Fado: dança do Brasil, cantar de Lisboa. O fim de um mito. Lisboa: Editorial Caminho, 1994.

Os romances em folhetins no Brasil (de 1830 à atualidade). São Paulo: Duas Cidades, 1994.

As origens da canção urbana. Lisboa: Editorial Caminho, 1997. São Paulo: Editora 34, 2011.

A imprensa carnavalesca no Brasil: um panorama da linguagem cômica. São Paulo: Hedra, 2000 (originalmente Dissertação de Mestrado em História Social apresentada ao Curso de Pós-Graduação da Universidade de São Paulo em 1999).

As festas no Brasil colonial. São Paulo: Editora 34, 2000; 1ª reimpr., 2000.

Cultura popular: temas e questões. São Paulo: Editora 34, 2001; 2ª ed., revista e aumentada, 2006.

Música popular: o ensaio é no jornal. Rio de Janeiro: MIS Editorial, 2001.

Domingos Caldas Barbosa: o poeta da viola, da modinha e do lundu (1740-1800). São Paulo: Editora 34, 2004. Lisboa: Editorial Caminho, 2004.

O rasga: uma dança negro-portuguesa. São Paulo: Editora 34, 2006. Lisboa: Editorial Caminho, 2007.

A música popular que surge na Era da Revolução. São Paulo: Editora 34, 2009.

Crítica cheia de graça. São Paulo: Empório do Livro, 2010.

Festa de negro em devoção de branco: do carnaval na procissão ao teatro no círio. São Paulo: Editora Unesp, 2012.

Rei do Congo: a mentira histórica que virou folclore. São Paulo: Editora 34, 2016.

Música e cultura popular: vários escritos sobre um tema em comum. São Paulo: Editora 34, 2017.

Este livro foi composto em Sabon, pela Bracher & Malta, com CTP da New Print e impressão da Graphium em papel Paperfect 75 g/m² da Cia. Suzano de Papel e Celulose para a Editora 34, em agosto de 2021.